"一带一路"信息资源的开发利用策略

The Development and
Utilizing Strategies of Information
Resources of the Belt and Road

丁波涛 / 著

上海社会科学院出版社
SHANGHAI ACADEMY OF SOCIAL SCIENCES PRESS

前　言

"一带一路"倡议的关键是"五通"（政策沟通、设施联通、贸易畅通、资金融通及民心相通），但"五通"中的任何"一通"都离不开信息相通。加强"一带一路"信息资源建设、促进沿线国家信息共享与合作，既是"一带一路"倡议的重要组成，也是深入推进"一带一路"倡议的重要支撑，还将为"一带一路"区域合作开辟数字化和虚拟化的新空间。为此，本书在分析信息资源对"一带一路"倡议起支撑作用的基础上，探讨"一带一路"信息资源开发的信息来源、获取方式、整合共享、开发策略及保障体系，为加快"一带一路"信息资源开发利用、推动共建"一带一路"高质量发展提供理论依据和对策建议。

本书计 12 章，可归纳为以下五方面内容。

一、"一带一路"信息资源开发利用体系

本书基于文献调查，采用扎根理论分析了信息资源对"一带一路"倡议的支撑作用。分析表明，信息资源主要是通过影响我国政府、企业和民众的意识与能力、我国对外合作政策与机制以及国际政治环境、沿线国家的意识等，来间接影响"一带一路"倡议实施效果。其作用体现为通过信息服务和信息传播，以提升能力、规避风险、黏合民心、学习交流等。因此，"一带一路"信息资源

开发应当注重对内服务与对外服务相结合、信息服务与知识服务相结合、战术服务与战略服务相结合。

在此基础上，笔者利用信息生态理论、信息资源管理模型等对"一带一路"信息资源开发利用体系进行分析。"一带一路"信息生态中，信息本体包括信息、情报、知识；信息主体包括信息提供者、信息加工者、信息使用者以及协调机构、行业组织；信息环境包括信息政策法规、信息服务平台、信息标准规范等，构建成熟的信息生态，需要信息主体达到一定密度、主体之间形成强关系并实现密集的信息流。"一带一路"信息资源开发利用体系的功能包括信息生产、信息组织、信息传递、信息利用、信息共享、信息反馈以及信息工作的规划、促进、协调、监管等，可分为来源层、信息层、产品层、用户层以及组织机构、技术方法、制度规则等层次，并形成由信息流、情报流和知识流构成的闭环信息流。

二、国内"一带一路"信息资源建设现状分析

本书调查了当前"一带一路"信息资源的建设状况。调查表明，虽然国内各类机构踊跃参与"一带一路"信息资源建设与开发，但是从信息的数量、质量、主题、涵盖地域、组织方式、服务方式来看，这些信息资源与"一带一路"倡议深入实施对高质量信息服务的需求均存在差距：一是内容低水平重复，大多是基础性、宏观性、新闻动态类的信息，专业化、细粒度、实用性、原创性的信息不足；二是信息缺乏融合加工，只是将各方面的信息简单地集中存储，未对这些信息进行深度关联与分析；三是信息服务方式单一，只是提供信息的搜索、浏览、下载等，缺乏信息加工、信息挖掘、信息保障等能力。而从笔者对国外"一带一路"相关信息源的调查来看，互联网为"一带一路"信息获取提供了丰富素材和便捷渠道，但受制于意愿、语言和能力等障碍，国内的信息

机构未能很好地利用这些信息资源，致使"一带一路"信息资源建设水平不高。

三、"一带一路"信息资源的共享与整合

在大数据时代信息资源并不匮乏，关键在于如何将这些信息进行有效整合，形成贴合用户需求的高质量信息产品。而"一带一路"信息来源分散、语种多样、类型复杂、主体多元，首先必须解决好信息资源整合难题。

一方面要促进国内信息资源的整合。本书提出了一种基本"数据银行"的信息资源整合模式，通过建立包括信息共享与开发、收益计量与分配、信用评估与维护等功能平台，实现大量分散信息资源的"存"与"取"："存"是指建立开放式的数据存储与获取机制，实现碎片化闲置信息的归集；"取"是指对信息进行整合和开发，并向用户提供更精准的供需匹配和更智能的信息服务。另一方面要促进国家间的信息资源共享。本书分析了联合国等国际组织以及跨国信息企业建设国际数据库的做法，归纳出国家间信息共享与整合的四种模式（即联合国模式、申根模式、世行模式和美国模式），并提出我国应充分借鉴这些成熟模式，同时对外应健全国际大数据合作机制，对内应提升大数据国际化开发能力，促进区域信息资源的共享和利用。

四、"一带一路"信息资源的开发利用策略

本书认为，"一带一路"信息资源开发利用是为"一带一路"倡议服务的，其不应仅是信息的采集、分析、加工、传递等信息处理事务，而应兼顾信息获取与信息传播、信息开发与知识开发、信息利用与情报失察，形成一个综合性的信息资源开发利用体系。

一是加强产品开发。本书基于对"一带一路"倡议的不同认知维度，将"一带一路"信息分为以国家为中心、以双边关系为中心、以经济走廊为中心三种类型；同时，基于信息产品的加工深度和呈现方式，将其分为数据库产品、指数产品、可视化产品、智库产品。本书还研究了"一带一路"信息服务与产品开发的一般步骤、人工智能对信息服务与产品开发的影响、信息服务与产品开发团队建设。

二是促进知识共享。推动"一带一路"沿线国家知识共享有助于丰富"网络空间命运共同体"的内涵，促进政策沟通和民心相通，更好地讲好中国故事。本文建立了一个国家间知识转移的影响因素模型，并分析了发达国家和国际组织推动跨国知识共享的经验，提出了优化"一带一路"知识共享的主题选择、健全知识援助机制、增强国内外知识联动、促进知识转化利用等对策建议。

三是推动信息传播。"一带一路"是一个多边合作倡议，而不是区域竞争战略。"一带一路"信息资源开发不仅要做到"知己知彼"，还要促进"被彼所知"，加强信息传播、促进相互了解。本书分析了"一带一路"信息传播现状及存在的主客观障碍，在机构层面上提出信息机构应当重视多语种信息资源库建设、加强海外文化和相关法规研究、提升海外市场开发能力、建立海外信息资源营销渠道、加强公性信息服务产品开发；在国家层面上提出我国应完善跨国信息传播的法规标准、深化"一带一路"信息共享国际联盟发展、推动经贸产业领域的公共数据开放等建议。

四是防止情报失察。"一带一路"倡议是新时代我国对外开放和经济外交的顶层设计，但面临着复杂多变的国际合作环境，倡议实施中的任何情报失察都有可能给国家带来巨大损失。本书利用情报失察理论，梳理"一带一路"情报工作各环节中的情报失察现象并分析其背后的情报能力、体制、文化原因，在借鉴发达国家对外情报工作经验的基础上，从情报服务机构和国家情报体制两个层面，提出改进"一带一路"情报工作的建议。

五、国家级"一带一路"信息资源建设

"一带一路"倡议实施面临着日益复杂的国际局势，需要推动"一带一路"国家信息资源建设，推动形成全面、综合、多元的信息工作体系，提升全方位监控、战略性预判和综合性协作能力，充分保障我国的国家利益。本书分析了"一带一路"信息资源建设的概念、目标以及与国家情报战略的区别，指出"一带一路"信息资源建设应当突出经贸为主、合作共赢、开放协作、合法公开、多元互助等理念。

本书提出"一带一路"信息资源建设应当包括两个体系：一是信息资源工作体系，包括培育"一带一路"信息服务机构、构建"一带一路"全球信息网络、建立"一带一路"信息共享平台等任务；二是组织机构保障体系，包括建立国家级"一带一路"信息资源领导机构、制订和实施"一带一路"信息资源工作计划、完善"一带一路"信息工作的资源保障。同时，本书还提出了推动"一带一路"信息资源开发的五大重点工程，包括信息机构培育工程、重点数据库建设工程、信息开发示范工程、信息服务外推工程和信息人才培养工程。

本书一方面丰富和细化了大数据环境下的战略信息资源管理理论，另一方面可为相关政府部门、企业和社会机构推动"一带一路"信息资源建设、管理和开发"一带一路"信息资源提供理论支撑和策略建议。

在相关研究和书稿撰写过程中，上海社会科学院、上海社会科学院出版社的领导和编辑，以及上海社会科学院"城市数字化转型"创新团队成员给予笔者诸多支持和帮助，使本书得以付梓，在此一并表示感谢！

"一带一路"倡议是我国提出的国家发展新理念，尚在不断深化之中，而"一带一路"信息资源开发利用则是大数据时代背景下以信息资源支撑国家发展的新探索，无论在理论上还是实践上都尚不成熟。由于笔者水平有限，本书还存不足，敬请各位读者批评指正。

目　　录

前言　　/ 1

第一章　研究背景与意义　　/ 1

一、大数据时代的"一带一路"倡议　　/ 1

二、相关研究与实践现状　　/ 8

三、概念界定与研究思路　　/ 20

四、创新之处　　/ 26

第二章　信息资源对"一带一路"倡议的支撑作用　　/ 28

一、"一带一路"倡议面临的复杂国际环境　　/ 28

二、影响"一带一路"倡议实施的因素　　/ 32

三、信息资源对"一带一路"倡议的支撑功能　　/ 37

四、"一带一路"信息资源开发利用的策略　　/ 43

五、小结与启示　　/ 47

第三章　"一带一路"信息资源开发利用体系分析　　/ 49

一、"一带一路"信息资源开发利用的特点　　/ 49

二、"一带一路"信息资源开发利用的信息生态分析　　／ 52

三、"一带一路"信息资源开发利用的体系结构　　／ 59

四、小结与启示　　／ 63

第四章　"一带一路"信息资源建设现状与问题　　／ 65

一、国内"一带一路"数据库建设概况　　／ 65

二、"一带一路"数据库的信息获取　　／ 69

三、"一带一路"数据库的信息组织　　／ 74

四、"一带一路"数据库的信息加工　　／ 75

五、小结与启示　　／ 77

第五章　"一带一路"信息资源收集　　／ 80

一、"一带一路"信息源的类型　　／ 80

二、"一带一路"网络信息资源分布　　／ 84

三、"一带一路"信息质量控制　　／ 91

四、案例分析——丝路信息网　　／ 94

五、小结与启示　　／ 99

第六章　基于数据银行的"一带一路"信息资源整合　　／ 100

一、"一带一路"信息资源整合的现状与趋势　　／ 100

二、基于数据银行的"一带一路"信息资源整合模型　　／ 104

三、"一带一路"数据银行的主要作用　　／ 108

四、"一带一路"数据银行的保障机制　　／ 110

五、案例分析——美国 Datacoup 个人数据银行　　／ 111

目　录

六、小结与启示　　／ 114

第七章　"一带一路"信息资源的跨国共享机制　　／ 115

一、跨国信息资源共享的影响因素　　／ 115

二、跨国信息共享的四种模式　　／ 117

三、信息资源跨国共享机制分析　　／ 122

四、"一带一路"信息跨国共享的瓶颈　　／ 124

五、小结与启示　　／ 126

第八章　"一带一路"信息服务与产品开发策略　　／ 129

一、"一带一路"信息服务与产品的类型　　／ 129

二、"一带一路"信息服务与产品的形态　　／ 140

三、"一带一路"信息服务与产品开发策略　　／ 146

四、案例分析——新华丝路数据库　　／ 155

五、小结与启示　　／ 161

第九章　"一带一路"信息资源的海外传播　　／ 163

一、海外信息传播的研究与实践现状　　／ 163

二、海外信息传播的主要障碍　　／ 168

三、加强海外信息传播的对策　　／ 172

四、小结与启示　　／ 178

第十章　"一带一路"倡议中的国家知识共享　　／ 179

一、"一带一路"国家知识共享的意义　　／ 179

二、国家间知识共享的影响因素模型　　／180

三、发达国家和国际组织的知识共享项目　　／183

四、发达国家和国际组织的知识共享经验分析　　／189

五、"一带一路"知识共享的瓶颈及对策　　／193

六、小结与启示　　／197

第十一章　"一带一路"倡议实施中的情报失察　　／198

一、情报失察概念及研究现状　　／198

二、"一带一路"倡议实施中的情报失察现象　　／200

三、"一带一路"情报失察的成因　　／202

四、消除"一带一路"情报失察的对策　　／206

五、小结与启示　　／210

第十二章　国家级"一带一路"信息资源建设　　／211

一、推动国家级"一带一路"信息资源建设的必要性　　／211

二、"一带一路"信息资源建设的概念与目标　　／213

三、"一带一路"信息资源工作体系　　／216

四、"一带一路"信息资源组织建设　　／221

五、实施"一带一路"信息资源开发重点工程　　／223

附件　国外"一带一路"网络信息源　　／228

一、国际机构数据库　　／228

二、国外政府数据库　　／230

三、政府招商服务平台　　／234

四、网络开源数据库　　／236

第一章 研究背景与意义

"一带一路"倡议是新时期我国推出的一个系统完整的区域和全球治理方案,它不仅是未来我国对外开放格局的重要指引,也将对全球化进程产生深刻影响。"一带一路"倡议的关键是"五通",但"五通"中的任何"一通"都离不开信息相通。在当今信息化和网络化时代,信息丝绸之路与海上丝绸之路及陆上丝绸之路具有同样重要的位置。加强"一带一路"信息资源建设、促进沿线国家信息共享与合作,既是"一带一路"倡议的重要组成,也是深入推进"一带一路"倡议的重要支撑,还将为"一带一路"区域合作开辟数字化和虚拟化的新空间,有助于在更高起点、更大范围、更广内容、更新领域上推动"一带一路"倡议实施。①

一、大数据时代的"一带一路"倡议

(一)数字化是新型全球化的重要驱动

习近平总书记指出,大数据是信息化发展的新阶段。从全球范围来看,随着信息技术和人类社会的融合日益深化,宽带网络、移动网络、物联网等加速

---

① 丁波涛等:《全球信息社会发展报告》,社会科学文献出版社 2017 年版,第 15 页。

普及，全球数据呈现爆发式增长、海量化集聚和全方位应用的趋势，对经济发展、社会进步、国家治理以及国际关系都产生了重大影响。"一带一路"倡议是在新的技术经济条件下全球化的新尝试，而信息技术的飞速发展与广泛渗透是当前社会经济发展的主要特征，因此在当前讨论"一带一路"倡议，离不开大数据这一时代背景。

从人类发展的历史来看，15世纪开始由西欧国家发动的"大航海"活动开启了第一次全球化。对于随后500多年的全球化进程，学者们有着诸多研究，如：托马斯·弗里德曼在其代表性著作《世界是平坦的》一书中将全球化进程分为三个阶段，即所谓全球化1.0、2.0和3.0版本，分别代表国家的全球化、公司的全球化、个体的全球化；其他国内外学者则从经济、技术、国际政治等角度提出了包括两分法、三分法、四分法等在内的多种阶段划分方法。[1]然而从驱动力量角度很容易将全球化分为三个阶段（见表1-1）。[2]

表1-1　全球化模式的演进

	主要特征	驱动力量	主导国家
第一次全球化	大航海、殖民地	国家武力	葡萄牙、西班牙、英国等
第二次全球化	自由贸易、全球分工	市场机制	英国、美国
第三次全球化	全球性网络、平台经济	数字技术	美国、中国

一是以国家武力为基础，通过殖民化方式实现的第一次全球化，以早期的葡萄牙、西班牙和后来的英国为代表。

二是以市场机制为基础，通过国际贸易方式实现的第二次全球化，以早期的英国、后来的美国为代表。

三是未来的全球化将以信息网络为基础，通过网络经济、平台经济和数字经济方式来实现全球化，以美国和中国为代表。

---

[1] 崔兆玉、张晓忠：《学术界关于"全球化"阶段划分的若干观点》，《当代世界与社会主义》2002年第3期。

[2] 丁波涛等：《全球信息社会发展报告》，社会科学文献出版社2017年版，第37页。

正如著名咨询公司麦肯锡所指出，[1]当今世界正在进入"数字全球化"时代。具体体现在过去的10多年中，全球货物贸易增长逐步减缓甚至出现下降，但与此同时全球的跨境数据流动呈现指数级增长。根据国务院发展研究中心的相关研究，2005—2019年全球数据跨境流量增长了98倍。[2]随着数字技术与人类生产生活的融合不断深化，未来将有越来越多的国际合作将完全在网络虚拟空间中进行，体现为国家之间的跨境数据流动规模越来越大、速度越来越快。以信息资源和大数据为支撑的"一带一路"推进模式——"数字丝绸之路"就代表了这种全新的全球化模式。以国家武力驱动的第一次全球化带来了殖民主义、国家侵略和民族压迫，少数国家从全球剥夺了大量资源与利益；以市场机制为基础的第二次全球化虽然在一定程度上促进了资本和技术的扩散，推动了世界经济发展，但并未有效改善甚至加剧了全球南北差距和国家不平等。与前两种全球化模式相比，"数字丝绸之路"所代表的新型全球化模式更具有开放性、包含性、平等性和增长性，它不仅可以在更广范围、更大规模和更高水平上促进商品和服务的国际流通，更重要是它能更快更好地促进技术、知识、智慧和文明的交流、交互与交融，让所有国家特别是后发国家充分共享全球化带来的红利，加快这些国家的数字化与现代化，实现共同发展。

（二）网络化是"一带一路"倡议的重要背景

在日新月异的新技术革命驱动下，各国的经济社会都步入数字化转型的快车道。尤其是"一带一路"沿线国家多属发展中国家，经济社会发展和国家信息化建设水平比较低，近年来更是大力借助数字化转型来推动经济增长和社会进步。从统计数据来看，在一些新技术和新业态的普及与使用方面，不少发展

---

[1] McKinsey：Digital Globalization：The New Era of Global Flows，2016年6月15日，https://www.mckinsey.it/idee/digital-globalization-the-new-era-of-global-flows，访问日期：2018年3月5日。

[2] 夏旭田：《15年激增近百倍》，2019年6月4日，https://new.qq.com/rain/a/20210904A03A5F00，访问日期：2019年8月12日。

中国家已接近甚至超过发达国家（见表 1-2）。如中国的电子商务交易额占全球的 40% 以上，无论是总量还是人均量都超过美国、日本等发达国家；一些东南亚、中东国家的个人互联网普及率、移动电话普及率都达到甚至超过了发达国家的平均水平。

表 1-2　部分"一带一路"沿线国家的移动通信普及率（2020）

国　家	个人互联网普及率(%)	移动电话普及率(%)	国　家	个人互联网普及率(%)	移动电话普及率(%)
白俄罗斯	85.09	97.4	沙特阿拉伯	97.86	99.2
巴　林	99.54	100.0	科威特	98.60	99.0
保加利亚	70.16	—	拉脱维亚	88.90	—
柬埔寨	78.80	—	立陶宛	83.06	—
捷　克	81.34	96.9	马来西亚	89.56	97.9
爱沙尼亚	89.06	—	黑　山	81.37	—
格鲁吉亚	72.53	92.8	阿　曼	95.23	94.0
印度尼西亚	53.73	75.6	波　兰	86.84	—
以色列	86.79	—	卡塔尔	99.65	100.0
俄罗斯	84.99	—	塞尔维亚	78.37	93.5
哈萨克斯坦	85.94	93.0	斯洛伐克	89.92	—
阿联酋	100.00	100.0	泰　国	77.84	89.5
乌克兰	70.12	—	新加坡	92.00	88.8
韩　国	96.51	99.9	越　南	70.29	—

资料来源：ITU。

在这种网络化和数字化环境中，"一带一路"沿线的许多发展中国家的政府、企业、民众也更多地借助互联网来获取全球信息，了解其他国家的历史人文，寻找国际合作机会。因此加强"一带一路"信息资源建设并通过互联网传播，为沿线国家的政府和社会提供丰富的信息，有助于推动各国相互了解和信任，实现紧密合作。

(三) 信息化合作是"一带一路"倡议的重要内容

2021年11月19日，习近平总书记在北京出席第三次"一带一路"建设座谈会时特别指出，要深化数字领域合作，发展"丝路电商"，构建数字合作格局。2015年3月，国家发展改革委、外交部、商务部联合发布《推动共建丝绸之路经济带和21世纪海上丝绸之路的愿景与行动》，明确提出要"建设畅通信息丝绸之路，扩大信息交流与合作"。2017年12月，在第四届世界互联网大会上，中国、埃及、老挝等国家共同发起《"一带一路"数字经济国际合作倡议》，为"一带一路"数字经济合作增添了新动力。

我国在推进"一带一路"倡议实施时将信息化合作作为重要领域，在多个政策文件中，都包含了"一带一路"信息化发展和区域信息化合作的内容（见表1-3）。

表1-3 我国"一带一路"信息化合作相关的政策文件

时间	文件名称	发布主体	涉及"一带一路"信息化的内容
2015年3月	《推动共建丝绸之路经济带和21世纪海上丝绸之路的愿景与行动》	国家发展改革委、外交部、商务部	提出从陆（"双边跨境光缆"）、海（"洲际海底光缆"）、空（"卫星信息通道"）多方面"提高国际通信互联互通水平，畅通信息丝绸之路"，并强调"加强沿线国家信息互换、发展跨境电子商务、促进新一代信息技术深入合作"
2016年3月	《国家"十三五"规划纲要》	国务院	提出建设"中国—阿拉伯国家等网上丝绸之路""中国—东盟信息港"两大项目，即从东、西两大方向，在陆、海两种通道上推进"一带一路"信息化合作
2016年10月	《关于加快推进"一带一路"空间信息走廊建设与应用的指导意见》	国防科工局、国家发展改革委	从空中通道建设为"一带一路"倡议服务的综合性信息化工程
2016年12月	《"十三五"国家信息化规划》	国务院	提出"建立全球信息化合作服务平台，积极推动网信企业国际拓展，加快建设中国—东盟信息港、中国—阿拉伯国家等网上丝绸之路。建立网信企业走出去服务联盟，引导联盟成员在融资融智、技术创新等方面协同合作，拓展国际信息化交流合作渠道。加强主流媒体网站及新媒体的国际传播能力建设，准确阐述'一带一路'共商、共建、共赢理念，营造良好国际舆论氛围"；提出设立"信息化国际枢纽工程"和"网上丝绸之路建设行动"

(续表)

时间	文件名称	发布主体	涉及"一带一路"信息化的内容
2017年3月	《网络空间国际合作战略》	外交部、国家互联网信息办公室	提出"推动与周边及其他国家信息基础设施互联互通和'一带一路'建设;支持中国的互联网企业联合制造、金融、信息通信等领域企业率先走出去,构建跨境产业链体系;鼓励中国企业帮助发展中国家发展远程教育、远程医疗、电子商务等行业,促进这些国家的社会发展;务实开展与沿线国家网络文化合作"
2019年4月	《第二届"一带一路"国际合作高峰论坛圆桌峰会联合公报》	外交部	鼓励借鉴国际良好实践,加强包括跨境高速光缆在内的数字基础设施,发展电子商务和智慧城市,缩小数字鸿沟
2021年3月	《中华人民共和国国民经济和社会发展第十四个五年规划和2035年远景目标纲要》	中共中央国务院	向欠发达国家提供技术、设备、服务等数字援助,使各国共享数字时代红利。积极推进网络文化交流互鉴;推进实施共建"一带一路"科技创新行动计划,建设数字丝绸之路、创新丝绸之路

在地方层面上,广西于2021年11月印发了《广西面向东盟的"数字丝绸之路"发展规划(2021—2025)》;陕西于2020年3月印发《陕西省"一带一路"建设2020年行动计划》,提出"推进数字丝绸之路建设";宁夏于2020年3月印发《自治区推进"一带一路"和内陆开放型经济试验区建设2020年工作计划》,提出"加快推进中国(银川)跨境电子商务综合试验区建设"。

上述国家和地区文件从"一带一路"信息基础设施互联互通、信息产业合作共赢、信息社会互助共建、信息内容互换共享、网络文化互鉴交流等多方面阐释了"一带一路"信息化的重要意义,指明了"一带一路"信息化发展与合作中的主要内容。

(四)信息资源是"一带一路"合作的重要支撑

"一带一路"沿线国家存在的诸多差异性使得各国之间的相互了解与信任不足,给合作共赢带来障碍,甚至引发猜忌和冲突,而互联网的本质功能是消除信息不对称。[1]开发利用信息资源,有助于破解各国政府和民众之间存在的信息

---

[1] 谭安洛、周瑞华:《互联网+与信息不对称刍议》,《当代经济》2016年第6期。

不对称，消除"一带一路"倡议实施中的障碍。正如习近平总书记在中央网络安全和信息化领导小组第一次会议上指出："网络信息是跨国界流动的，信息流引领技术流、资金流、人才流，信息资源日益成为重要生产要素和社会财富。"更好地开发利用这些信息资源，对内有利于提高经济社会转型效率、降低和规避各类风险，增强国家可持续发展能力；对外有利于塑造国家的数字话语权，提升国家竞争力、产业引领力和国家软实力。

大数据和信息资源成为当前国际合作的重要支撑，其对"一带一路"倡议的意义主要体现在以下方面：[①]

首先，知识共享和信息交流有助于促进民心相通、政策沟通。信息是人类政治、经济、文化交流的核心媒介。2000多年前，张骞出使西域，不仅带来了商品流通，更拓展了信息、知识、视野，促进了相互认知、联系和了解。[②]2000年后的今天，要促进国家之间的民心相通和政策沟通，同样离不开知识和信息的交流。"一带一路"沿线多是发展中国家，面临着诸多共性发展难题，沿线国家发展经济社会的经验和做法，相互之间更具有借鉴意义。通过沿线国家之间的知识共享和信息交流，对这些发展经验进行提炼、固化和传播、利用，不仅有助于相关国家少走弯路、加快发展，也能增强沿线国家在发展思路、发展模式和发展政策上的协调性，更能增加沿线国家政府与人民之间的相互学习、相互理解和相互帮助，促进"一带一路"沿线国家之间的共享式、包容式发展，构建"一带一路"沿线国家的命运共同体。

其次，信息数据的互连互通是贸易畅通、资金融通的前提条件。在当前的技术经济环境下，"一带一路"沿线国家之间的商品、金融、投资、贸易、能源、产业等交流合作，离不开网络通信设施的连通和信息数据的交互。以信息流带动资金流、商品流和人才流，是推进"一带一路"沿线国家各领域合作的必然要求。近几年来十分活跃的跨境电子商务，就通过网络信息平台实现不同国家之间的商品展示交易和支付结算，并通过跨境物流送达商品，拓宽了各国

---

① 丁波涛等：《全球信息社会发展报告》，社会科学文献出版社2017年版，第23页。
② 刘铁志：《如何打造"信息丝绸之路"》，《中国发展观察》2017年第6期。

企业进入国际市场的路径，帮助各国消费者方便地购买他国物美价廉的商品，对于加快全球贸易发展、促进区域经济合作具有重要意义。而以现代网络技术为支撑的跨境金融，通过互联网平台实现资金在国家之间的快速安全地流动，极大地促进贸易和投资便利化，实现区域内的生产要素优化整合，是"一带一路"国家实现资金融通所必不可少的手段。

二、相关研究与实践现状

（一）相关研究文献综述

在当前的数字化时代，社会各界十分重视通过开发利用信息资源来推进"一带一路"倡议实施，相关研究成果丰富。本书以主题＝"一带一路"and"信息资源"、主题＝"一带一路"and"大数据"、主题＝"一带一路"and"情报"、主题＝"一带一路"and"信息传播"在中国期刊网（CNKI 数据库）中进行检索，选取近 10 年（2011—2021）的文献，共计 1 938 篇，在 CiteSpace 中进行关键词聚类和主题分析，结果显示见图 1-1。

1. 关键词聚类图谱

聚类分析可以从宏观上将近 10 年的相关研究成果划分为若干主要研究领域。衡量聚类结构合理性的两个重要参数为模块值 Q 和轮廓值 S，Q＞0.3 表征聚类结构显著，S＞0.5 表明聚类结果同质性较高。本书所做的聚类图谱显示 Q 值为 0.625 1，S 值为 0.841 8，说明聚类结构显著合理。

聚类图谱中的关键词网络形成了 17 个主题，筛选重要主题 6 个，如图 1-1 所示。研究主题集中于"一带一路"倡议与国际化、数字经济与产业智慧发展、政府与企业协作、命运共同体与信息传播等。其中"一带一路"、数字经济、网信办和国家信息中心的研究联系密切（见图 1-2）；信息传播的研究则基本聚焦于"一带一路"沿线国家尤其是阿拉伯地区，强调主流媒体的国际性和命运共

第一章 研究背景与意义

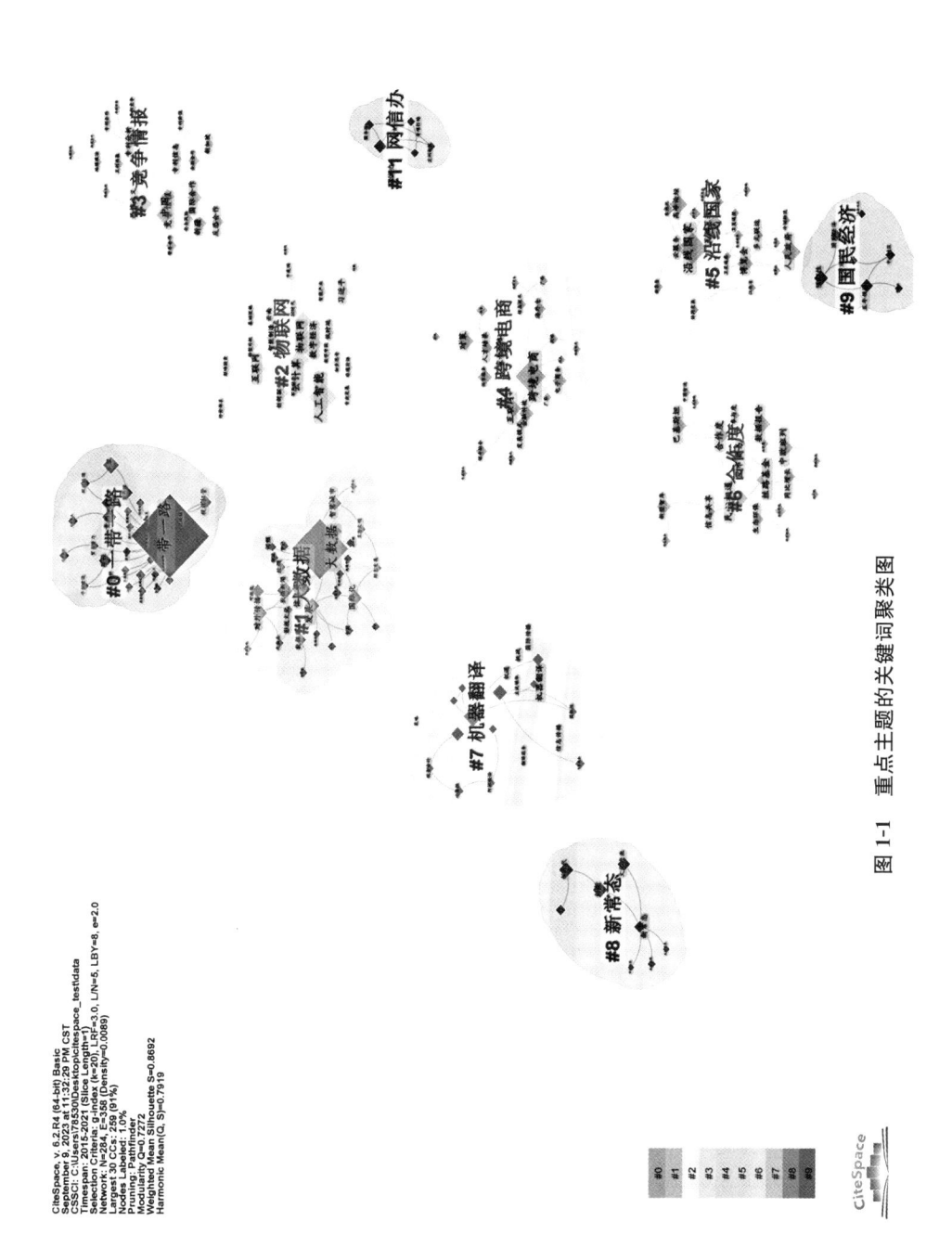

图 1-1 重点主题的关键词聚类图

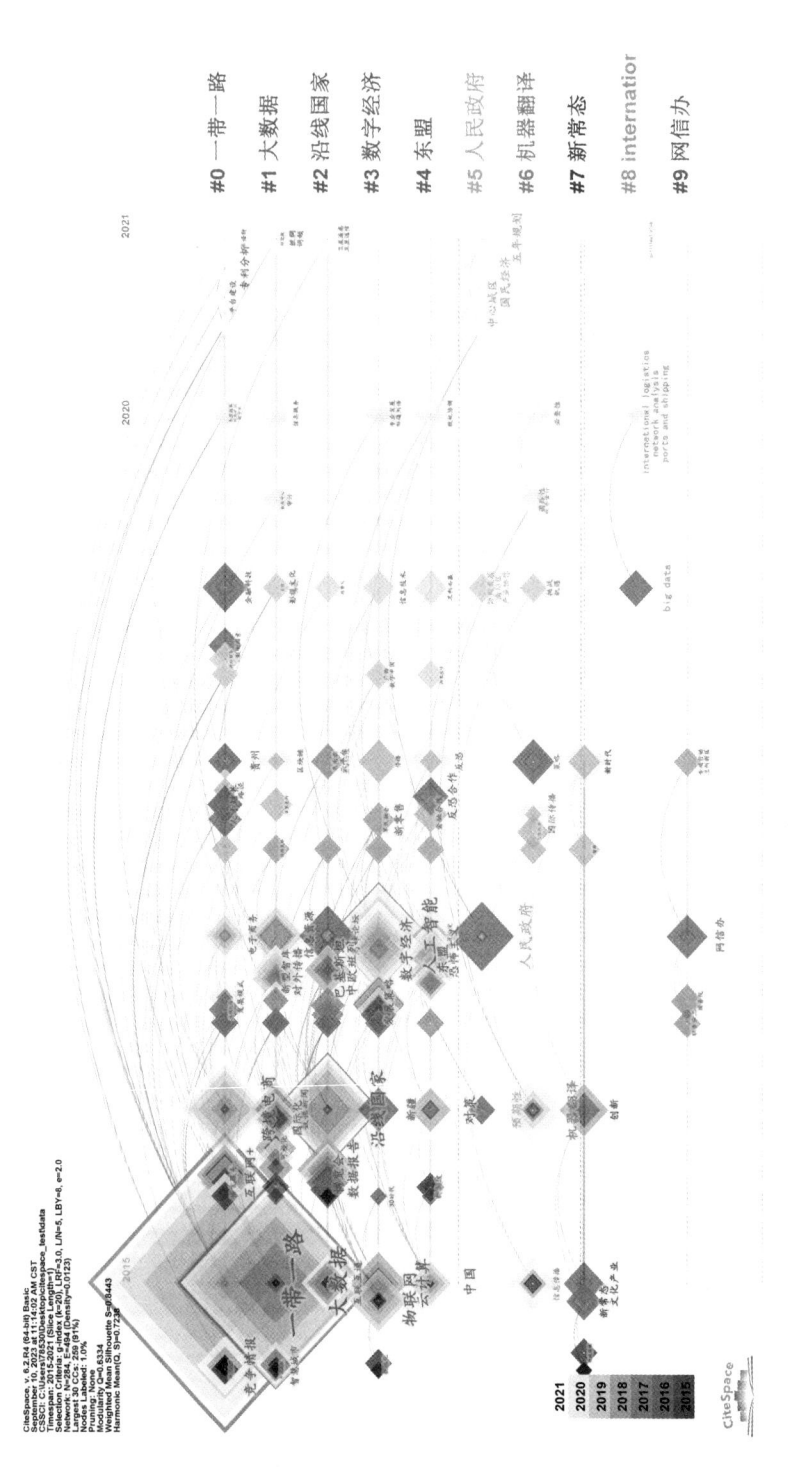

图 1-2 重要主题与关键词变化的时间线图

同体建设；而对中国情报学派的研究独立性较高，主要关注点在于复杂环境下企业的专利布局和竞争情报体系构建。

各重要主题的研究关键词见表1-4，其中"一带一路"与数字经济的研究重合度高，均聚焦于互联网、大数据发展策略和信息的共享融合。相对而言，"一带一路"主题的研究侧重于智慧城市与可持续发展，数字经济主题的研究侧重于制造业和现代化经济体系建设。为简化起见，本书对这两个主题进行合并，其他主题维持不变。由此，可将现有研究成果分为以下五个领域：

表1-4 重要主题的主要研究关键词

主　题	研究领域	研究关键词
数字经济	数字化和数字经济合作	数字经济、大数据、发展策略、制造业、军民融合、智慧城市、博览会、互联网、海外仓、信息共享、可持续发展、数据新闻、现代化经济体系、新冠疫情防控
国家信息中心	数据库建设和大数据开发	沿线国家、国家信息中心、中欧班列、数据报告、巴基斯坦、企业"走出去"
网信办	信息基础设施互通	国家发展改革委、网信办、职责分工、"十三五"国家信息化规划、信息基础设施建设、信息产业发展
中国情报学派	信息资源开发和情报服务	竞争情报研究、专利布局、供应链风险管理、企业竞争情报、情报流程、应急决策、情报体系
信息传播	信息传播和对外信息服务	信息传播、阿拉伯国家、中阿博览会、主流媒体、国际性、命运共同体

(1) 信息化和数字经济合作角度的研究。从研究的视角上可将此方面的研究成果分为两类：

一是从宏观上研究"一带一路"信息化合作和数字丝绸之路建设的现状、挑战和对策，如：李哲旭（2021）、陈健（2021）、任天威（2020）、王义桅（2020）、王文等（2019）研究了数字丝绸之路建设、数字化时代全球治理变革等问题；赵骏（2021）、王小艳（2021）、方丽娟（2020）分析了"一带一路"数字经济的发展现状与促进合作的对策；鱼震海（2019）分析了"一带一路"倡议下推进我国信息化建设的问题与对策。

二是从行业上研究具体领域的网络设施互通和信息化合作，如：孙丕恕（2015）提出"一带一路"倡议需信息化建设先行，其他专家则研究了"一带一路"的信息基础设施共建（姜志达，2020；胡伟、刘壮、邓超，2015；付玉辉，2015）、电子商务互连（许永继，2020；王娟娟、秦炜，2015）、信息产业走出去（吴勇毅，2015）等问题；也有专家研究了贯通"一带一路"的港口（宣昌勇，2020；郑欣，2015）、物流（孙健波，2020；吉敏，2019；谢泗薪、朱浩，2015；李海辉，2015）等行业信息化和网络平台建设问题。

这些研究都认为加强信息化合作、建设数字丝绸之路是"一带一路"倡议的重要组成部分，但也普遍面临着去全球化思潮、地缘政治、发展水平不均衡、区域安全等方面的挑战，并提出相关对策建议：对中国而言，需要增强包容性全球化理念、加强国际化人才培养、促进中国企业在海外的本土化融合等对策；对中外合作而言，中国与沿线国家要寻求共同应对网络空间安全威胁等共同利益点、加快推动跨境数据的便利化流通、推动国内外标准规则协商与对接、健全争议解决机制等。

(2) 信息资源和数据库建设角度的研究。根据其研究的范围，可将此方面的研究成果分为三类：

一是面上的总体研究，如：司莉、刘莉（2021）调研"一带一路"专题数据库服务功能开发现状，提出了采用多维度的资源导航系统等数据库优化策略；刘姝（2021）分析了"一带一路"数字资源建设现状及发展策略；程佳（2017）分析了"一带一路"信息资源建设路径；严丹（2017）研究了"一带一路"专题数据库的建设现状及开发策略；于施洋等（2017）研究了"一带一路"信息资源归集体系。

二是针对特定行业或领域开展的研究，如：司莉等（2021）对经济管理类数据库的分类体系、建设障碍与对策进行了研究；陆志琼（2021）、李美等

(2021)分析了东盟信息资源建设状况；樊雪（2020）分析高校阿拉伯语学科图书资源数据库建设；赵青（2019）分析了民族特色数据库建设。

三是有关图书情报机构开展"一带一路"信息资源建设的研究，如：张凤云（2020）、覃盈（2020）、张莉（2020）、闫静雅（2020）、邢永强（2019）、张蕊（2019）针对高校图书馆，靳国艳（2021）、吴绮云（2019）、张璐（2019）、孙玉艳（2019）、李娟（2018）针对中外图书馆交流开展的相关研究。

上述成果指出，当前存在资源种类采集不足、资源更新速度缓慢、资源利用率不高等问题，其原因主要在于物质层、机制层、标准层、语言层与法律层等存在障碍。成果中提出的相关对策建议可分为两个方面：宏观上，提出加强"一带一路"信息资源建设的对策，包括加强信息资源规则、整合社会各方力量、扩大开放合作、建立统一标准、加强人才培养等；微观上，提出优化"一带一路"数据库建设的策略，包括：采用多维度资源导航系统、准确定位数据资源，增强数据检索功能、扩展数据获取途径，运用多样化的分析工具、多角度呈现统计分析结果，扩展数据服务形式、深化服务内容，明确数据库定位、加强互动沟通功能，等等。

（3）数据开发利用角度的研究。可分为两类，即面向社会的信息资源服务研究和面向政府的大数据决策支持体系研究，具体包括：

一是研究信息资源服务，如：严格等（2021）、张颖（2021）、戴艳清（2020）、赵豪迈（2020、2018、2017）、毕晓妍（2019）、吴绮云（2019）研究了"一带一路"信息资源的服务供给，苏瑞竹（2019、2017）分析了"一带一路"倡议下的经贸信息咨询。

二是研究大数据决策支持体系，如：戴艳清等（2020）、金臻（2020）、胡金萍（2018）、于施洋等（2017）、陆钢（2015）等对"一带一路"大数据决策支持体系的建设思路、体系结构、主要功能等进行研究。

上述研究在信息机构层面上，指出目前"一带一路"信息服务还存在主体定位不清、有效信息供给乏力、用户需求把握不准、资源效益偏低、缺乏统筹协调等问题，需要采取建立"一带一路"信息机构联盟、加强机构合作和资源共享、提供个性化信息服务、加强特色智库服务等策略；在信息服务平台层面上，通过对国内"一带一路"信息服务平台的调查，指出服务平台普遍存在检索功能简单、不支持跨语言检索、检索结果形式单一等问题，需要增加动态跟踪、政策汇集、信息服务、信息产品、知识地图、舆情分析等服务模块，并加强多语种信息资源的引进、实现多语言服务界面、实现高级检索功能、利用人工智能技术加强信息翻译、应用可视化技术改进服务接口、加强资源内容的深度分析等。

(4) 跨国信息连通角度的研究。研究主要聚焦于中国与"一带一路"沿线国家在信息网络、在线平台以及数字化领域的对外投资、中国数字企业"走出去"等问题，如：欧阳平超等（2021）分析了"一带一路"空间信息走廊发展现状与对策；李国庆（2021）、陈文行（2021）、倪琦（2020）以跨境电商为例分析了"数字丝绸之路"共建中的治理机制；黄莉（2019）基于信息资源整合与共享视角研究了中泰商务大数据平台建设；刘正农（2015）提出"一带一路"倡议实施中应将信息连通放在优先考虑的位置，加快建设畅通信息丝绸之路、鼓励信息和通信企业走出去、发展开放互动的信息平台等建议。

上述研究指出当前存在着沿线国家数字化法律规范差异大、中国与沿线国家的现有规划及政策对接不够深入、沿线国家基础设施不完善、国际化人才缺乏、跨国金融服务体系不足等瓶颈，提出应重视利用多边/双边国家组织、共同制订基础设施互通标准、引入促进信息互通的市场化机制、培养国际化数字人才等建议。

(5) 对外信息传播角度的研究。从研究主题上看，此方面的相关研究成果可分为三类：

一是研究中国信息的海外传播，如：张玉容（2021）、仝玮（2020）、李晓慧（2019）、李玉玲（2017）、魏薇（2017）等分析了中国经济信息海外传播中存在的问题、可行路径并提出对策建议；吕世明（2020）分析了"一带一路"框架下的无障碍信息传播；沈菲（2015）、孙敬鑫（2015）等分析了"一带一路"建设面临的国际舆论环境，并提出对外传播的对策性建议。

二是研究海外媒体对"一带一路"倡议的报道，如：贺文萍（2021）、邹汶君（2021）、安瑞凡（2019）、李灏（2019）、秦佳新（2018）、林夕（2018）、张谢君（2018）、徐明华（2018）分析了英国、俄罗斯、美国媒体对"一带一路"报道的主要内容、特点；彭伟步（2017）分析了海外华文媒体构建"一带一路"信息互联互通机制及其实施路径。

三是关注新信息技术背景下的"一带一路"信息传播问题，如：顾巨凡（2021）以中国外文局语料库建设为例分析了国际传播人工智能语料库建设意义与途径；南珊妹、周翔（2019）、温泰华（2018）等分析了新媒体时代的"一带一路"信息传播；周均（2015）提出用大数据思维创新"一带一路"信息传播，更新传播理念、创新传播形式、变革传播进路，构建融通中外的话语体系。

上述研究从各个角度对当前我国"一带一路"信息传播现状进行了分析，发现当前海外传播中存在对外宣传的权力赋能不够、宣传式报道说服力不足、传播机构对中外文化和价值观差异认识不足、复合型语言人才缺乏等问题，以及沿线国家政府和社会的疑虑及误读、西方对"一带一路"的妖魔化解读等挑战，并提出诸多政策建议：注重他者视角的国际信息传播、实现从理论说服到讲好中国故事的理念转变、突出"一带一路"共建成果的艺术化表达、培养多语言人才和多语言人文智库、善用大数据和互联网构建全媒体格局等。

2. 关键词时区图谱

为了进一步捕捉研究热点的演变，笔者绘制了相关的关键词时区图谱（见图1-3）和关键词年份突变图（见图1-4）。

图 1-3　关键词时区图谱

关键词	年份	强度	开始年份	结束年份	2015—2021
"一带一路"	2015	5.59	2015	2017	
文化产业	2015	3.28	2015	2016	
新常态	2015	2.73	2015	2016	
云计算	2015	2.49	2015	2016	
大数据产业	2015	2.24	2015	2016	
竞争情报	2015	2.24	2015	2016	
国家信息中心	2015	5.31	2016	2017	
国家发展改革委	2015	3.78	2016	2017	
"互联网＋"	2015	2.39	2016	2017	
数据报告	2015	2.15	2016	2018	
巴基斯坦	2015	2.14	2017	2018	
swot分析	2015	2.14	2017	2018	
大数据平台	2015	2.14	2017	2018	
数字经济	2015	33.79	2019	2021	
高质量发展	2015	4.52	2019	2021	
金融科技	2015	2.15	2019	2021	

图 1-4　关键词年份突变图

从图 1-3、图 1-4 可以看出，关键词变迁分为三个阶段，分别是 2015—2016 年、2017—2018 年、2019—2021 年。前两个阶段的研究内容十分丰富，迭代速度也更快，着眼于"一带一路"倡议下的文化产业发展、大数据产业及云计算、国家信息中心建设和竞争情报研究，其中人工智能、数字经济与"一带一路"倡议的联系较为紧密；而 2019 年起则迈入数字经济发展领域，研究热度不如前两个阶段，研究内容的迭代速度也有所下降，重点关注金融科技及高质量发展。总体看来，近年来国内对"一带一路"信息资源的研究仍侧重于大数据、数字经济等技术和产业角度，对信息资源内容的研究相对薄弱。

（二）"一带一路"信息资源建设情况

近年来"一带一路"信息资源开发工作受到各方关注，许多机构积极开展了实践。从开发主体的类型角度，可分为以下几类：

1. 编辑出版部门的传统形式的"一带一路"信息资源

自我国提出"一带一路"倡议以来，各方针对这一重要倡议开展了大量研究，迅速形成了数量庞大的图书、论文等成果。在图书方面，以"一带一路"为主题在"当当网"中进行搜索，经剔除重复之后可得到相关图书超过 3 500 多种，尚不包含以沿线各国和区域为主题的图书；而在论文方面，以"一带一路"为主题在中国知网（CNKI）中进行搜索，得到相关研究论文、学位论文、会议论文和报刊文章多达 11 万篇，这为"一带一路"倡议实施提供了重要支撑。

2. 由各类信息机构提供的"一带一路"数据库服务

这包括：由数据库服务商提供的信息服务，如国研网建立的"一带一路"研究与决策支撑平台（ydyl.drcnet.com.cn）；由出版社提供的信息服务，如社会科学文献出版社的"一带一路数据库"（www.ydylcn.com）；由新闻媒体机构提供的信息服务，如新华社的"新华丝路网"（silkroad.news.cn）。

3. 由行业机构提供的专业性信息服务平台

例如，国家国防科工局牵头的"一带一路"空间信息走廊建设与应用工程，被纳入国家"一带一路"三年（2015—2017）滚动计划项目，目前已完成一期项目的专家论证；宁夏科技厅建立的"一带一路"倡议信息资源共享服务平台亦属此类。

4. 政府机构建立的"一带一路"综合信息网站

例如，江苏省连云港市政府建设的"丝绸之路东方桥头堡"网站（www.ydyl.org.cn），以及重庆"一带一路"经济技术合作中心建设的"一带一路门户网"（www.edailu.cn）。相比前两类数据库和平台而言，此类网站的内容往往比较单薄，以报道本地与"一带一路"相关活动为主。

从信息内容上讲，这些传统资源、数据库或网站包括了"一带一路"沿线国家的基本国情、发展动态、研究报告、学术文献、统计数据以及与经贸合作密切相关的投资政策、投资项目、重要园区等信息，可以为我国企业"走出去"以及沿线国家的合作交流提供信息参考。

在信息服务能力建设上，各类信息服务机构都进行了"一带一路"信息服务的创新探索。除基本的信息浏览和查询之外，不少数据库还提供可视化分析、智库研究、咨询服务，部分承担数据库建设的机构还提供项目对接、投资引介、会务组织等商务服务。

（三）研究价值

有学者指出，我国相关机构在开展"一带一路"倡议研究中，迎合跟风多，真知灼见少。之所以出现这种情况，缺乏信息资源支撑是问题的关键，研究多局限于学者熟悉的领域和所掌握的局部信息，造成议题设计能力不足。[1]"一带一路"倡议作为一个新课题，深入研究需要更为全面的信息支持，而现有的信息资源支撑不够，导致研究问题的深度和针对性还很不到位。[2]

总体上，"一带一路"倡议的信息资源支撑与开发问题已得到广泛重视，但

---

[1] 赵豪迈：《"一带一路"新型智库信息资源开发问题及策略研究》，《智库理论与实践》2019年第4期。
[2] 张晶：《研究"一带一路"智库PK要见真章》，《科技日报》2015年6月28日。

由于"一带一路"倡议是一个宏大愿景，相关的信息资源支撑总体上仍处于起步阶段，无论是研究还是实践均存在一些短板和不足。

1. 理论研究上的薄弱环节

(1) 从成果数量上看，现有研究的重心仍是产业、技术、贸易等，研究"一带一路"倡议实施中的通信网络、信息技术、数字经济等的互通与合作，专门研究"一带一路"信息资源开发利用的成果仍不够丰富。

(2) 从研究层面上看，现有研究多是基于机构和平台层面上研究"一带一路"信息资源开发利用及数据库建设的方法、技术、路径等，未能从国家层面上提出完整的"一带一路"信息资源开发利用策略。

(3) 从研究内容上看，现有研究多着眼于具体行业或领域，未能在对"一带一路"信息资源状况调查的基础上，构建信息资源开发利用理论框架，形成信息资源采集、加工、服务、传播等完整体系。

(4) 从研究视角上看，现有研究主要是分析信息层面的收集、处理和服务等问题，较少涉及对情报、知识层面的信息资源开发利用问题；同时，有关对信息资源的海外传播与服务的研究也多立足于媒体和文化层面，从信息服务角度出发的研究十分少见。

2. 建设实践上的不足之处

(1) 从信息资源开发目标上看，现有相关信息资源平台的建设目标往往是为响应国家"一带一路"倡议，以宣示性目的为主，因此对平台运作缺乏长远规划。同时，平台开发利用信息资源多着眼于单向的信息资源开发，即采集和整合沿线国家信息供中国政府、企业和社会之用；较少研究和探索如何为沿线国家提供相关信息服务，促进其他国家了解中国，以及沿线国家之间的相互了解。

(2) 从信息资源内容上看，源头单一、内容重复、原创性信息少。当前大多数"一带一路"信息资源平台的内容都来自自身已有数据库，或从国内网站、媒体等渠道采集的新闻、报告、政策、数据等，较少有从国外政府、机构、企业以及我国"走出去"企业采集的原创性内容，由此造成不同信息资源平台资源重复、内容浅显且不够完整，难以为相关机构和企业参与"一带一路"倡议提供有价值的信息资源支撑。

（3）从信息加工处理方法上看，以提供原始信息分类浏览和检索为主，信息处理深度不够。一方面，许多平台对从各方面获取的信息未能进行仔细组织和整理，平台用户很难快速定位到所需要的信息；另一方面，这些平台也没有结合相关机构和企业的信息需求，对信息资源进行深度加工，无法形成具有市场价值的"一带一路"信息产品。

（4）从信息平台管理运作上看，多是各类信息机构以自发建设为主，造成平台运作缺乏可持续性。根据笔者长期观察，大多数"一带一路"数据库建设是以试验性为主，一些数据库在启动之后两三年内便偃旗息鼓，停止更新甚至直接关闭，内容丰富、质量优良、服务力强、持续运行的数据库十分罕见。究其原因，在于这些平台启动建设时对信息来源、服务对象、产品设计和运作模式等缺乏清晰的规划，运作过程中既无稳定的优质信息来源，又无专门的人力财力投入，在政策"热度"过后，信息资源平台运作也陷入瘫痪。

针对上述问题，本书将探讨"一带一路"信息资源开发的关键领域、信息来源、获取方式、开发策略及保障体系，为推进"一带一路"信息资源开发利用提供具有说服力的理论依据和可操作的对策建议，这是一项既有理论创新又有应用价值的综合性研究。

三、概念界定与研究思路

（一）概念界定

1."一带一路"范围界定

"一带一路"即"丝绸之路经济带"和"21世纪海上丝绸之路"。国家文件中并没有明确界定"一带一路"沿线国家的范围，但一般认为共涉及60多个国家，按其地理位置可分为东北亚、东南亚、南亚、中亚、西亚及北非、中东欧6个板块。

(1) 东北亚：蒙古；

(2) 东南亚：新加坡、马来西亚、印度尼西亚、缅甸、泰国、老挝、柬埔寨、越南、文莱、菲律宾；

(3) 南亚：印度、巴基斯坦、孟加拉国、阿富汗、斯里兰卡、马尔代夫、尼泊尔、不丹；

(4) 中亚：哈萨克斯坦、乌兹别克斯坦、土库曼斯坦、塔吉克斯坦、吉尔吉斯斯坦；

(5) 西亚及北非：伊朗、伊拉克、土耳其、叙利亚、约旦、黎巴嫩、以色列、巴勒斯坦、沙特阿拉伯、也门、阿曼、阿联酋、卡塔尔、科威特、巴林、埃及；

(6) 中东欧：俄罗斯、乌克兰、白俄罗斯、格鲁吉亚、阿塞拜疆、亚美尼亚、摩尔多瓦、波兰、立陶宛、爱沙尼亚、拉脱维亚、捷克、斯洛伐克、匈牙利、斯洛文尼亚、克罗地亚、波黑、黑山、塞尔维亚、阿尔巴尼亚、罗马尼亚、保加利亚、马其顿。

从当前我国推进"一带一路"倡议实施的实际情况来看，"一带一路"的范围呈现扩大的趋势。正如国家"一带一路"官网所指出的："'一带一路'建设面向所有国家开放，各国均可通过参与共建，为本国和区域经济的繁荣发展做出贡献。"①但为研究方便起见，本书在开展信息资源分析时，仍以上述 6 个区域作为"一带一路"的范围。

2."一带一路"信息资源

根据信息资源管理理论创始人——F.W.霍顿（F.W.Horton）和 D.A.马钱德（D.A.Marchand）等人的观点，信息资源具有两种含义：广义上的信息资源包括信息内容和信息设备、资金、系统、人才等，而狭义上的信息资源主要是信息内容本身。②本书主要研究狭义上的信息资源，即与"一带一路"相关的各类信息、数据、情报、知识等。

---

① 参见 https：//www.yidaiyilu.gov.cn。
② 孙建军：《信息资源管理概论》，东南大学出版社 2008 年版，第 12 页。

"一带一路"信息资源是指与"一带一路"沿线国家政治、经济、社会、科技、文化等发展相关的各类政策法规、资料文档、数据情报以及研究成果等，内容丰富、类型复杂。其有多种来源途径：

(1) 按信息来源，国家信息中心的"一带一路"大数据平台包括业务数据、国内统计数据、海外统计数据、国内互联网数据、海外互联网数据、合作数据等多种来源；[1]黄文福等人提出"一带一路"背景下东盟信息资源的来源包括专业图书营销机构、非专业图书营销机构、网络信息资源、私人机构和私人藏书。[2]

(2) 按地区和国家，可以分为东北亚、东南亚、南亚、中亚、中东、东欧以及各个国家的信息。

(3) 按行业领域，可以分为国情信息、经济信息、社会信息、文化信息、科技信息等。

(4) 按信息语种，可分为中文、英文、阿拉伯文、俄文等。

(5) 按信息载体，可以分为传统纸质信息资源、网络电子信息资源两个大类。由于目前数字化和网络化技术发展十分迅速，在信息管理领域得到十分广泛的应用，也是国内外开展信息采集、加工、处理和服务的主要方式，因此本书主要讨论网络电子形式的"一带一路"信息资源的开发利用问题。

3. 信息内容类型

对于信息内容，本书将按"五通"来划分信息资源类型，包括：政策沟通：政府动态、战略规划、政策法规等信息；设施联通：道路、港口、机场、电信等基础设施信息；贸易畅通：产业、商贸、物流、海关等信息；资金融通：金融、投资、重大项目等信息；民心相通：历史文化、人文社会、学术研究等信息。具体而言：

---

[1] 于施洋、杨道玲、王璟璇等：《"一带一路"数据资源归集体系建设》，《电子政务》2017年第1期。

[2] 黄文福、苏瑞竹：《"一带一路"战略背景下东盟文献信息资源的采集》，《内蒙古科技与经济》2017年第4期。

(1)"一带一路"政策信息。"一带一路"政策信息主要解决各国之间的政策沟通问题，便于各国政府之间开展国际合作、企业之间开展商业合作、民众之间开展访问交流。

① 政府动态：沿线国家和地区政府部门和领导人的重要新闻和动态信息。

② 战略规划：沿线国家的重大战略、重大发展规划等信息。

③ 政策法规：沿线国家的法律、规章、政策、制度、标准等信息。

(2)"一带一路"基础设施信息。"一带一路"基础设施的互连互通既包括物理上的设施网络对接（如航路开通、铁路和公路的跨境连接、通信网络的跨国连接和提速等），也包括各国之间的基础设施信息系统的连接和建设、运营和服务信息的共享。

① 交通基础设施：铁路、公路、港口、机场等设施的建设、运行和服务信息。

② 生产生活公共基础设施：电力、供水、燃气、医院、学校、楼宇等设施和机构的建设、运行和服务信息。

③ 信息化基础设施：卫星、固定电话、移动电话、互联网、计算机、电视网络以及云计算、信息安全保护设施等的建设、运行和服务信息。

(3)"一带一路"贸易信息。贸易畅通是"一带一路"建设的重点内容。贸易畅通促进沿线国家之间的商品和服务便利流动，优化国际分工和资源配置，做大市场"蛋糕"。同时，商品和服务流通需带动资金、技术、文化等的交流，促进国家和人民之间的相互依赖、相互信任。

① 进出口信息：进出口统计信息、企业进出口数据。

② 贸易机构信息：海关信息、进出口企业信息、海外采购商信息、贸易机构信息。

③ 外贸商品信息：商品价格信息、商品需求信息、商品供给信息。

(4)"一带一路"金融信息。经贸合作是"一带一路"建设的核心内容，而资金融通又是经贸合作的关键所在。在"一带一路"沿线国家间差异明显、风险丛生的情况下，加快国家、地区和机构之间的金融和投资等信息的互通与共享，有利于相关机构把握投资商机，提高投资意愿，减少投资风险，避免资金流动的盲目性。

① 金融发展信息：金融发展统计信息、金融机构。

② 金融市场信息：证券、保障、抵押、货币、汇率等。

③ 信用信息：国家、地区以及企业、社会机构的信用。

④ 跨国投资信息：吸引外资情况、对外投资情况。

⑤ 投资项目信息：投资意向信息、资金需求、重大建设项目等。

(5)"一带一路"人文信息。"一带一路"沿线国家人民之间的"民心相通"是最基础的互联互通，是开展其他合作和交流的民意基础和社会根基。①"民心相通"关键在于密切文化交流，深化各国人民之间的理解和互信，在这方面信息资源可以发挥重要支撑作用。

① 国情信息：沿线国家及其各区域的历史、地理、人口、文化、风俗以及基本政治制度、经济制度、宗教、社会安全等方面的信息。

② 文化创意产业信息：包括电影、电视、动漫、小说、戏剧、美术以及网络文化和网络娱乐等信息资源，促进各国之间的文化交流。

③ 学术和科研信息：著作、论文、文章以及专利、版权等信息，促进各国之间的学术交流和科研合作。

（二）研究思路与方法

本书从两个维度来展开研究：一是从信息资源开发利用的生命周期，包括信息收集、信息共享、信息整合、信息加工、信息传播、知识共享等环节，分析信息资源开发利用的现状及问题，并结合理论分析和国际经验来提出相应的对策建议；二是从信息资源工作的一般流程，首先根据国家对"一带一路"倡议的部署来确定"一带一路"信息资源开发的目标及重点领域，构建信息资源

---

① 钟廉言：《民心相通是最基础的互联互通》，2017年6月9日，http://theory.people.com.cn/n1/2017/0609/c40531-29328448.html，访问日期：2019年12月3日。

开发利用体系；其次分析信息来源及收集方式，研究信息整合和开发模式以及防止情报失察；最后探讨"一带一路"信息资源开发利用的整体策略。总体思路见图1-5。

信息资源开发的目标
信息资源对"一带一路"支撑作用与信息资源开发的目标、内容

⬇

"一带一路"信息资源开发利用体系
生态体系及结构、层次和信息流模型

⬇

国内数据库建设现状
建设现状、信息来源、信息组织方式

⬇

信息资源收集
信息来源、质量控制、来源比较、获取方式

⬇

信息资源整合 资源现状、整合模式、保障机制	**跨国信息共享** 国际模式、我国现状、对策建议
信息产品开发 信息开发类型、信息产品形态、产品开发策略	**避免情报失察** 现象与成因、对策建议
信息海外传播 发展现状、主要问题、对策建议	**国家知识共享** 影响因素、国际经验、中国对策

⬇

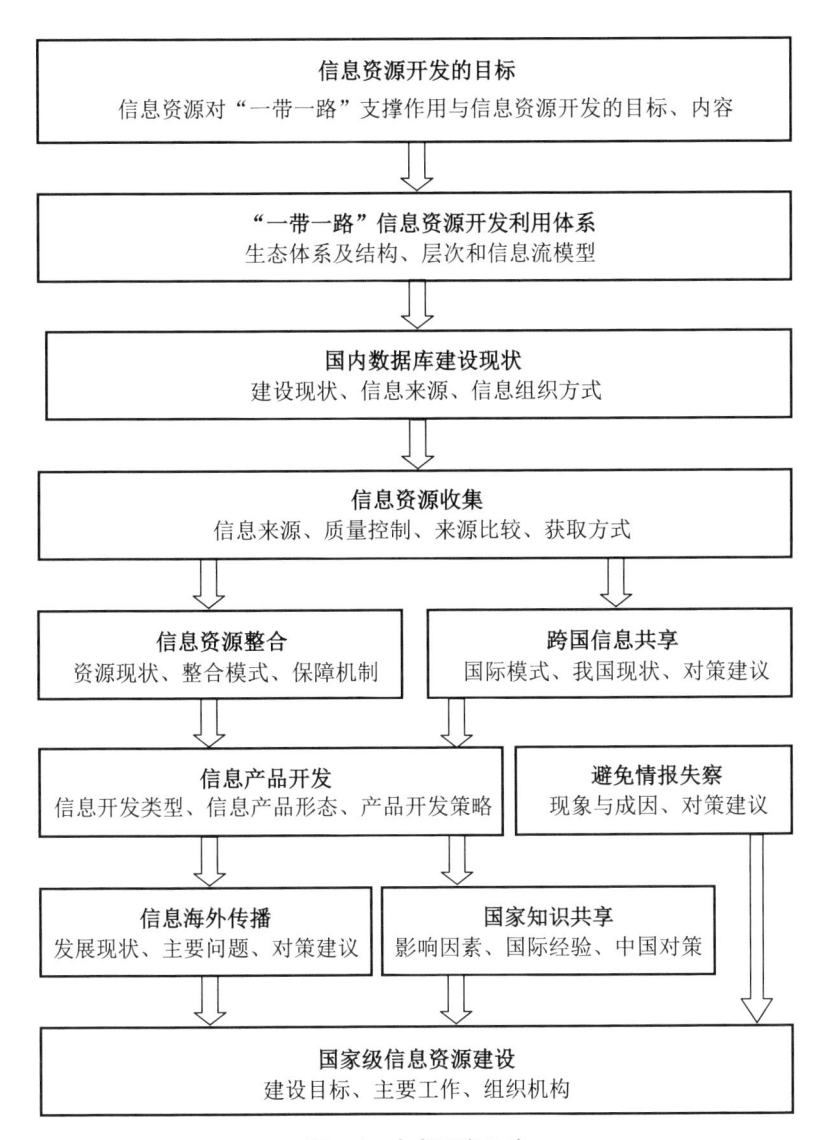

国家级信息资源建设
建设目标、主要工作、组织机构

图1-5　本书研究思路

四、创新之处

（一）理论创新之处

一是建立了全环节的"一带一路"信息资源开发体系。本书借助相关理论分析了"一带一路"信息资源开发的生态体系及功能模型、结构模型和信息流模型，对"一带一路"信息资源开发的对象、主体、环境及业务流程、职能分工、信息流等进行了系统描述。

二是提出了多层次的"一带一路"信息资源开发策略，既包括机构层面上的信息资源收集、整合和开发策略，也包括国家层面上的跨国信息共享战略、信息资源建设战略，提出"一带一路"信息资源开发利用必须加强统筹协调和分工协作，才能发挥对倡议实施的支撑作用。

（二）对策创新之处

这主要体现在四个"兼顾"上：

一是兼顾信息获取与信息传播。笔者认为，"一带一路"信息资源开发应当具有多维目标，既要对内提供服务，让中国了解世界，帮助我国政府、企业和民众准确掌握"一带一路"沿线国家情况，也要具有对外服务和信息传播功能，让世界了解中国，消除国家之间的信息不对称，提高中国在"一带一路"中的话语权和影响力。因此，"一带一路"信息资源的开发利用应当既包括信息的获取、加工与开发，也包括信息的对外传播与共享。

二是兼顾信息开发与知识开发。本书认为，信息资源分为多个层次，在数字化、网络化和智能化的时代背景下，实施"一带一路"倡议既要促进数据和信息的交互与共享，也要开发利用知识层面的信息资源，推动"一带一路"知识共享，聚集各国在经济、社会、科技、民生等领域的发展经验，促进沿线国家相互学习和知识互助。

三是兼顾信息利用与情报失察。笔者认为，当前"一带一路"倡议实施中存在着大量信息失察现象。"一带一路"信息资源开发既需要从正向思维角度探讨如何构建和改进"一带一路"信息服务体系，也要从逆向思维角度研究"一带一路"信息失察问题，并从机构和政策层面，构建涵盖信息规划、信息采集、信息共享、信息加工、信息使用等环节的失察规避机制。

四是兼顾业务工作与国家战略。笔者认为，我国要推进"一带一路"倡议向高质量方向深入发展，既需要建立高水平的"一带一路"信息工作体系，加强信息资源的采集、整合、加工、共享和利用，减少情报失察和工作失误，也需要加强"一带一路"信息资源工作的整合与协调，推动国家级"一带一路"信息资源建设，为倡议实施中的宏观环境认识、发展态势感知、国家外交政策制定等提供强有力的支撑。

第二章　信息资源对"一带一路"倡议的支撑作用

"一带一路"沿线国家众多，各国政治制度、经济发展以及语言习俗、历史文化等差异很大，国家与国家之间很容易产生信息不对称，造成彼此之间产生诸多疑虑、误解甚至抵触，阻碍了"一带一路"倡议的实施。因此，在"一带一路"倡议实施中必须大力推进数字信息内容的交流与共享，促进沿线各国政府之间的沟通与合作，促进各国人民之间的理解与信任，为政策沟通、设施联通、贸易畅通、资金融通和民心相通提供信息支撑。然而，我国在"一带一路"信息资源建设中，普遍存在着重视内部、忽视外部，重视大国、忽视小国，重视积累、忽视利用，重视政府掌握、忽视社会开放等问题，有关"一带一路"沿线国家特别是中小国家的信息资源数量不够、粒度不细、时效不强、可靠度不高。因此，加强"一带一路"信息资源建设，为"一带一路"倡议实施提供有效和有力支撑，是当前我国信息化建设中重要而又紧迫的课题。

一、"一带一路"倡议面临的复杂国际环境

"一带一路"倡议既面临着全方位开放机遇、周边外交机遇、地区合作机遇、全球发展机遇，也面临着地缘风险、安全风险、经济风险、道德风险。[1]特

---

[1] 王义桅：《"一带一路"：机遇与挑战》，人民出版社2015年版，第45页。

别是"一带一路"的地理跨度和制度差异性很大，沿线国家的政府、经济、社会、文化的多样性、多变性和多重性给倡议实施带来了巨大挑战。

（一）国家发展的多样性

"一带一路"横跨亚、非、欧三大洲，沿线国家均依靠地理上的邻近关系而联系在一起，而非像 G7、G20、"金砖五国"等是由经济或国情上存在一定相似性的国家组成的合作机制。因此"一带一路"沿线国家在国家规模、历史文化、经济社会发展方面都存在巨大的差异性，给区域合作带来许多障碍。

从国家规模上看，"一带一路"沿线既包含中国、印度、俄罗斯等世界性大国，也包含了马尔代夫、黑山、文莱等面积小、人口少的小国。

从政治体制上看，"一带一路"沿线国家呈现多种政治制度并存的局面，除大多数国家属于资本主义国家外，世界上5个社会主义国家有4个位于"一带一路"沿线（中国、朝鲜、越南、老挝），同时，"一带一路"沿线还存在不少君主制国家，如文莱、不丹、沙特、约旦、科威特等。

从经济发展水平上看，"一带一路"沿线国家大多数属于发展中国家，但也有日本、韩国、新加坡、文莱、中东欧国家以及中东产油国等少数发达和富裕国家，同时还有不少经济社会发展十分落后的国家，如阿富汗、孟加拉国、不丹、柬埔寨、东帝汶、缅甸、尼泊尔、也门等被联合国列为世界最不发达国家。

从语种上看，"一带一路"沿线国家差异很大。根据王辉等人的研究，"一带一路"沿线国家仅官方语言就达到 53 种，涵盖九大语系的不同语族和语支，再加上各国少数民族或地区使用的语言，则达到 200 种以上。[①]即使相对通行的语言也有英语、中文、阿拉伯语、俄语、马来语等多种语言。语言多样性与差异性必然给文化交流、经济合作、人员来往带来很大不便。

从宗教信仰上看，佛教、伊斯兰教、基督教等全球主要宗教在"一带一路"

---

① 王辉、王亚蓝：《"一带一路"沿线国家语言状况》，《语言战略研究》2016 年第 1 期。

沿线国家均有分布，而且世界上绝大部分佛教国家和伊斯兰教国家都位于"一带一路"沿线。即使属于同一种宗教，不同国家往往属不同教派（如伊斯兰教的逊尼派、什叶派，基督教的天主教、东正教等）。

（二）经济社会的多变性

"一带一路"穿越许多地缘政治的破碎区和冲撞区，如东北亚、南亚、中东、东欧等，这都是当前世界安全保障最弱、冲突风险最大的地区。近20多年来全球几乎所有重大的国家间冲突或战争都发生在"一带一路"沿线，如前南斯拉夫地区冲突、海湾战争、阿富汗战争以及俄罗斯与乌克兰、格鲁吉亚之间的战争等。同时，部分"一带一路"沿线国家面临着严重的内部矛盾和冲突，不同的政治势力、宗教势力、民族和地区之间常常发生激烈的冲突甚至战争，带来持续性的政局不稳和社会动荡。区域政治局势不稳定，给我国与沿线国家的合作带来很大风险。

即使在一些政局相对稳定的国家，由于国家制度的不完善，在发生政府选举更替后，相关政策容易遭遇更改。这些国家对外国企业的态度往往随着政府的更迭、官员的喜好、民意的起伏而发生急剧变化。特别是近几年以美国为首的西方国家加强了对我国的围堵力度，常常在"一带一路"沿线国家发动舆论攻势，离间这些国家与我国的关系。我国企业"走出去"战略中的许多重大项目，如泰国的高铁项目、缅甸的水电建设项目、巴基斯坦的港口建设项目，都曾受政治和社会问题等影响反复上马下马，给我国政府和企业带来巨大损失。根据有关研究数据，自2013年以来中国在60多个"一带一路"参与国家投资的1 674个基础设施项目中，约有14%的项目（234个）遭遇麻烦。①

---

① 王林彬：《"丝绸之路经济带"背景下中国与中亚国家投资风险救济制度之完善》，《兰州学刊》2020年第1期。

(三) 战略认知的多重性

不少"一带一路"沿线国家对"一带一路"倡议的立场、态度、认知存在偏差，有的国家存有严重偏见。一方面，这些国家羡慕中国经济社会发展取得的巨大成就和当前具备的强大经济实力，希望从"一带一路"倡议中分享利益；另一方面又对中国的倡议意图存在疑虑，担忧参与"一带一路"合作会损害自身利益。还有一些国家对共建"一带一路"红利期望值过高，或对我国提出不合理的合作要求，而若这些期望短期内无法满足，这些国家对"一带一路"的态度便出现反复。[①]

尤其是大多数"一带一路"沿线国家实行多党制，不同政党往往有不同的对华立场和政策，政党轮替往往会给双方合作带来影响。同时，在一些国家(即使是那些总体上对华友好的国家)，一些"为反对而反对"的在野党为达到政治目的，会抓住对华合作中的少数负面因素大做文章，或无中生有地渲染"中国威胁论"和"中国侵略论"，对合作项目故意阻挠，[②]其主观目的是打击国内政治对手，但客观上造成中国"躺枪"。

沿线国家对"一带一路"倡议的认知多重性，会给实际中的区域合作带来许多不确定性因素，使得许多合作难以深入持续推进。以网络通信领域为例，东南亚、南亚和东欧不少国家信息化水平较低，中国网络设备和手机企业（如华为、联想、小米、OPPO 等）在这些国家投资建厂，通过物美价廉的产品赢得大量市场份额，加快了这些国家的网络信息化进程。但近几年印度、印度尼西亚等却纷纷以国家安全为由，对中国 IT 企业开展网络信息安全审查，阻碍中国企业在当地市场的经营和开拓。

[①] 郑雪平、林跃勤：《"一带一路"建设进展、挑战与推进高质量发展对策》，《东北亚论坛》2020 年第 6 期。
[②] 傅梦孜、徐刚：《"一带一路"：进展、挑战与应对》，《国际问题研究》2017 年第 3 期。

正因为"一带一路"沿线国家具有形态多样性、政策多变性和认知多重性，我国在与之开展政治、经济、文化、科技合作时必须对当地经济、社会和政治环境有细致的把握、对合作对象和项目有全面的了解、对合作前景和趋势有准确的预判，这都需要海量、及时、准确的信息资源作为支撑。

二、影响"一带一路"倡议实施的因素

为梳理当前"一带一路"倡议实施过程中面临的主要障碍，笔者利用中国知网（CNKI）数据库，采用主题＝"一带一路 and 障碍"or"一带一路 and 挑战"or"一带一路 and 风险"or"一带一路 and 阻力"or"一带一路 and 困难"or"一带一路 and 问题"or"一带一路 and 瓶颈"的检索策略，在 CNKI 数据库中的"哲学与人文科学""社会科学Ⅰ辑""社会科学Ⅱ辑""经济与管理科学"子目录下进行检索，共得到 31 811 条检索结果。经抽样阅读检索结果中的文献，发现不少文献只是提及"障碍""挑战""风险"等词汇，但并未展开讨论。为此笔者通过关键词检索方式缩小检索范围，采用关键词＝"一带一路 and 障碍"or"一带一路 and 挑战"or"一带一路 and 风险"or"一带一路 and 阻力"or"一带一路 and 困难"or"一带一路 and 问题"or"一带一路 and 瓶颈"的检索策略，得到 609 个检索结果。[①]

从地域上看，这些文献既有研究国家层面也有研究地方层面实施"一带一路"倡议中面临的障碍，既有研究中国的整体对外开放合作问题也有分析中国与具体某个或某些国家的合作；从领域来看，既有从综合层面研究"一带一路"倡议实施中的障碍，也有大量有关"一带一路"经贸、文化、教育、能源、军事交流合作中的障碍分析。这些文献能较为全面地反映当前"一带一路"倡议

---

① 检索网站：http://www.cnki.net。两次检索的时间均为 2021 年 12 月 14 日。

实施中面临的各类障碍。

为对这些文献中有关"一带一路"倡议实施障碍的研究结果进行归纳整理并发现其中的关联，笔者采用"扎根理论"（Grounded Theory）方法对其进行分析。由美国哥伦比亚大学社会学系 Anselm Strauss 和 Barney Glaser 教授所提出的"扎根理论"，被学界认为是当前质性研究最前沿的完整方法论体系。[1]扎根理论通过对研究问题的界定、广泛且系统的资料收集、三层次编码、多次比较分析调整以及理论生成与检验，自下而上建立实质理论，能够从经验事实中抽象出新的概念和思想。[2]本章将对调研中获取的"一带一路"实现障碍相关资料，采用扎根理论中的三级编码方法（开放式编码、主轴编码及选择性编码）对其进行编码，从而发现影响"一带一路"倡议实施的关键因素及相互关系，分析信息资源在其中的作用。

为保障扎根理论模型的科学性，在上述文献检索所获取的 600 多件文献中，对其中约 500 件文献采用扎根法进行三级编码，预留约 100 个文献用作对编码结果进行检验。

（一）开放性编码过程

开放性编码是对原始资料进行逐行编码，并实现逐层概念化和范畴化。本章首先对近 500 篇论文进行内容分析，从中抽取出与倡议实施障碍、困难、问题、风险、挑战等有关的内容，并进行逐句分析和编码，以确定其初始概念。由于开放性编码过程的工作量较大，为节省篇幅，本章仅列举对原始材料进行概念化和范畴化的几个典型过程作为示例（见表 2-1）。按此方法，本章对原始数据进行逐行编码，并进行逐层概念化和范畴化，最终形成的 16 个范畴编码结

---

[1] Pinkler P., "Indicators are the Essence of Scientometrics and Bibliometrics", *Scientometrics*, No.3, 2010.

[2] 陈向明：《扎根理论的思路和方法》，《教育研究与实验》1999 年第 4 期。

果（见表 2-2）。

表 2-1 开放性编码过程（示例）

论文相关内容摘要	概念化	范畴化
对外传播内容浮浅和呆板，往往多是政治性宣誓，而缺乏生动形象的演绎，不能对沿途国家民众产生吸引力，促进他们接纳和参与"一带一路"倡议	对外传播内容不鲜活	对外传播手段
对外传播方式着重于以自我为中心的单向性输出，缺乏对沿线国家民众的思维习惯、接受方式等的考量，难以让沿线国家民众正确理解"一带一路"倡议	对外传播手段单一	对外传播手段
我国企业对沿线国家国情了解不够	国外信息了解不够	信息交流
既具有高素质专业知识又具有高语言水平的人才短缺	国际化人才缺乏	人才队伍
中国国内跨地域、跨部门的协调机构并没有建立和完善	统筹协调机制缺乏	推进体制
混乱的政局、不健全的营商环境、落后的法律法规、腐败的政府管理等问题在非洲国家屡见不鲜	沿线国家政治风险高	海外经营风险
腐败现象更是屡见不鲜，执法的不透明与不公正及一些官员徇私舞弊的行为更是吓退了中国的企业与商人	沿线国家存在腐败	国外营商环境
中俄双方目前缺少一个信息交流和协调矛盾的有效平台，双方的贸易也同样缺乏一个长期的计划，来保证彼此合作的稳定性	国家间交流协调平台缺乏	国际合作机制

表 2-2 开放性编码结果

编码	范　畴	初　始　概　念
A1	企业国际化能力	企业国际化意识不足，企业对国外缺乏了解，企业国际化培训不足
A2	企业国际化意识	国内企业对"一带一路"倡议认识不足
A3	国际化人才	缺乏具有专业能力和外语能力的复合型人才，缺乏具有国外从业经历的人才
A4	统筹协调机制	缺乏统筹协调机制
A5	涉外法律法规	中外双边投资协定陈旧，国内外标准不统一，部分沿线国家技术和贸易壁垒
A6	海外信息服务	我国对国外了解不够，海外信息服务薄弱

（续表）

编码	范畴	初始概念
A7	国际信息传播	对外传播内容不鲜活，国际传播缺乏互动，未充分使用互联网和新媒体
A8	国家间信任	沿线国家对我国信任不足，沿线国家对倡议存在疑虑
A9	国外社会思潮	逆全球化社会思潮影响，中国威胁论的干扰，部分沿线国家存在民族主义情绪
A10	国外对华了解	国外不了解中国企业，不熟悉中国品牌，不了解"一带一路"倡议
A11	政治社会稳定性	沿线国家政局不稳，制度不完善，腐败高发
A12	国外营商环境	部分沿线国家基础设施和市场环境较差
A13	国家历史文化间差异	国家间历史差异、国家间文化差异、国家间语言文字差异、国家间政治制度差异
A14	中外历史和现实冲突	中国与周边国家在历史、领土、领海等方面存在的争议
A15	域内传统势力干扰	域内传统势力阻碍倡议实施
A16	域外大国干扰	域外大国干扰和破坏"一带一路"倡议实施

（二）主轴编码过程

本书根据前文有关政府数据治理的内容与环节，对上述开放性编码过程得到的15个范畴进行聚类，最终形成6个主范畴，分别编号为B1—B6；同时为便于分析，笔者作进一步并归，将B1—B6纳入我国因素、他国因素、国家关系因素、国际政治因素共4个维度，分别用C、F、R、I代表（见表2-3）。

表2-3 主轴编码过程

维度	主范畴	范畴		范畴内涵
我国因素（C）	B1 我国的国际化意愿与能力	A1	企业国际化能力	了解国外市场，具备国际业务拓展能力
		A2	企业国际化意识	重视国际化拓展，了解"一带一路"倡议（简称"倡议"）
		A3	国际化人才	培养既懂专业又精通外语的复合型人才

（续表）

维　度	主范畴	范　畴		范畴内涵
我国因素 （C）	B2　我国的国际化政策与措施	A4	涉外政策法规	与"一带一路"相配套的政策法规体系
		A5	统筹协调机制	建立跨部门、跨地域的协调推进机制
		A6	国际信息服务	为我国企业提供及时准确翔实的海外信息
		A7	国际信息传播	利用多种传媒手段传播我国信息和声音
他国因素 （F）	B3　沿线国家的合作意识	A8	国家间信任	部分国家出于历史和现实原因对倡议存在疑虑
		A9	国外消极社会思潮	民族主义、极端主义、保护主义阻碍倡议实施
	B4　沿线国家的合作能力	A10	国外对华了解	部分沿线国家不了解我国产业、科技、品牌
		A11	政治社会稳定性	沿线国家政局不稳、制度不完善、腐败高发
		A12	国外营商环境	部分沿线国家基础设施和市场环境较差
国家关系因素 （R）	B5　中外差异与矛盾	A13	国家间历史文化差异	国家间历史文化政治差异影响倡议实施
		A14	中外历史和现实冲突	中外间的历史纠葛和现实矛盾制约倡议实施
国际政治因素 （I）	B6　其他国家干扰	A15	域内传统势力干扰	域内传统势力阻碍倡议实施
		A16	域外大国干扰	域外大国干扰和破坏倡议实施

（三）选择性编码

选择式编码的主要目的是分析主范畴之间关系，特别是建立核心范畴与其他范畴之间的关联关系，从而构成理论主线。本章围绕"一带一路"倡议实施成效这个核心范畴，分析和探寻其与上述主范畴的关联关系。总体上看，我国因素和他国因素是影响倡议实施的直接原因，而国家关系因素和国际政治因素则是影响倡议实施的间接原因，其中国际政治因素主要影响沿线国家参与"一带一路"倡议的意愿和深度，而国家关系因素则同时影响我国和沿线国家。编码结果如图 2-1 所示：

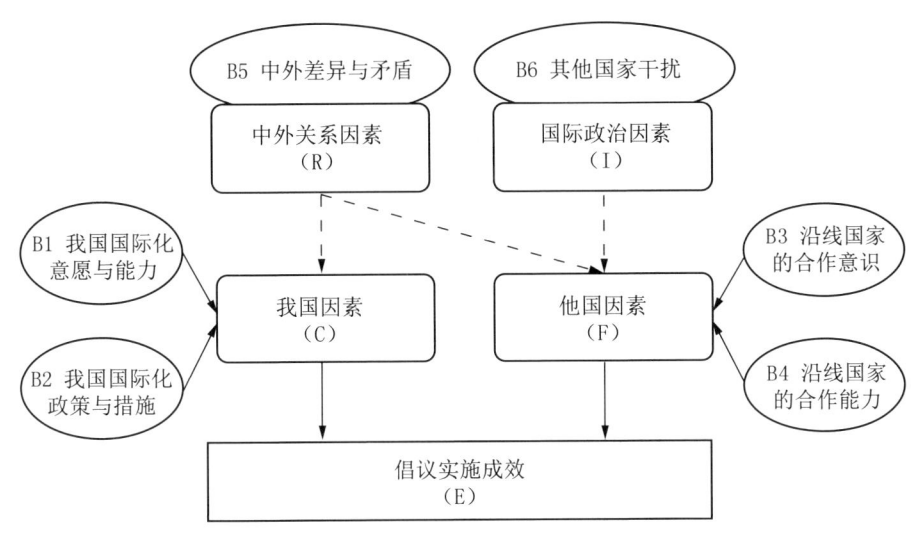

图 2-1 选择性编码结果

（四）饱和度检测

为确定上述模型的可靠性，本章在两位研究人员对第一阶段的约 500 篇文献进行三级编码之后，由另外 1 位研究人员对剩余的约 100 篇原始文献进行饱和度检测。检测结果显示，剩余内容的编码未超出影响"一带一路"倡议实施成效影响因素的 6 个主范畴，未遗漏重要概念、范畴和关系，表明本扎根理论模型已经达到饱和。

三、信息资源对"一带一路"倡议的支撑功能

从本质上讲，信息资源的作用在于消除经济社会活动中的信息不对称，从而提高经济运行和社会运转效率，降低运转成本。具体到本研究的"一带一路"倡议实施中，信息资源从两个维度发挥作用：

(1)直接作用于上述主范畴。如通过沿线各国国情和经济社会信息的采集、加工和服务，有助于提升我国企业的国际化意识和开拓能力。

(2)作用于主范畴之间的关系。如中国与沿线国家之间的历史、文化、语言等差异无法改变，国家之间存在的矛盾和争议在短期内也无法解决，但通过信息互通和知识共享，可促进双方政府和人民之间的理解，减少国家间矛盾和争议对"一带一路"倡议实施的负面影响。

表 2-4 信息资源对主范畴和范畴关系的作用

作用对象	作用关系	作用内涵
主范畴	国际信息服务→国际化能力（A1）	国际信息服务有助于提升我国政府、企业和民众的国际化能力
主范畴	国际信息服务→国际化意识（A2）	国际信息服务有助于提升我国政府、企业和民众的国际化意识
主范畴	国际信息服务→国际化人才（A3）	国际信息服务有助于加快国际化人才的培养和使用
主范畴	国际信息服务→统筹推进机制（A4）	促进我国相关政府部门之间、政府与社会之间的信息共享，有助于各方加强协作、形成合力
主范畴	国际信息服务→国外对华了解（A10）	国际信息传播能促进沿线国家民众对我国经济发展、科技创新以及企业经营等的了解，帮助我国相关企业开拓海外市场
主范畴	国际信息服务→政治社会稳定性（A1）	国际信息服务能帮助我国政府、企业和民众及时准确把握海外经营中的各类风险，尽可能避免损失
主范畴	国际信息服务→海外营商环境（A12）	国际信息服务能帮助我国政府、企业和民众准确了解各国的政治、社会和经济状况，避免高风险区域，选择最佳的投资目的地和合作伙伴
主范畴关系	国际信息传播→（A13 国家间历史文化差异，B1 我国的国际化意愿与能力）	国际信息服务能帮助我国政府部门、企业和民众正确和理性地认识和应对国家之间的差异，促进求同存异
主范畴关系	国际信息传播→（A13 国家间历史文化差异，A8 国家间信任）	国际信息传播能帮助沿线国家对国家间的历史和现实冲突有更客观和全面的认识，缓解矛盾、消除误会、降低敌意
主范畴关系	国际信息传播→（A15 域内传统势力干扰，A8 国家间信任）	国际信息传播能促进沿线国家和民众对我国外交战略以及"一带一路"倡议形成全面、深入、公正的认识，减少域内传统势力的干扰
主范畴关系	国际信息传播→（A16 域外大国干扰，A8 国家间信任）	国际信息传播能促进沿线国家和民众对"一带一路"倡议形成全面、深入、公正的认识，减少域外大国的负面影响

对上述分析结果进行归纳，可以将信息资源对"一带一路"倡议的支撑功能分为决策支撑、风险防范、文化交流和知识互鉴四个方面。

（一）决策支撑功能

决策就是做出决定或选择，是人类政治、经济、社会、技术以及日常生活中最基本、最普遍的活动。"一带一路"倡议实施中，政府、企业、社会机构和民众需要进行大量决策，小到去何处旅游、购买何种商品，大到国家外交关系、重大项目投资，都是一种决策活动。信息资源可以作用于"一带一路"决策活动的各个环节，并优化其决策行为，实现预期目标。

1. 发现机遇

"一带一路"涵盖地域广阔、人口众多、资源丰富、市场巨大，而且大多数国家都正处于经济社会转型发展阶段，因此"一带一路"蕴含商机无限。但如何在瞬息万变的国际环境中，把握"一带一路"沿线的各种商机，是中外合作的重要命题。快速准确的信息服务可以帮助相关企业及时了解沿线国家发展动态，及时知悉有关国家和地区的投资需求、项目需求、技术需求和商品需求等，从而开展合作、拓展市场。

2. 优化选择

"一带一路"沿线国家国情、社情、民情差异极大。国家之间、企业之间和民众之间开展合作时常常面临着大量不大确定性，使得决策变得十分复杂。信息的本质作用就是消除不确定性。首先，信息能帮助企业、机构和民众加深对相关国家、地区以及合作对象各方面情况的了解，做到知己知彼，从而选择最佳的合作领域和对象；其次，在大量信息和数据的基础上，通过一些决策模型的应用，有关企业和机构可以从多种方案中找到风险最小、收益最高的最优或较优方案。

3. 预判趋势

"一带一路"沿线情况千变万化，在相关合作中必须要对当地经济社会发展趋势和项目合作前景有一个相对准确的判断，才能更好地确定合作对象、合作形式、合作规模等。信息是人类认识未来环境的依据，是人类适应未来环境的手段，是通向未来的桥梁。①信息记录了事物演变的历史，描绘了事物发展的现状，也昭示着事物发展的未来趋势。通过对大量相关信息数据进行聚合，结合信息分析方法、行业背景和实际经验，可以对"一带一路"沿线国家发展形势、市场发展趋势、项目合作态势进行一定程度的预判，从而优化决策方案、做好应对预案。

（二）风险防范功能

"一带一路"沿线国家的形态多样性、政策多变化和认知多重性，给企业"走出去"以及其他领域的合作带来了许多风险，包括：政治风险、社会风险、道德风险、贸易风险、投资风险、汇率风险等。②③因此要深入持续推进"一带一路"倡议实施，必须加强风险管理。风险管理是指通过对风险的认识、衡量和分析，选择最有效的方式，主动、有目的、有计划地处理风险，以最小成本争取获得最大安全保证的管理方法。④在大数据时代，风险管理必须依靠海量信息资源，充分利用大数据技术来识别风险、控制风险和规避风险。具体而言包括以下三个方面：

1. 风险识别

"一带一路"合作中既存在大量机会，也蕴藏着无数风险。风险识别的过程就是持续采集与充分整合"一带一路"沿线国家、地区、企业的政治、经济、社会等方面的事件、信息与数据，及时发现其中重要的环境、因素和指标变化，

---

① 张辉：《基于信息资源管理的企业竞争优势的培育》，山东大学硕士学位论文，2008年。
② 马昀：《"一带一路"建设中的风险管控问题》，《政治经济学评论》2015年第4期。
③ 高荣伟：《"一带一路"建设面临的风险及对策》，《国际商务财会》2015年第6期。
④ 张贤军：《基于数据仓库的税收风险管理系统的设计与实现》，厦门大学硕士学位论文，2012年。

并分析其可能对合作项目产生的影响（包括影响的领域、影响的大小、影响的可能后果等），从而将不确定性转变为明确的风险陈述。

2. 风险规避

在风险识别的基础上，通过有选择地改变方案实施途径，来达到趋利避害的目的。例如：在明确风险的地区分布和领域分布后，在实施项目时避开"一带一路"沿线那些高风险的国家、地区或行业；通过收集和整合相关国家、企业、个人的数据建立信用数据库，避免与信用不佳的对象开展合作。

3. 风险控制

"一带一路"合作中的风险是客观存在的，其无法消除和完全避免，利用信息数据和分析方法，可以有效降低风险发生概率，或者减少风险导致的实际损失。例如，在合作方案制订过程中引入风险因素，通过概率组合优化合作方案；做好应对预案和多个备选方案，降低风险发生后可能带来的冲击。

（三）文化交流功能

习近平总书记指出"国之交在于民相亲，民相亲在于心相通"；"一带一路"倡议要行稳致远，离不开"民心相通"的支撑和保障。①"一带一路"国家之间差异极大，由此引发的信息不通和信息不对称势必带来沿线国家人民之间的心灵隔阂和相互误解。因此，"一带一路"信息资源的开发利用不但要推动相关合作项目开展，减少合作风险，也要加快信息知识的记录、传播、共享与交流，促进沿线国家人民的民心相通。

1. 文化交流

"一带一路"信息资源的采集、整合、传播与开发利用具有重要的经济和社会价值，也具有十分重要的文化作用。图书、电视、电影等文化信息产品的创造和传播，有助于促进沿线国家和人民彼此之间的了解，消除相互之间的误会

---

① 郭鸿炜：《"一带一路"民心相通的理论解析与路径选择——基于跨文化治理的视角》，《行政与法》2019年第7期。

和曲解，也有利于沿线国家和人民对区域内的历史文化和重要事件形成共同记忆，充分发挥信息资源的民心"黏合"作用。

2. 档案记录

"一带一路"倡议的实施既是一项宏大的国际合作工程，也是一件伟大的人类发展盛事。《大唐西域记》《马可波罗游记》等历史文献，记载了古代中外以及东西方国家和人民友好交流的佳话，是古人留给我们的宝贵文化财富，也为当前和未来各国之间的友好合作提供了历史文化基础。在"一带一路"倡议实施过程中，我们要加强档案信息资源建设，忠实记录"一带一路"倡议实施进程，这将是我们留给后代和未来的国家财富。[①]

（四）知识互鉴功能

"一带一路"沿线多属于发展中国家和新兴经济体，面临着加快经济发展、促进社会进步的共同任务，面临的问题和挑战往往也十分相似，不少发展经验具有共通性。因此在推进国家现代化的过程中，沿线国家应当相互学习、相互借鉴。短期而言，这有利于沿线国家缩短摸索、少走弯路、加快发展；长远而言，这有利于各国人民之间加深了解、消除隔阂、增强互信。

1. 知识共享

"一带一路"沿线各国在发展过程中，创造了大量社会科学知识和科学技术知识，包括著作、论文、研究报告、专利、诀窍（know-how）等。将这些知识按互利共赢的方式进行有效共享，可以加快沿线国家的社会创新和科技创新步伐，促进经济、社会、科技事业共同发展进步，形成区域协作创新的良好局面。

2. 经验借鉴

"一带一路"沿线各国地理位置邻接，不少国家历史文化背景相通、经济社

---

① 陆伟华：《关于加强"一带一路"档案信息资源建设的思考》，《兰台世界》2016年第11期。

会发展水平相近，它们在经济社会发展中积累了许多宝贵经验和成果。通过对这些经验和成果进行描述记载，并使之成为公共知识并在沿线各国之间进行共享利用，可以促进沿线国家相互之间的学习，从而少走弯路、加快发展，实现共同进步。特别是中国在改革开放后的几十年间，从一个十分落后的国家变成了经济规模雄居世界第二并具有重要影响力的全球大国，在国家治理、经济发展、社会建设、科技创新等领域都积聚了诸多不同于西方发达国家的经验，[1]将中国经验、中国方案、中国故事进行有效传播利用，应当是"一带一路"信息资源开发的重要命题之一。

四、"一带一路"信息资源开发利用的策略

从上述信息资源对"一带一路"倡议的四种支撑功能可以看出，"一带一路"信息资源开发利用过程中应充分重视服务与传播、信息与知识、战术与战略等多个层面的协调，实现信息资源对倡议支撑效果的最大化。

（一）信息服务和信息传播相结合

2013年9月7日，习近平总书记首次提出共建"丝绸之路经济带"的倡议，指出其是"为使欧亚各国经济联系更加紧密、相互合作更加深入、发展空间更加广阔"。可见，"一带一路"倡议的目标是实现区域大合作，而不仅仅是促进中国与其他国家之间的双边合作。因此"一带一路"信息资源开发不应仅限于"促进中国对沿线国家的了解"这个单一目标，而应当是多维目标，包括：

---

[1] 张生祥：《中国国家话语的路径分析及思考》，《对外传播》2019年第7期。

(1) 促进中国了解"一带一路"沿线国家。

(2) 促进"一带一路"沿线国家了解中国。

(3) 促进"一带一路"沿线国家的相互了解。

要实现这些多维目标，关键在于"一带一路"信息资源开发中将对内服务和对外服务紧密结合，既要重视聚合国内外信息资源为中国政府、企业和社会提供信息服务，也要重视对外信息传播，为沿线各国提供优质信息。这对"一带一路"信息资源开发的范围、类型、语种、服务方式提出了相应的要求，需要加强"一带一路"信息资源体制机制和服务模式创新，不仅要重视供给侧的"服务提供"，也要重视需求侧的"服务到达"。

一是加强多语种信息服务。"一带一路"沿线国家语种众多，不可能提供所有语言的支持。为此，对于那些重要信息产品，应提供多个语言版本的服务，同时在服务平台上预留多语言接口，鼓励各国相关机构进行信息服务的本地化开发。

二是提高海外用户获取信息的便利性，尽可能提供免费信息服务，推进相关领域的政府数据开放，降低海外信息机构和用户获取"一带一路"信息资源的门槛。

三是与沿线国家的信息机构、新闻媒体等合作，加强信息服务的营销和推广，提升这些信息资源的海外用户到达率。

（二）信息服务与知识学习相结合

知识服务与信息服务既有密切的联系，又在产生背景、内涵、服务方式和管理机制等方面存在着较大差异。[①] "一带一路"信息资源的开发利用不仅需提供原始信息，还需根据特定目标，对信息进行加工提炼，形成"一带一路"综

---

① 姜永常：《论知识服务与信息服务》，《情报学报》2001年第5期。

合性知识库，为国内外用户提供知识服务，解决用户的实际需要。

在对内信息服务方面，要满足国内政府机构、企业和社会的知识需求。这些需求无法通过诉诸各类文献、数据或其他信息资源得到满足，而必须借助内化于服务者的系统化专业知识和职业技能，[①]对各类"一带一路"信息进行整合、加工、分析，形成"一带一路"知识产品；在对外信息传播方面，对中国在经济社会发展中取得的成就与经验进行提炼和总结，形成可供其他国家参考借鉴的知识，契合国际通行的语言体系，实现"中国知识"共享。

一是加强"一带一路"信息机构与智库机构的结合，围绕"一带一路"沿线国家关心的重大和热点问题，利用智库的专业技能对"一带一路"信息资源进行开发，实现信息到知识的升华，形成皮书、报告、指数等智库产品，更好地发挥信息资源的提升、规避和学习功能。

二是开展"一带一路"知识中心建设，聚焦沿线国家在经济社会发展中面临的共性重大问题，如消除贫困、建设工业园区、建设自贸区、发展数字经济等，收集整理国内外在经济建设和社会发展中取得的卓有成效、富有特色的案例以及相关的经验、政策等，建立相关领域的发展知识库。

（三）战术情报和战略情报的内涵及其分类

1. 战术情报和战略情报内涵

信息资源要发挥对"一带一路"倡议的支撑使用，特别是民心黏合作用和学习交流作用，并非一朝一夕可以实现，而需要长期不断的信息服务和传播来潜移默化，促使沿线国家政府和人民逐步加深了解、强化信任。

即使对于提升作用和规避作用而言，许多对外合作机会的发现、合作风险的识别，也有赖于长期持续的信息积累才能做出及时准确的判断。特别是在现

---

① 陈建龙、王建冬、胡磊：《再论知识服务的概念内涵——与信息服务关系的再思考》，《图书情报知识》2010年第4期。

实的国际政治中，一些国家常常会故意掩盖其行动或意图，依靠普通的手段无法获得这些情报，[1]也必须通过长期跟踪和专业研究才能判断其战略。

因此，"一带一路"信息资源建设既要有战术性内容，服务于应急性的、短期的战术信息，也应当有服务于长远目标的、前瞻性的战略信息。

一是战术情报，着眼于解决短期性的明确问题。其一，范围相对明确。"一带一路"倡议的范围在不断扩大，已涵盖亚洲、非洲、欧洲和南美洲，在不同时期我国会有不同的重点合作国家和重点合作领域，战术情报工作也应当做相应的调整。其二，内容相对明确。"一带一路"战术情报以产业、金融、文化、法规、基础设施等服务于"五通"的相关情报为主。其三，目标相对明确。战术情报常常服务于"一带一路"具体工作，例如国家高层领导访问、重大合作协议签约、重大项目实施等，为这些工作提供事前、事中或事后的情报服务。

二是战略情报，面向长期的、非确定性问题，其内涵可以从三方面来理解。其一，内容上具有全方位特征。虽然"一带一路"倡议主要是推动沿线国家的经贸合作，但正如文献[2]指出的，在冷战之后的世界格局中，经济情报工作决不仅限于经济领域，而应当在更大的空间中来考虑其内容。因此"一带一路"信息资源建设战略情报需要对沿线国家的历史、文化、政治、法律、经济、科技等进行全方位的情报采集。其二，目标上具有非定向特征。战略情报通常不能服务于特定问题，而是通过情报的积累与分析，了解相关国家的发展动态，觉察其重要变动，预判其发展趋势。其三，功能上具有积累特征。单个或少量的战略情报往往并无特别价值，但当出现重大突发事件时，将与特定国家或特定领域相关的大量情报进行汇集和挖掘，就能为重大决策提供情报支撑。

---

[1] [美]谢尔曼·肯特：《战略情报——为美国世界政策服务》，刘微、肖皓元译，金城出版社2012年版，第188页。
[2] Jeffrey Owen Herzog, "Using Economic Intelligence to Achieve Regional Security Objectives", *International Journal of Intelligence and Counter Intelligence*, No.21, 2008.

2."一带一路"信息资源建设的战略情报分类

借鉴文献①②对战略情报工作的分类,我们可以将"一带一路"信息资源建设的战略情报分为:

(1)"一带一路"沿线国家基本描述情报,类似于沿线国家的百科全书,提供与该国相关的一切静态知识。当然"一带一路"倡议的重点是经贸文化合作,基本描述类情报也应侧重于各国的民族、历史、风俗、地理、气候、人口以及政治、经济、科技、交通等方面的信息。

(2)"一带一路"沿线国家态势分析情报。由于各国都处于发展变化之中,随着时间推移,需要引入态势分析情报,对各国的政治、经济、社会等各方面情况进行动态跟踪,分析变化轨迹,不断更新基本描述的内容,并为评估预测提供动态情报支撑。

(3)"一带一路"沿线国家评估预测情报。评估预测情报需要在上述两类情报基础上,结合专业技能和预测方法,对沿线各国的政治、经济、社会等的影响因素、演变规律、主要优势、薄弱环节、风险点等进行评估,并对未来发展情况进行预测,从而指导我国政府、企业和社会制订长期的对外合作规划。

五、小结与启示

分析信息资源对"一带一路"倡议的支撑作用,不仅有利于从理论上阐明信息资源对于国家重大战略的支撑机理,也有利于从实践上更好地改进和提升"一带一路"信息资源建设。本章基于文献调查,采用扎根理论分析了信息资源

---

① [美]谢尔曼·肯特:《战略情报——为美国世界政策服务》,刘微、肖皓元译,金城出版社2012年版,第36—37页。
② 赵凡、冷伏海:《情报服务实践中的战略情报研究理论探讨》,《情报学报》2007年第2期。

对"一带一路"倡议的支撑作用。结果表明，信息资源主要是通过影响我国政府、企业和民众的意识与能力，我国对外合作政策与机制以及国际政治环境、沿线国家的意识等，来间接影响"一带一路"倡议实施效果，其作用体现为通过信息服务和信息传播，来提升能力、规避风险、黏合民心、学习交流等。因此，"一带一路"信息资源开发应当注重对内服务与对外服务相结合、信息服务与知识服务相结合、战术服务与战略服务相结合。

第三章 "一带一路"信息资源开发利用体系分析

信息资源开发利用在一定程度上影响着政府和社会决策的科学性与工作效率,[①]关涉"一带一路"倡议实施的总体发展水平。然而,"一带一路"信息资源开发利用面临着复杂的信息环境、技术环境和国际政治环境,因此结合"一带一路"信息资源开发利用的特点,研究相应信息资源开发利用体系是十分必要的。

一、"一带一路"信息资源开发利用的特点

(一)"一带一路"信息资源的特点

从"一带一路"信息本身而言,具有以下特点:

(1)来源碎片化。"一带一路"倡议涉及诸多国家及其经济社会多个层面,信息资源量大面广、来源分散。正如有学者表示,"一带一路"相关信息不少,但多是不连续、不系统、碎片化的,缺乏关联性,亟须将动态信息与结构化数据有机关联起来,进行深度信息挖掘和分析,提供更鲜活、立体的全貌视图。[②]

[①] 戚阿阳、王翠萍、李佳潞:《大数据环境下面向政府决策的信息资源开发路径探析》,《图书馆学研究》2018年第6期。
[②] 赵益维、赵豪迈:《大数据背景下"一带一路"新型智库信息服务体系研究》,《电子政务》2019年第11期。

（2）信息增速快。"一带一路"区域千变万化，在相关的新闻媒体、互联网、数据库中每天都产生大量值得关注和利用的信息。据专家测算，网络大数据将以每年超过50%以上的速度增长，可以判断互联网上"一带一路"信息资源也呈现指数级增长；同时，这些信息多是动态的，存在一段时间后可能因用户删除或服务器变动而消失，这对信息收集提出了更高要求。

（3）信息异构化。"一带一路"信息资源以非结构化信息为主，包括网页、图片、视频文件、多媒体、电子文献等，可直接收集和利用的结构化数据库并不多。这需要从事"一带一路"信息工作的机构和人员具有基于大数据技术的信息收集和加工处理能力，从异构化信息资源中挖掘出能服务于"一带一路"倡议的知识。

（4）语言多类型。"一带一路"沿线国家包括多种语言，即使常用的通用语言也有中文、英语、阿拉伯语、俄语、印地语等，因此"一带一路"信息资源开发利用涉及的大量多语种翻译，需要大量既懂专业知识又具有外语能力，且具备一定信息工作技能的复合型人才。

（5）政治敏感性。"一带一路"倡议是一个对外合作倡议，"一带一路"信息中不可避免地会涉及国际政治和我国外交工作。因此"一带一路"信息的采集、加工、发布和传播也是一项具有高度政治敏感性的工作，应当加强在意识形态和国际关系方面的审核监管，否则某些信息内容可能违反我国法律规范甚至引发外交纠纷。

（二）"一带一路"信息开发的特点

"一带一路"信息资源开发利用不仅限于对"一带一路"倡议的背景和实施情况进行分析，也不同于一般意义上的国外信息资料收集和分析，而是要针对沿线国家的人文、地理、政治、经济、社会等信息开展长期性、常态化、专业性的收集、分析和开发，具有全面性、深入性、及时性和战略性等特点。

（1）全面性，指信息工作对象涵盖数十个国家，内容包罗万象，政治、经济、社会、人文、科技无不涉及。然而，目前我国"一带一路"信息工作的广度和系统性还不够，在资源有限的情况下，各类信息机构普遍关注美、俄、欧以及东亚、东南亚等大国和热点地区，对中小国家的关注较少并越来越萎缩。①

(2) 深入性，指信息开发中要掌握沿线各国的关键特征和发展全貌，提纲挈领地把握要害，特别是对那些战略要地和交往枢纽，须开展细致入微的研究。但在实践中，许多"一带一路"信息机构开展的都是资料性、动态性、普及性的信息工作，信息分析加工的深度和专业性不足。

(3) 及时性，指从沿线国家或区域的发展动态中把握对象国或对象区域的发展趋势，通过信息分析了解其最新进展和主要动向。但实际中受语言能力、信息获取渠道以及人力物力等限制，许多信息分析和国别研究人员无法及时获取最新信息，只能依靠二手资料开展研究。

(4) 战略性，指信息工作者要从我国现实与长远利益出发，提出关于沿线各国的发展形势以及对我国产生的机遇、挑战等，并形成咨询建议。然而，现实中往往是临时性、应急性研究任务多，系统性、前瞻性、储备性研究少。

因此，"一带一路"信息资源的开发利用不能完全由各个信息机构自发、分散地开展，而应当加强顶层设计和整体布局，在资金和设施支持、复合型人才培养、信息供需对接、信息工作分工、信息研究成果使用和评价等方面形成长期稳定的促进机制，推动"一带一路"信息资源的深度开发利用。

(三)"一带一路"信息服务的特点

与一般的经济和科技信息服务相比，"一带一路"信息服务既有共性，表现为情报工作的"耳目""尖兵""参谋"等多重作用，也有其个性，特别是要承担一定的对外信息传播功能，兼具"一带一路"倡议的"喉舌"作用。归纳起

---

① 陈平：《进一步加强区域国别研究》，《中国社会科学报》2021年1月14日。

来，"一带一路"信息服务具有以下特点：

（1）公益性服务与商业性服务相结合。一方面，"一带一路"信息资源开发利用需要服务于我国各级政府的"一带一路"倡议实施工作决策以及支撑相关研究机构的研究工作，大量提供公益性信息服务；另一方面，"一带一路"信息资源开发利用也要支撑企业和其他社会机构的海外业务拓展，需要提供商业性信息服务。公益性服务和商业性服务相辅相成，前者让信息机构对倡议进展和沿线国家状况有宏观把握，为后者提供方向引导；而后者让信息机构了解许多行业性和具体性问题，为前者提供素材和案例。

（2）应急性服务与战略性服务相结合。一方面，信息机构要根据政府、研究机构、企业等的临时、特定和具体需要，开展相应专题的信息收集和处理分析工作，形成特定的信息产品；另一方面，信息机构也需要对沿线各国开展长期、持续、深入和全方位的跟踪和研究，为"一带一路"倡议实施以及开展与沿线国家合作提供全面、系统、翔实的信息支撑。

（3）对内服务与对外服务相结合。"一带一路"信息机构既要服务于我国政府、研究机构和企事业单位对相关信息的需求，也要加强"一带一路"信息的对外传播，让沿线国家以及全球各国充分掌握"一带一路"倡议的内涵和实施进展、沿线各国的发展状况和中外合作成果，尤其是让沿线国家了解我国的经济社会发展，增强对华合作的信心和动力。

面对上述特点，"一带一路"信息机构需要变革组织架构、人员配置、服务方式，建立符合"一带一路"信息特点的信息资源开发利用模式。

二、"一带一路"信息资源开发利用的信息生态分析

（一）信息生态概述

信息生态（information ecology）概念由美国学者F.W.霍顿于1978年提出，认

为其从自然生物生态学衍生而来，信息生态是生态视角下信息在组织内流动所产生的关系。[1]纳迪（Nardi）和奥戴（Vicki O'Day）在《信息生态：用心运用科技》(*Information Ecologies: Using Technology with Heart*) 一书中，将信息生态定义为在特定环境下由人、实践、技术和价值所构成的系统，其观点更强调使用技术实现价值。[2]达文波特（Thomas H. Davenport）将信息生态定义为信息环境中人与组织的关系，并首次提出信息生态学的概念，将人的因素纳入信息生态研究的视野。[3]因此，信息生态学研究信息人、信息、信息环境之间相互影响和相互作用的关系。[4]

信息生态中包括多种要素并存在多种联系，构成一个复杂系统，即信息生态系统。文献[5]指出，信息生态系统是具备一定的自我调节功能的，由人、信息和环境等要素以及这些要素之间的相互联系构成的动态系统，其理念是基于信息人、信息环境、信息之间的协调发展来研究其相互作用与联系，主要是围绕着信息的组织、控制和利用而运转，[6]用于解决在信息时代所出现的各类信息生态失衡现象。[7]

信息生态系统中每个信息主体都直接或间接地依靠别的信息主体而存在，连同信息环境构成了生态环境，并与生态环境进行物质、能量和信息的交换，进而相互作用、相互依赖、共同发展，从而形成了信息生态链。[8]信息生态链的

---

[1] F. W. Horton, "Information ecology", *Journal of Systems Management*, No.9, 1978.
[2] Bonnie A. Nardi, Vicki L. O'Day, *Information Ecologies: Using Technology with Heart*, Cambridge, Mass: MIT Press, 1999, p.135.
[3] T. H. Davenport, L. Prusak, *Information Ecology*, New York: Oxford University Press, 1997, p.98.
[4] 靖继鹏、张向先：《信息生态理论与应用》，科学出版社 2017 年版，第 79 页。
[5] 靖继鹏：《信息生态理论研究发展前瞻》，《图书情报工作》2009 年第 2 期。
[6] 刘润：《基于信息生态与知识生态结合运用的图书馆服务生态体系构建初探》，《公共图书馆》2014 年第 1 期。
[7] 卢剑波、杨京平：《信息生态学》，化学工业出版社 2005 年版，第 25—26 页。
[8] 靖继鹏：《信息生态理论研究发展前瞻》，《图书情报工作》2009 年第 4 期。

概念由生态学中"食物链"概念引申发展而来。信息生态链是指在信息生态系统中,不同种类信息主体之间信息流转的链式依存关系。①②

随着信息生态理论的逐渐成熟,人们开始将其用于信息管理的各个领域,"一带一路"信息资源开发利用体系是一个较为复杂的信息生态系统,包括类型各异的信息资源和信息主体,同时对于信息技术与平台、信息法规政策、信息标准规范、信息组织机构等环境有着特定需求。本章将利用信息生态理论对"一带一路"信息资源开发利用体系进行分析。

(二)"一带一路"信息资源开发利用的信息生态结构

综合各方观点,信息生态系统是由信息(信息本体)、人(信息主体)、环境(信息环境)所组成的具有一定的自我调节功能的人工系统。③④本文借鉴这种三元结构理论,对"一带一路"信息资源开发利用体系进行分析,如图3-1所示:

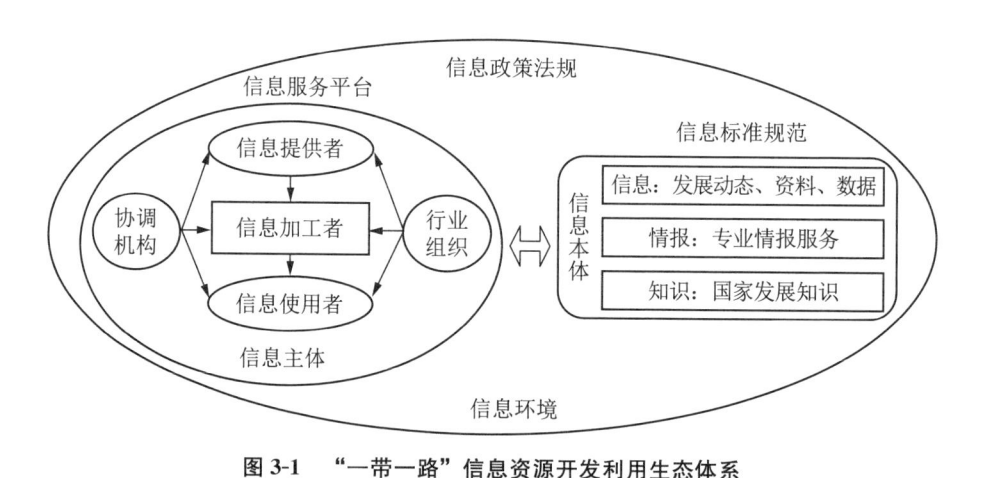

图3-1 "一带一路"信息资源开发利用生态体系

---

① 娄策群、周承聪:《信息生态链:概念、本质和类型》,《图书情报工作》2007年第9期。
②③ 李美娣:《信息生态系统的剖析》,《情报杂志》1998年第4期。
④ 王东艳、侯延香:《信息生态失衡的根源及其对策分析》,《情报科学》2003年第6期。

1. 信息本体

从信息类型上讲，"一带一路"信息资源种类较为多样，包括纸质、电子、网络等。本章从信息层次出发并借用"零次信息""一次信息""二次信息"概念，将"一带一路"信息资源开发利用中的信息资源分为以下三类：

(1) 信息：反映"一带一路"沿线各国经济社会发展以及对华合作动态的事实性资料、新闻、数据等。

(2) 情报：在"一带一路"信息资源的基础上，针对特定目标对信息进行加工处理后形成的情报产品，有助于揭示"一带一路"合作和发展趋势、合作机遇或风险。

(3) 知识："一带一路"沿线在经济、社会、文化、科技、教育等事业发展中的经验、模式等国家发展知识。

2. 信息主体

信息主体不仅包括自然人，也包括各种机构，是"一带一路"信息资源开发利用活动的承担者。从"一带一路"信息资源开发利用的现状来看，相关主体可分为以下五类：

(1) 信息提供者。即能提供高价值信息的主体，既包括机构，如新闻机构、涉外机构以及与"一带一路"倡议实施相关的企业；也包括个人，如"一带一路"沿线国家的华人华侨、留学生、当地居民、驻外人员，以及在我国工作和学习的"一带一路"沿线国家人员等。

(2) 信息加工者。即全面或针对特定领域开展"一带一路"信息资源收集、加工、处理，提供"一带一路"专业信息服务的机构，包括"一带一路"数据库服务商、信息情报机构、专业咨询机构等。

(3) 信息使用者。即从事"一带一路"相关工作、需要"一带一路"信息资源服务的机构或个人，主要是相关政府部门、研究机构、企业、社会组织及其工作人员。

(4) 协调机构。即对"一带一路"信息资源开发利用活动进行推动、支持、协调、管理的部门，主要包括两类：一是"一带一路"倡议的政府主管部门，二是信息资源开发利用的政府主管部门。

（5）行业组织。即由从事"一带一路"信息资源开发利用的机构在自愿基础上为促进"一带一路"信息资源共享、开发、利用、传播而组成的民间性、非营利性社会团体，如"一带一路"信息共享联盟、"一带一路"信息资源合作网络等。

3. 信息环境

信息环境是构成信息主体知识结构的前提，对信息主体决策有直接影响，信息主体之间的沟通关系也由此勾连。[①]"一带一路"信息资源开发利用体系中的信息环境主要包括以下四种环境：

（1）技术环境："一带一路"信息资源数量多、类型杂，其采集、加工、处理、传播需要云计算、大数据、人工智能等技术提供支撑，同时还需要建立相应的数据归集、分析、共享等平台。

（2）人才环境："一带一路"信息资源的开发利用需要大量既具有较强的外语能力和海外知识，又熟悉"一带一路"倡议和沿线各国国情，并且具有较强的信息工作能力的复合型人才。

（3）政策环境："一带一路"信息资源的开发利用需要政府出台相应的政策法规，加快"一带一路"信息机构发展，推动各类数据库和服务平台的建设，促进"一带一路"信息的采集、共享、加工和利用。

（三）"一带一路"信息资源开发体系的生态链形成

信息生态链的演替是信息主体不断适应外部信息环境变化，优化自身结构与功能，从而实现到达信息生态链新的稳定阶段——演替顶级（Climax）的发

---

① 高翃：《图书馆微信信息服务生态系统模型构建研究》，《图书馆理论与实践》2021年第3期。

展过程，[1]信息生态群落的演化发展以信息资源有效配置为最终目标。[2]信息生态链的形成有三个主要标志：具有一定数量不同功能的网络信息主体；网络信息主体之间的关系已具雏形；能实现基本的信息流转功能。[3]

1. 信息主体达到一定密度

在信息生态链中，信息主体的密度必须达到一定程度，信息生态链才能正常运行，主体密度过低，容易导致信息生态链运转不畅，甚至发生断裂或崩溃。[4]目前"一带一路"信息资源开发利用水平不高，信息主体密度不够是主要原因之一。信息主体密度应从两方面衡量：

一是信息主体较为多元，基本类型的信息主体都应当齐备，既包括"一带一路"信息资源的提供者、加工者和使用者，也包括推动、协调和监管"一带一路"信息资源开发利用的协调机构和行业组织等。

二是信息主体达到一定数量，同种类型的数据主体也应当有一定数量。从目前"一带一路"倡议实施的情况来看，市场对相关信息服务的需求很大，但能提供高质量信息资源的机构较少，同时还缺乏国家层面的"一带一路"信息资源工作协调机制，有实质性推动能力的行业组织不发达。

2. 数据主体之间存在强弱关系

信息主体在信息环境中参与信息活动，存在着一定的共生关系、竞争关系、合作关系，其中共生关系是弱关系，而竞争和合作是强关系。[5]在"一带一路"

---

[1] Cheng Deng, Shougong Zhang, Yuanchang Lu, et al., "Thinning effects on forest evolution in Masson pine (Pinus massoniana Lamb.) conversion from pure plantations into mixed forests", *Forest Ecology and Management*, No.4, 2020.

[2] 李北伟、靖继鹏、王俊敏等：《信息生态群落演化过程研究》，《情报理论与实践》2010年第4期。

[3] 娄策群、江彦、韩艳芳：《网络信息生态链形成的主要标志与发育过程》，《情报理论与实践》2015年第6期。

[4] 马海群、李钟隽、张涛：《数据新闻信息生态链形成、演替及运行价值分析》，《科技情报研究》2021年第7期。

[5] 杨小溪：《网络信息生态链价值管理研究》，华中师范大学硕士学位论文，2012年，第24—32页。

信息资源开发利用的早期阶段，由于信息主体密度较低，少数几个主体缺失就会造成整体生态链崩溃，因此主体间主要体现为一种纵向的共性关系，如信息提供者、信息加工者、信息使用者形成的一种相互依赖关系。而随着主体密度增加，同一类型主体内部之间以及不同类型主体之间的关系将出现紧张化，由此其关系将向两个方向的强关系演进：

一是呈现竞争关系。包括同一类型主体之间的竞争，如同类"一带一路"信息提供者竞争信息用户、同类信息需求者竞争优质信息资源等；信息生态链上下游之间的竞争，如信息提供者故意提高信息价格，信息需求者故意压低信息价格等。竞争的结果是竞争能力强的主体得以充分发展，竞争能力弱的主体逐渐被边缘化。

二是呈现合作关系。适度的竞争对于促进"一带一路"信息资源开发利用体系的发育无疑是十分必要的，但过度竞争也可能造成所有主体利益共同受损，由此在竞争的基础上往往会出现一定形式的合作关系，如：信息提供者或信息使用者建立行业组织或协商机制，避免任意抬价或压价行为；信息供需双方之间建立长期合作关系，降低信息不对称，减少不必要的市场博弈。

竞争与合作关系的出现，使得信息主体之间紧密联系、彼此促进、相互依赖、共同成长，微观上有利于推动各类主体的创新与发展，宏观上有利于促进"一带一路"信息资源开发利用体系的成熟、稳定和可持续。

3. 形成较为密集和通畅的信息流

信息流顺畅运转是信息生态链形成的重要指标。对"一带一路"信息资源开发利用体系而言，至少应当形成两类密集和通畅的信息流：

一是信息供给流。建立起"一带一路"信息的采集、共享和整合机制，将分散在国内外机构、企业和个人的信息资源进行全面、系统、准确的归集，为"一带一路"信息资源开发提供充足的信息素材；

二是信息服务流。"一带一路"信息服务机构和参与"一带一路"倡议实施的政府部门、企业、社会机构以及个人等信息用户之间建立起通畅的信息服务

第三章　"一带一路"信息资源开发利用体系分析　　59

机制，使得各类"一带一路"信息能得到充分利用，发挥其对倡议的支撑作用。

三、"一带一路"信息资源开发利用的体系结构

（一）"一带一路"信息资源开发利用的功能模型

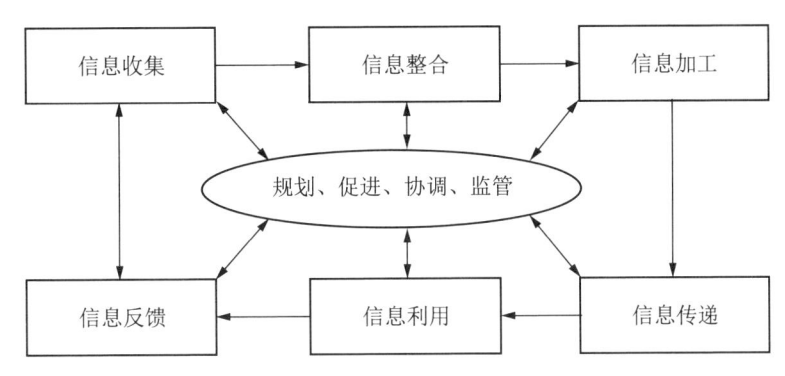

借鉴相关研究成果，①笔者提出了"一带一路"信息资源开发利用体系的功能结构，其中应包括信息收集、信息整合、信息加工、信息传递、信息利用、信息反馈以及信息工作的规划、促进、协调、监管等功能，如图 3-2 所示：

图 3-2　"一带一路"信息资源开发利用体系的功能结构

（1）信息收集。信息机构根据国家"一带一路"倡议的战略方面和实施要求，以及相关机构和企业的信息资源需求，广泛收集各类信息原材料。

（2）信息整合。信息机构最初收集到的"一带一路"信息通常是零散而杂乱的，这些原始信息经过甄别、整理、归集后才会成为有效信息并存储于信息资源库。

（3）信息加工。信息机构凭借专业知识并利用专门的信息技术和方法，对信息资源进行分析处理、浓缩和提炼，形成更高质量和更高价值的信息产品。

---

① 高翙：《图书馆微信信息服务生态系统模型构建研究》，《图书馆理论与实践》2021 年第 3 期。

（4）信息传递。信息产品需要通过信息共享、信息交易等方式传递给具有信息需求的用户手上，从而实现"一带一路"信息资源的价值转化。

（5）信息利用。信息利用是"一带一路"信息资源开发的最终目标。信息用户高效地获取和吸纳信息，推动其对外经贸合作和海外业务拓展。

（6）信息反馈。信息反馈是信息用户对信息服务做出的回应。信息机构通过分析用户反馈，了解用户需求、感知用户体验，从而不断地改进"一带一路"信息服务。

（7）信息规划、促进、协调和监管。由政府主管部门、行业组织等对"一带一路"信息资源开发利用工作进行规划、促进、协调和监管，促进相关信息工作高效有序开展。

（二）"一带一路"信息资源开发利用的结构模型

"一带一路"信息资源开发利用是一个复杂体系，从业务流程和支撑条件上可分为来源层、信息层、产品层、用户层以及组织机构、技术方法、制度规范等层次（见图3-3）。

（1）来源层："一带一路"信息的来源十分广泛，既有沿线国家的政府、企业、研究机构，也有新闻媒体、数据库、互联网等专业信息机构，还包括人际网络、实物信息、现场观察等特殊信息源。

（2）信息层："一带一路"信息机构需要利用各种采集技术工具以及人际网络从上述源头中获取有潜在价值的信息，包括网页、文献、数据、多媒体等。

（3）产品层：利用专业知识和技术对获取的信息进行清洗、整合、组织以及加工处理，从中提取有用信息并形成各种信息产品，进而用于支撑、指导及验证政府部门、企事业单位以及个人有关"一带一路"实践。

（4）用户层："一带一路"信息收集和加工的最终目标是满足用户的信息需求，典型的"一带一路"信息用户包括与"一带一路"相关的政府部门、企业、研究机构以及个人等，"一带一路"沿线以及其他区域国家的政府和企业也是重要用户。

第三章 "一带一路"信息资源开发利用体系分析

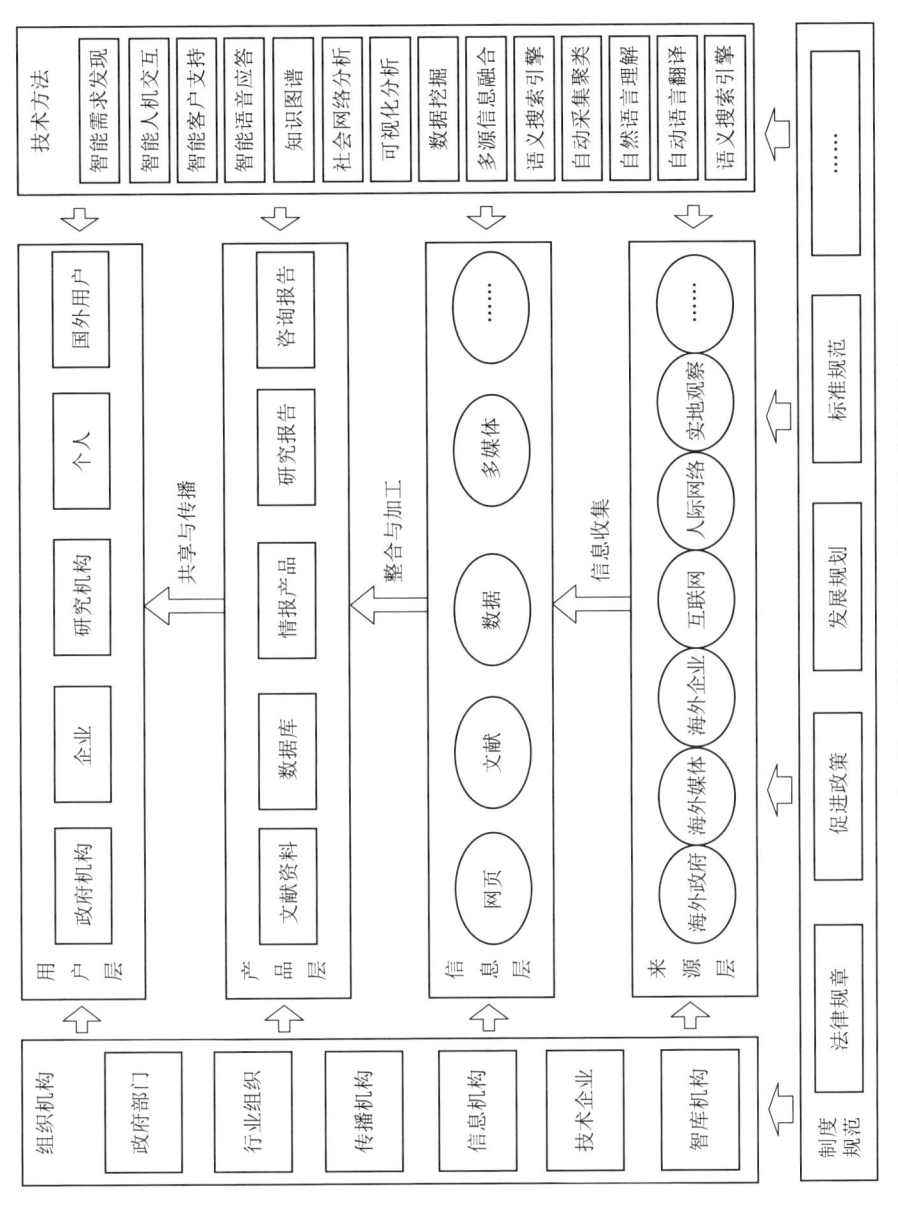

图 3-3 "一带一路"信息资源开发利用体系的结构模型

（5）组织机构："一带一路"信息资源开发利用体系中的组织机构分为两类：一是从事"一带一路"信息开发利用活动的组织，包括信息机构、技术企业、新闻媒体、智库机构等；二是监管和协调机构，主要是政府部门和行业组织。

（6）技术方法：信息收集、整合、加工、传播等环节所需要的自动抓取、自动翻译、数据挖掘、预测分析、可视化以及智能需求发现、智能人机交互等。尤其是面对"一带一路"信息量多、面广、类型杂、变化快的境况，"一带一路"信息机构要积极引入大数据思维和智能技术，提高信息收集和开发的效率和效果。

（7）制度规范："一带一路"信息资源开发利用是一项宏大工程，需要社会各方的共同参与，更需要巨大的人力物力投入，因此推进"一带一路"信息资源开发利用既要有相关的促进和支持政策，也要有标准规范来规制、协调各方的信息工作。

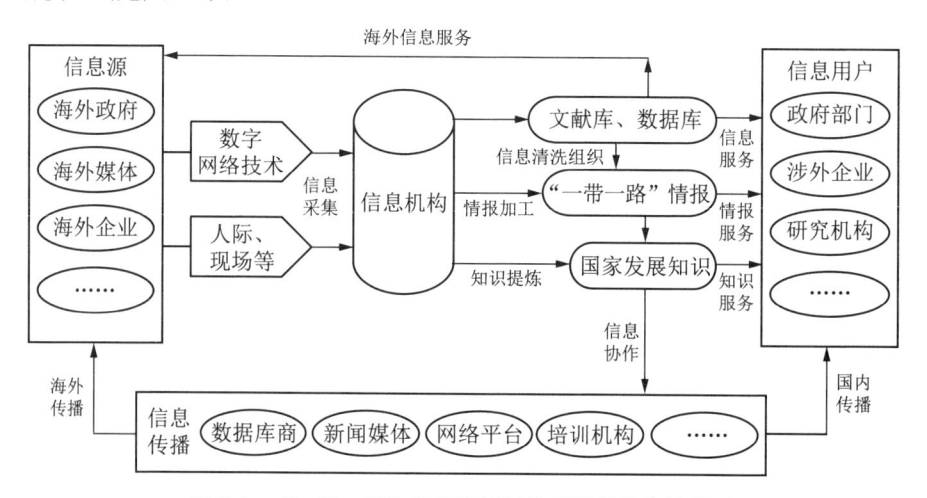

（三）"一带一路"信息资源开发利用的信息流模型

为探究"一带一路"信息资源开发路径，结合信息的正式流动与非正式流动、信息服务与信息传播，可构建"一带一路"信息流模型。这是一种闭环流动模型（见图3-4）。

图3-4 "一带一路"信息资源开发利用的信息流模型

从图 3-4 可知,"一带一路"信息资源开发利用中存在三种信息流:

(1) 信息流。由信息机构对分布在国内外政府、媒体、网络平台以及企业、个人、会展等渠道的信息进行全面收集、清洗、归集,并通过信息组织成为有潜在价值、有序化的信息资源。一般以文献库、资料库或统计数据库的形式呈现,以在线信息服务的方式向国内外用户提供信息服务。

(2) 情报流。由信息机构或研究机构根据特定行业、特定领域或特定目标,利用专业知识对信息资源进行梳理、分析、归纳形成情报产品,如动态简报、进展综述、研究报告、指数等。服务行业共性需求的情报产品可以通过公开的网络平台或传统媒介提供服务,而服务于某企业或某机构特定需求的情报产品则需要信息机构和用户之间建立专门服务渠道。

(3) 知识流。由智库机构从国家、地区或行业层面,从发展战略角度对相关信息进行深入研究,提炼出社会、经济、科技、文化等领域发展中的优秀案例、经验和模式,尤其是归纳提炼出"一带一路"沿线国家可借鉴和复制的共性发展知识,促进沿线国家之间互学互鉴。国家间的知识学习和借鉴一般需要各国政府支持,由智库机构和培训机构通过人员培训来实现知识共享和转移。

四、小结与启示

本章从信息资源、信息开发和信息服务三个角度分析了"一带一路"信息资源开发利用的特点,并利用信息生态理论梳理了"一带一路"信息资源开发利用中的信息本体、信息主体和信息环境,还构建了"一带一路"信息资源开发利用的功能模型、结构模型和信息流模型。从中可以看出,"一带一路"信息资源开发利用是一个复杂体系,不能简单地将现有的信息开发利用模式套用在"一带一路"信息开发之中。

综上分析,我国在推动"一带一路"信息资源开发利用的过程中,应当实施两方面的策略:

一是宏观策略。我国应当建立国家级的"一带一路"信息资源开发利用战略，推动三方面的工作：（1）信息机构培育，加强国内各方面力量的动员、组织、整合、协调，构建一支目标明确、功能完备、本领高超、分工合理、供需衔接的信息资源开发利用队伍；（2）信息开发环境构建，政府在推进倡议实施过程中应将信息镜湖开发利用放在重要位置，在资金、人才、技术、渠道等方面给予充分保障；（3）信息开发监管，完善"一带一路"信息资源开发利用的标准规范，建立绩效评价体系，推进信息开发利用高效有序开展。

二是微观策略。从事"一带一路"信息资源收集、开发、利用、传播等工作的机构，应当明确功能定位和业务目标，科学规划信息资源开发模式，做好三方面工作：（1）信息收集。通过引入新型信息技术、挖掘内部信息资源、国内外信息共享，扩大机构信息量；（2）信息加工。通过技术创新和模式创新，形成既贴合"一带一路"倡议实施需求又具有自身特色的信息产品和服务；（3）信息服务。扩大信息服务用户，强化与用户之间的对接，开发个性化服务、嵌入式服务、主动响应服务等新服务模式，同时在动态性信息服务的基础上，扩展情报服务和知识服务。

第四章 "一带一路"信息资源建设现状与问题

"一带一路"是新时期我国对外开放的主导倡议，将有力提升我国对外开放的水平，加快新型国际关系体系构建，促进全球和平与发展。"一带一路"横跨欧亚非三大洲，涉及60多个国家、44亿人口，各国历史、文化传统以及政治、经济和社会发展状况千差万别，因此"一带一路"倡议实施必须信息先行，[①] 通过知识信息的汇集、传播和使用，消除各国政府、企业和民众之间的信息不对称，促进相互了解与交流合作，实现和平发展、共利共赢的根本目标。特别是在数字化时代，加强"一带一路"数据库建设，促进信息资源的网络获取，是促进信息共享与交流的最便利手段。本章将对国内当前"一带一路"信息资源建设状况进行分析，明确目前存在的问题以及未来的改进方向。

一、国内"一带一路"数据库建设概况

"一带一路"倡议提出以来，相关信息资源建设得到了社会广泛重视。在百度搜索引擎中输入"一带一路数据库"进行检索，可以得到数十个"一带一路"数据库网站。经笔者逐一浏览试用发现，上述网络数据库中，有较丰富的专业

[①] 黄文福、苏瑞竹：《"一带一路"战略背景下东盟文献信息资源的采集》，《内蒙古科技与经济》2017年第4期。

数据、能持续进行内容更新的有 10 余个，显示近年来"一带一路"数据库建设与开发的实践探索十分活跃。

（一）数据库建设主体

从开发主体的类型角度，可以将上述数据库分为以下五类主体：

（1）由信息服务机构建设的"一带一路"数据库，如：国家信息中心建立的中国"一带一路"网[1]以及"一带一路"大数据综合服务门户[2]，国研网建立的"一带一路"研究与决策支撑平台[3]，中国经济信息网建立的"一带一路"统计数据库[4]。值得一提的是，目前一些海外信息机构也建立了"一带一路"网络数据库，如数据库服务商 EBSCO 公司建立的"一带一路资源中心"[5]。

（2）由新闻媒体机构建设的"一带一路"数据库，如：新华社建立的"新华丝路数据库"[6]，中国网建立的"一带一路"网[7]。

（3）由科研机构建设的"一带一路"数据库，包括：上海社会科学院建立的丝路信息网[8]，北京大学建立的"一带一路"数据分析平台[9]，华中师范大学建立的"一带一路"研究门户网站[10]。

（4）由出版社建立的"一带一路"数据库，如：社会科学文献出版社建立的"一带一路"数据库[11]。

---

[1] 参见 http://www.yidaiyilu.gov.cn。
[2] 参见 http://www.bigdataobor.com。
[3] 参见 http://ydyl.drcnet.com.cn。
[4] 参见 http://ydyl.cei.cn。
[5] 参见 http://www.ebsco.com/promo/one-belt-one-road-referencesource。
[6] 参见 http://silkroad.news.cn。
[7] 参见 http://ydyl.china.com.cn。
[8] 参见 http://www.silkroadinfo.org。
[9] 参见 http://scie.pku.edu.cn/ydyl。
[10] 参见 http://onebelt.net。
[11] 参见 http://www.ydylcn.com。

第四章 "一带一路"信息资源建设现状与问题　　67

（5）其他机构建立的"一带一路"数据库，如：重庆"一带一路"经济技术合作中心建立的"'一带一路'门户网"①，香港贸易发展局建立的"'一带一路'资讯网"②。

（二）数据库基本内容

表 4-1 列出了上述数据库的主要内容。

表 4-1　各"一带一路"数据库的主要内容

数据库名称	主办机构	栏目与主题	数据形式	多语种
中国"一带一路"网	国家信息中心	"一带一路"沿线国家和地区海外要闻、国内要闻、政策环境、"五通"发展、基础数据、企业风采、共话丝路，"一带一路"基础数据库、政策库、项目库、企业库与人才库	新闻动态、文献资料、统计数据	中文、英文
"一带一路"大数据综合服务门户	国家信息中心	提供"一带一路"沿线国家和地区新闻动态、政策规划、领导讲话、国别资料、国际及国内统计数据	新闻动态、文献资料、统计数据	中文
"一带一路"研究与决策支撑平台	国研网	提供沿线国家和地区有关政经形势、政策法规、行业、项目、园区以及营商环境、投资案例、宏观数据、国别风险等报告和信息	新闻动态、文献资料、统计数据、研究报告	中文
"一带一路"统计数据库	中经网	提供沿线 65 个国家、国内重点省市和相关港口的主要经济统计数据	文献资料、统计数据	中文
"一带一路"资源中心	EBSCO 公司	一带一路沿线的 65 个国家的出版文献，主题涵盖政治、工程建设、建筑、持续发展、环境工程、全球通信、地理、文学、艺术、商业贸易等超过 70 种学科主题	学术论文、报刊文章、会议报告等	英文
新华丝路数据库	新华社	提供"一带一路"沿线国家和地区的新闻动态、研究报告、企业、人物、项目、人文、社科、出入口质检等信息	新闻动态、文献资料、研究报告	中文、英文
"一带一路"网	中国网	提供与"一带一路"倡议及沿线国家和地区相关的商贸、投资、科技、文化、旅游、交通、通信等方面的信息	新闻动态、文献资料	中文、英文

① 参见 http://www.oboa.com.cn/。
② 参见 http://www.beltandroad.hk。

(续表)

数据库名称	主办机构	栏目与主题	数据形式	多语种
丝路信息网	上海社会科学院	国内外新闻、领导讲话等动态信息及丝路国家库、丝路城市库、文献数据库、统计数据库、投资项目库、经济运行报告库、中国国策库、专题研究库、产业地理信息库等专题库	新闻动态、文献、研究报告、统计数据	中文
"一带一路"数据分析平台	北京大学	汇集"一带一路"沿线各国政治、经济、文化、科技、外交、军事等各类数据与信息	统计数据、评价指标、研究报告	中文
"一带一路"研究门户网站	华中师范大学	有关"一带一路"国家和地区的数据、动态以及研究报告、内参等	新闻动态、研究报告	中文
"一带一路"数据库	社会科学文献出版社	国别国家库、省域区域库、战略理论库、实践探索库、丝路指数库、丝路史话库及政策资讯库,以及基础设施篇、金融篇、产业篇、生态篇、外交篇及文化篇等热点专题	论文、研究报告、图书	中文
"一带一路"门户网	重庆"一带一路"经济技术合作中心	"一带一路"沿线国家和地区的区域城市、产业定位、城市推广、社会发展、项目策划、招商引资和资本运营等领域的信息及研究成果	新闻动态	中文
"一带一路"资讯网	香港贸发局	新闻动态、沿线国家和地区资料、投资项目、投资环境、营商指南、研究报告、政策规划等	新闻动态、文献资料、研究报告	中文、英文

从表4-1可以看出,目前各网络数据库提供的内容主要包括以下方面:

(1)国家和地区概况,包括其历史、地理、民族、文化、政治、外交、经济、文化、科技以及对华关系等方面的基本情况,大部分数据库都具有此类内容。

(2)新闻动态,有关"一带一路"沿线国家和地区的新闻报道、数据新闻、专家评论等。这也是大多数数据库具有的共性栏目,但内容多来自国内各媒体的有关报道。

(3)研究报告,主要是有关"一带一路"沿线国家和地区经济发展、营商环境、投资风险、安全局势等方面的报告,大多来自国家外交部、商务部、跨国企业和咨询公司等机构。

(4)学术文献,主要是有关"一带一路"沿线国家和地区的论文、图书、文章等。学术研究机构、出版社和文献数据库企业建立的数据库都包含此类信息。

（5）统计数据，有关"一带一路"沿线国家和地区以及我国"一带一路"相关省市经济社会发展的统计数据。学术研究机构和信息服务机构建立的数据库包含此类信息，但多以宏观国民经济统计为主。

（6）投资信息，"一带一路"沿线国家和地区的政策法规以及园区、企业、投资项目、投资案例等信息资料。

二、"一带一路"数据库的信息获取

（一）信息获取来源

"一带一路"信息资源包括关于沿线国家的信息以及关于我国及相关区域（如西北、西南、长江经济带等）和省份的信息。为了解目前国内相关数据库中关于沿线国家信息资源的建设状况，本章选取了中国"一带一路"网（主办单位：国家信息中心）、丝路信息网（主办单位：上海社会科学院）、"一带一路"研究与决策支撑平台（主办单位：国研网），以三个代表性数据库为例，分析目前国内各机构获取沿线国家信息的主要来源（见表4-2）。

表4-2 代表性数据库的沿线国家信息来源

代表性数据库	栏　　目	数据来源
中国"一带一路"网	新闻资讯——海外新闻	媒体：新华网、中国新闻网、中国网、《人民日报》 中国政府：商务部、外交部 中国企业：中国电力建设集团有限公司
	共话丝路——海外看丝路	《人民日报》、新华网、国际在线
	政策环境——政策法规	商务部
	政策环境——国际借鉴	未标来源
	基础数据——"一带一路"大数据指数	海关总署、宁波航运交易所、上海航运交易所

（续表）

代表性数据库	栏　　目	数据来源
中国"一带一路"网	基础数据——宏观数据	未标来源
	国际合作——各国概况	外交部
	企业风采——外企资讯	《人民日报》、新华社、财经网、中国新闻网、观察者网、《环球日报》 俄罗斯卫星通讯社
	企业风采——项目案例	《人民日报》
丝路信息网	国际动态	《人民日报》、新华社、中新网、第一财经
	丝路国家库/丝路城市库	中国：商务部、驻外使领馆 学术：期刊、图书 智库：卡内基莫斯科中心 自媒体：微信公众号 国外机构：国外招商局、国外合作方
	统计数据库——国家库/城市库	未标来源
	投资项目库	世界银行（营商环境报告） 商务部、驻外领馆 国外机构网站
"一带一路"研究与决策支撑平台	报告——国别形势/营商报告/投资指南/风险报告	学术：期刊、图书 新媒体：走出去情报、走出去智库、走出去服务港 国际组织：世界银行、经合组织、亚太经合组织、东盟与中日韩（10+3）宏观经济研究办公室（AMRO） 国外智库：彼得森研究所、兰德公司、PKF国际有限公司
	法规/国际营商政策法规	中国：海关总署 网络媒体：全球法规网 国外政府：沿线国家政府网站 国际机构：全球劳工组织、世界知识产权组织
	项目	中国：商务部、中国对外承包工程商会 网络媒体：中国拟在建项目网、晨哨网、走出去情报 国际组织：亚洲开发银行
	园区	中国：商务部、贸促会、中华全国工商业联合会 学术：期刊、图书 网络媒体：海外园区官网、新华网、中经网、中新网 国际机构：联合国工发组织
	数据	未标来源

注：由于各数据库内容较多，上表仅分析其中与沿线国家相关的内容频道和栏目的数据来源。

由表 4-2 可知，目前国内"一带一路"数据库建设的数据来源主要有以下几类：

(1) 学术媒体：期刊、图书、研究报告（均为国内）。

(2) 国内机构：外交部、商务部、海关总署、宁波航交所、贸促会、中华全国工商业联合会、中国对外承包工程商会、上海航交所等。

(3) 国内媒体：《人民日报》、新华社、财经网、中国新闻网、观察者网、《环球日报》、中国拟在建项目网、晨哨网、"走出去"情报网等。

(4) 国际组织：联合国相关机构、世界银行、经合组织、亚太经合组织、东盟、世界银行、亚洲开发银行等。

(5) 国外政府：沿线国家政府（招商机构）网站。

(6) 国外企业：国外智库（彼得森研究所、兰德公司、PKF 国际有限公司）、沿线国家企业和园区网站。

其中，"一带一路"官网和丝路信息网的沿线国家信息资源来源都以国内政府机构、学术媒体、网络媒体为主，直接从海外获取数据资料比较少；相对而言，"一带一路"研究与决策支撑平台的数据来源比较丰富，除上述几种国内来源外，还较多从国际机构以及国外政府、智库、企业、园区的官网等来源获取相关数据资料。但即便如此，该数据库中的绝大部分数据资料仍来源于国内渠道，从国外渠道获取的数据资料数量比较少。可见，加快"一带一路"信息资源的源头建设，丰富信息来源，是提高"一带一路"信息资源质量的迫切任务。

(二) 信息资源获取方式

数据库建设讲究"内容为王"，能否获取高质量的信息数据将直接决定数据库质量的高低。为此，需分析上述"一带一路"数据库的信息获取来源与整合方式。

1. 信息获取模式

借鉴相关研究对"一带一路"数据获取方式的分类，[1]结合笔者实地调研，

---

[1] 严丹、马吟雪：《"一带一路"专题数据库的建设现状及开发策略研究》，《图书馆学研究》2017 年第 12 期。

目前各"一带一路"数据库的内容来源可分为三类：

（1）自主建设模式。数据库内容主要来自建设主体本身，采用此种模式通常为具备庞大文献数据资源的信息媒体类机构，如图书情报机构、媒体、出版社等。新华社"新华丝路数据库"、国研网"'一带一路'研究与决策支撑平台"、社会科学文献出版社"'一带一路'数据库"等都属这种模式。这些机构在原有数据库中挑选出与"一带一路"有关的内容，并按"一带一路"信息服务的要求对其进行重新组织，形成"一带一路"专题数据库。

（2）社会整合模式。数据库建设主体通过建立开放式、联盟式的"一带一路"大数据平台，整合社会上各类信息机构的资源，统一向社会提供服务。采用此模式需要数据库建设主体具备很强的领导协调能力和资源整合能力，一般为政府部门或政府下属机构。国家信息中心的"一带一路"大数据综合服务门户即属此类。通过建立"1+N"机制，该平台形成了以国家信息中心大数据为基础、各相关社会机构联合共建的开放式合作机制，所有参与方的数据资源按统一标准提供信息，并统一存储、统一推广、统一营销。

（3）信息采编模式。数据库建设主体通过人工方式或自动采集技术从现有的图书文献、电子数据库、互联网等渠道采集与"一带一路"相关的信息数据，经加工处理后存入数据库。采用此模式的多为科研机构，如上海社会科学院的"丝路信息网"，该数据库中信息多是通过人工采编从互联网等公开渠道获取的信息，也有少量是该机构自有的研究报告等。

2. 三种模式的比较

在自主建设模式中，数据库中的信息主要来自建设主体，信息来源比较单一，但由于这些机构专门从事信息工作，其掌握的信息资源规模大、范围广、质量高，而且许多信息为本机构独有，同时这些机构具有很强的信息加工、处理和传播能力很强，建设"一带一路"数据库具有天然优势。当然信息机构也有多种类型，其建立的数据库也各有特点，新闻媒体机构建立的数据库（如新华丝路数据库）以新闻报道等动态信息为主，题材来源广泛、信息更新快、时

第四章 "一带一路"信息资源建设现状与问题

效性很强；而情报机构、出版社等建立数据库（如"一带一路"研究与决策支撑平台、"一带一路"数据库等）则以统计数据、学术性成果等静态信息为主，内容比较专业、权威、可靠，但信息更新较慢，时效性较差。

在另外两种模式中信息资源主要来自外部，相比自主建设模式，信息来源更为广泛，但也对数据库建设主体的外部资源协调和掌控能力提出更高要求：

社会整合模式中，信息直接由各参建机构提供，采集成本较低，数据库的质量取决于数据库建设参与各方拥有的数据质量，以及建设主体对这些数据的整合能力。

在信息采编模式中，数据库建设主体需要投入较大人力、物力进行数据信息采集和处理，数据库内容的完整性和可靠性主要取决于数据采集的覆盖面以及数据的辨别和加工能力。同时，这种信息采集模式通常是从公开渠道采集外部信息存储于自有数据库之中，往往缺乏机构独有信息，而且容易引发版权争议。

表 4-3 对上述三种信息获取模式进行简要的比较：

表 4-3 各"一带一路"数据库的主要内容

	自主建设模式	社会整合模式	信息采编模式
主要特征	利用机构现有资源，围绕"一带一路"主题进行信息组织与加工	整合各类信息机构的资源，统一向社会提供服务	通过人工或技术手段采集外源信息，并集成到本机构数据库之中
信息来源	数据库建设主体	社会信息机构 主体提供部分信息或不提供	图书文献、电子数据库、互联网等 主体提供部分信息或不提供
核心能力	信息加工能力	社会协调能力	信息采集能力
主要优点	信息完全自主可控 信息获取成本较低	信息来源广泛 信息获取成本较低	信息来源广泛
主要缺点	信息来源单一	多个机构的信息在内容和形式以及服务方式上差异较大，整合难度较高	信息采集工作量大 信息质量难以保证 缺乏独有性信息 容易产生版权问题

三、"一带一路"数据库的信息组织

信息组织是信息资源开发利用的重要环节，它将分散无序的信息，通过描述、揭示和报道信息的特征，再现重组信息联系，规范控制信息流向，以便用户有效利用。[①]现有各"一带一路"数据库中的信息多来自互联网，网络信息资源的海量、异构、动态等特性对数据库信息组织提出了更高的要求。

从上述各网络数据库的实际来看，其内容基本都是从主题和国别两个维度来进行组织的，下文逐一进行分析。

（一）按国别进行信息组织

"一带一路"沿线国家众多，按国别进行信息组织是首选方式。上述很多数据库都提供按照国别进行信息数据的浏览和检索。具体实现方式又包括两种：一是国家列表方式，数据库中分板块列出"一带一路"所有国家，用户选定国家后可获取相应国家信息数据；二是地图展示方式，数据库通过地图或地理信息系统（GIS）将所有国家进行可视化展现，用户直接在地图上选取相应国家，操作更加直观和便捷。

有些数据库在国别展现的基础上提供了细分区域信息，用户可以分别选取某个国家的省（州）、城市甚至产业园区，进入相应栏目获得所需信息资料。

（二）按主题进行信息组织

"一带一路"相关信息资料极为庞杂，按主题进行信息组织有助于将这些庞杂信息按内容特征进行有序化和集中化，方便用户获取关联内容。

---

① 王知津、孙鑫：《网络信息组织的原理、方法与问题》，《图书馆理论与实践》2006年第3期。

至于具体的主题设置方式，上述各个数据库采取了不同的方法。归纳起来大致包括四个维度：一是按知识领域，如历史人文、政策法规、投资项目、国别资料；二是按所属行业，如交通、金融、生态、人文等；三是按信息外在特征，如新闻、文献、数据、报表、指数等；四是按"五通"类别，即按政策沟通、设施联通、贸易畅通、资金融通和民心相通进行内容组织。由于"一带一路"信息资料十分多样化，同时为了服务不同类型的用户，因此很多数数据库都综合采用多个维度进行主题设置。

四、"一带一路"数据库的信息加工

"一带一路"数据库建设的最终目的是为社会提供信息服务。总体来看，当前各数据库的工作重点仍是内容建设，信息服务尚处摸索阶段。目前主要提供了三类服务：信息服务、智库服务、咨询服务。

（一）信息服务

信息服务是指数据库直接向用户提供所采集和存储的"一带一路"相关新闻、数据、资料、文献以及图片、视频等，其中新闻动态、国家概况等通常免费提供，而研究报告、统计数据等则需要收费。信息提供方式包括以下几种：

（1）信息浏览。用户按主题、国别以及地图、GIS等可视化方法进行信息内容浏览。

（2）数据检索。用户按主题、国家或地区、行业、时间等角度检索数据资料，或按关键词进行全文检索。

（3）社交媒体。一些数据库（如中国"一带一路"网、"一带一路"大数据综合服务门户）提供了微信、微博等社交媒体渠道，用户订阅后可及时获取相关信息。

(二) 智库服务

在近几年国内智库建设热潮的大背景下，各数据库都十分重视利用库中的数据资料，进行"一带一路"智库产品的开发和服务，有代表性的智库产品如表4-4所示。

表4-4 "一带一路"数据库提供的智库产品

	智库产品名称	主要内容	发布周期
中国"一带一路"网（国家信息中心）	海上丝路贸易指数	用来衡量国际航运和贸易市场整体发展水平、反映国际航运和贸易市场变化趋势的指数体系，由出口集装箱运价指数、航运经济指数、海上丝路贸易指数等一系列指数共同构成	每月
新华丝路数据库（新华社）	丝路情报	聚焦当周"一带一路"热点，解读"一带一路"相关政策，发布新华社国内外政经分析师独家而深入的调研报告，集纳国内外专家、机构最新发布的研究成果，跟踪沿线国家的政经环境并适时发出投资警示，深度剖析国内各省份的营商环境及"一带一路"建设实践	每周
	国别研究报告	汇集各国最新政策、政治经济形势分析、营商风险研判	年度
	丝路智讯参考	跟踪监测并深度剖析国内外顶尖智库对"一带一路"倡议的主要观点	双周
丝路信息网（上海社会科学院）	"一带一路"观察	有关"一带一路"倡议和沿线国家重大事件、重要政策等的解读和评论	每周
	"一带一路"研究要报	有关"一带一路"沿线国家经济技术合作的研究报告	每周
"一带一路"数据分析平台（北京大学）	"一带一路"沿线国家五通指数	从客观数据出发，对沿线国家"五通"情况进行具体深入的评估	每年
"一带一路"门户网（重庆"一带一路"经济技术合作中心）	"一带一路"期刊	有关"一带一路"的重要动态、报论、研究等	每月

从表4-4可知，这些智库产品主要为分两类：一是专报，内容包括重要信息摘编、评论以及研究性成果；二是指数，通过有关数据汇总计算以定量化反映"一带一路"各方面进展情况。

(三) 咨询服务

"一带一路"倡议提出后得到社会积极响应，许多企业和机构走出国门，与沿线国家和地区开展了广泛合作，也产生了许多咨询服务需求，对此不少"一带一路"数据库提供了相应的咨询服务，包括：

(1) 国别研究。根据客户需要，针对特定国家，研究该国的历史、风俗、政治、经济、社会等各方面情况，挖掘其有潜力的投资领域，评估客户项目的发展前景及可能存在的风险等。

(2) 专题研究。针对特定行业或特定领域，指导客户开展海外投资、市场开拓、人才招募以及金融、司法仲裁等活动。

(3) 舆情研究。对全球各大新闻网站、社交媒体、论坛等进行实时跟踪，掌握与项目或企业相关的海内外新闻资讯、社情民意，并帮助客户有效应对。

除此之外，有些数据库还提供了项目对接、教育培训、会展、文化交流、公关等形式多样的服务。

五、小结与启示

目前"一带一路"信息资源建设得到了社会广泛重视，不少数据库已初具规模。但对比"一带一路"倡议深入实施中政府、企业和社会对相关信息服务的需求，当前"一带一路"数据库建设还需要从以下方面进行完善。

(一) 信息获取方面

一是加强专业内容建设。各"一带一路"数据库中基础性、宏观性信息居多，专业化、细粒度信息不足，难以满足中国企业走出去对信息服务的需求。目前国内有机构开始探索专业化数据库建设，如：新华丝路网开设了"一带一路"质检信息平台，广东检验检疫局于2015年建成了"一带一路"国家标准数据库。①因此建议相关机构能针对中国企业对外合作中对特定领域信息的需要，加强"一带一路"专业化数据库建设。

二是加强一手数据采集。各"一带一路"数据库中的内容多来自国内媒体、学术机构、政府部门，直接来自国外的一手信息数据比较稀缺。建议各数据库完善信息获取渠道，通过与国外信息机构、中国驻外企业合作，或在国外设立信息采集站，直接从国外获取最新的、原创性的详细数据资料。

三是加强数据库建设协作。各机构建立的数据库大多提供新闻动态、国别资料、统计数据等，很多内容是相同或近似的，造成一定程度的重复劳动和资源浪费。建议各数据库建设机构之间建立合作机制，强化分工、取长补短、突出特色，推动"一带一路"数据库建设向更深、更精、更专方向发展。

（二）信息组织方面

一是加强信息聚合。目前一些数据库存在信息组织方式分离的现象，国别资料等按国别进行组织，而其他资料则按主题组织，这种信息组织方式不利于用户全面系统地获取与某一国家或某一主题相关的所有信息。建议各数据库加强信息聚合，对入库的信息资料进行充分标引和深度揭示，从而既能为用户提供多种信息查询角度，也能让用户较为完整地获取特定主题的信息。

二是利用可视化技术。可视化技术可以更为直观形象地进行信息展现和内容揭示。例如，联合国的贸易统计数据库②和人口统计数据库③都提供了数据可视化工具，帮助人们快速掌握和分析世界贸易和人口分布状况和发展趋势。目前一些"一带一路"数据库也利用报表工具、地理信息系统等技术，但多数只

---

① 吴建丽：《广东检验检疫局建成"一带一路"国家标准数据库》，2015年10月27日，http://www.aqsiq.gov.cn/zjxw/dfzjxw/dfftpxw/201510/t20151027_452285.htm，访问日期：2017年9月10日。
② 参见 http://www.trademap.org/Index.aspx。
③ 参见 https://esa.un.org/unpd/wpp/Maps。

是进行简单的信息导引或图表展示，通过可视化方式进行深度知识揭示方面还需要进一步加强。

（三）信息加工方面

一是加强个性化和定制化服务。目前各网络数据库的信息服务模式还比较单一，多数只提供无差别的信息传递，未能充分结合不同用户的特定信息需求，影响了信息服务质量。建议数据库拓展个性化和定制化的信息服务，根据用户的信息需求来进行信息资源的收集、处理和分类，有针对性地向用户推荐、推送相关信息。

二是增加多语种服务。目前各"一带一路"数据库以提供中文信息服务为主，即使能够提供英文信息服务的数据库，其英文页面的内容也远不如中文页面丰富。"一带一路"沿线国家使用的语种众多，使用人口过亿的就有中文、英语、俄语、阿拉伯语、马来语等语言。建议各数据库（特别是国家级综合数据库）要加强多语种服务，既促进中国对"一带一路"的了解，也能帮助沿线国家和地区熟悉中国国情。

第五章 "一带一路"信息资源收集

信息内容规模和质量是"一带一路"信息资源建设的生命线。然而,"一带一路"沿线国家众多,要及时充分地获取这些国家的海量数据信息,并转化为我国政府、企业和民众可利用的信息资源,具有很高难度。因此,充分了解"一带一路"信息资源的分布状况,掌握重要数据源,抓好数据内容建设,是"一带一路"信息资源开发利用的工作起点和关键所在。

一、"一带一路"信息源的类型

"一带一路"信息收集工作成功的关键因素是发现和选择适当的信息源,并通过采用收集技巧实现低成本、高效率。"一带一路"信息资源的来源非常多,文献[1]从信息主题的角度,将"一带一路"信息资源分为四种类型:官方一手资源、新闻媒体资源、学术研究资源、专题性资源等,并给出相应的信息来源。同时,不同来源各具优缺点,如文献[2]指出目前"一带一路"信息库的开发途径

---

[1] 严丹、李明炎:《高校"一带一路"研究的信息需求和资源支撑体系构建》,《图书馆建设》2018年第8期。
[2] 严丹、马吟雪:《"一带一路"专题数据库的建设现状及开发策略研究》,《图书馆学研究》2017年第12期。

主要有两种：一是追踪全球智库或"一带一路"沿线国家和地区发布的政策文件，并通过数据挖掘和信息整合等技术手段来利用，其优点是发布时间及时、快速更新，但学术性相对较弱；二是基于出版社或数据库本身浩瀚的文献资源，筛选学术文献并构建专题数据库，其优点是学术性较强，但时效性较弱。

根据信息源的特点，本章将"一带一路"信息源分为两大类，即常规领域信息源和非常规领域信息源。

（一）常规信息源

常规是指通过一般文献资料获取渠道收集信息的来源，如图书、论文、统计年鉴以及数据库、网站、媒体等。值得一提的是，当今世界日益走向信息开放，借助公开渠道提供的开放资料，可以很便利地获得大量有价值的信息资源，包括行业年鉴、技术报告、企业财报、专利文献、政府出版物、报刊、网络论坛等，为政府、企业、研究机构开展"一带一路"相关决策和研究提供十分丰富的信息素材。从提供信息的性质和方式上看，常规信息源又可以细分为两类：

1. 白色信息源

白色信息是相对灰色信息而言，指政府部门、企业、研究机构或信息机构正式发布的报告、文献、数据等信息。白色信息属于正式信息，权威性、可靠性较高且可追溯、可核实，是"一带一路"研究与决策的主要信息支撑。白色信息的获取一般包括两种途径：

一是定期浏览机构网站或使用机构提供的信息定制、推送等服务。由于各个机构提供信息的格式各不相同，在获取这些信息后一般需要进行标准化处理，并进行翻译，再纳入"一带一路"信息资源库。

二是借助网络机器人进行自动扫描和抓取。由于各类机构发布的正式信息具有来源固定、存储稳定、格式规范等特点，而且有些机构还提供了信息获取接口（API），利用人工或网络机器人可以十分便利地进行信息抓取，并取得高质量数据。不过有些机构（特别是信息机构）出于内容保护和版权保护的考虑，往往会对大规模的信息抓取行为进行限制。

2. 灰色信息源

灰色信息，是指没有公开的、潜在的信息，或需要通过一些合法的、特定的渠道才能获取的信息。①随着数字化和网络化进程的不断深化，互联网上与"一带一路"相关的灰色信息也越来越丰富，有沿线国家的媒体、互联网、电子商务网站等平台上发布的当地政府、企业、社会最新动态，以及政府官员、研究人员和民众在互联网上发布的各类信息。灰色信息虽然分散而且杂乱，真实性无法保证，但也有原生态、无加工等"零次信息"特点，将大量的灰色信息积累起来并进行深入分析，可以全面而准确地反映一个国家的政治、经济、社会、科技等方面的最新进展，是"一带一路"信息工作中十分重要的信息来源。相比白色信息，灰色信息具有来源广泛、内容繁杂、动态变化、格式多样等特点。灰色信息的获取有两种途径：

一是借助网络搜索引擎或网络机器人进行收集。许多从事网络舆情技术、大数据分析技术的企业以及信息机构、新闻媒体都开发了自动收集网络信息的技术产品或服务平台。用户只需要指定网络信息源、主题词等，机器人便可自动开展大量的信息搜索，并可自动对搜索结果进行分类、聚类和分析挖掘。

二是借助专用数据库获取相关信息。同传统意义上的灰色信息一样，互联网上的灰色信息也是国内外图书情报界公认的重要情报源。近年来许多信息机构加强了对灰色信息的收集，如：美国的 NTIS（National Technical Information Service）将许多实验室和研究中心正在进行中的研究项目编入数据库；许多新闻单位数据库都收集了网页快照、网上舆情等，包括了大量中国"走出去"企业感兴趣的信息。②

---

① 杨军：《网上"灰色信息"的收集、开发和利用》，《青海社会科学》2006 年第 2 期。
② 相丽玲、曹平：《互联网上灰色信息的挖掘与利用》，《中国图书馆学报》2005 年第 6 期。

（二）非常规信息源

除上述常规信息源头之外，"一带一路"信息资源收集中还应开发许多非普通、非现存的信息源，需要信息机构和工作人员进行主动采集和记录并将其转化为显性信息。具体而言，非常规信息源包括人际网络信息源、机构信息源、商业会展信息源等。非常规信息源都是一手信息，一般依靠信息人员主动参与和记录，信息的真实性和专指性较高。

1. 人际情报网络

人际情报是情报工作人员基于人际网络，在传递和共享各种资源过程中，运用竞争情报方法获取信息、分析信息的过程。[1]人际情报网络的构建有助于解决企业在海外拓展中信息匮乏、信息专指度不高、信息不精准等难题。企业通过人际社会网络获取新产品信息、国际经营知识、合作者和竞争对手的各种情况，从而形成充分理性的发展策略。[2]

文献[3]对陕西数百家涉外企业进行了调查了访谈，发现企业"走出去"过程中需要获取的情报类型十分丰富，涉及国内外政策法规制度、境外市场和产品信息、竞争对手/合作伙伴信息、人才信息、技术信息、金融和财务信息、国际化运营经验以及其他信息，但其中能够公开获得的信息量只占小部分，大量的信息需要通过各种人际关系获得。由此可见，在中国"走出去"步伐不断加快的背景下，如何从人际网络中获取更好的信息资源，对于提高中国企业的国际竞争力十分重要。

具体到"一带一路"信息收集中，人际情报主要有两种来源：

一是"走出去"企业及人员在"一带一路"国家开展经贸活动时，与当地

---

[1] 邵波、方微：《Web 2.0 环境下人际竞争情报搜索策略研究》，《图书情报工作》2010年第16期。

[2] 周劲波、黄胜：《国际社会资本与企业国际化特征关系研究》，《科研管理》2010年第1期。

[3] 解娟、杨洋、边燕杰：《人际情报网络何以提升中国企业的国际竞争力？——基于陕西走出去企业的实证研究》，《情报杂志》2018年第5期。

政府、供应链上下游伙伴以及社会各界沟通交流和推动合作过程中，收集和积累形成的当地政策、法规、市场、技术等方面的信息。

二是"一带一路"国家的华人华侨、留学生、外派人员以及这些国家在华人员，从个人视角提供和发掘沿线国家的政治形势、社会环境、经济科技的发展动向以及有关特定企业、机构以及特定领域的竞争情报。

2. 其他信息源

除人际情报网络之外，"一带一路"信息收集中还有大量的其他非常规渠道，例如：

（1）机构信息源。通过访谈国际经贸合作领域的行业协会、跨国产业园区、跨国新闻媒体、研究机构、咨询企业以及我国驻外使领馆等，获取沿线国家的经济、社会、科技、市场等信息。

（2）会展信息源。通过派人参加沿线国家举办的展览会、订货会、招商会、交易会及其他商业活动，或这些国家企业和机构参加我国举办的各类商业会展，获取特定企业和机构的信息。

（3）实物信息源。通过研究分析国外企业提供的原材料、中间产品、最终产品以及生产设备等，了解沿线国家企业的技术水平、生产能力等信息。

二、"一带一路"网络信息资源分布

上述两种"一带一路"信息源中，非常规信息的来源比较广泛，本章将主要梳理和分析常规信息源及其提供信息的特点。在当今网络时代，互联网提供了十分丰富和免费的"一带一路"信息资源，是我国相关机构建设"一带一路"数据库的重要信息来源。从数据提供主体上划分，"一带一路"信息资源的网上获取来源包括国际组织、各国政府、专业机构和开源平台，这些机构提供的信息涵盖政治、经济、社会、文化等国家发展所有侧面，足以对"一带一路"沿线国家进行完整的"数据画像"。当然,许多大型商业数据库也是重要来源,但其数据服务通常需要支付较高费用,本章未将其纳入研究对象之中。

(一) 国际组织数据库

联合国及其下属机构、欧盟、经济合作与发展组织(OECD)等国际组织建立了大量数据库,是获取全球各国统计数据和发展资料的重要来源。这些数据库具有以下特点:

(1) 数据涵盖范围广。联合国下属机构和国际性组织建立的各种数据库基本涵盖了全球绝大多数国家的经济社会统计数据,各区域性机构建立的数据库也涵盖了该区域中"一带一路"沿线国家的数据。利用这些数据库平台,可以一次性获取多个"一带一路"沿线国家的数据。

(2) 数据质量较高。一是这些数据大多由各国政府部门提供,或者是由相关机构通过国际性调查所获得,数据资料权威可靠;二是各行业和领域的数据统计标准大多是由联合国机构制定,其数据符合国际标准规范;三是数据大多经过清洗筛选和组织加工,数据结构化程度高;四是数据时间跨度大,有些机构如货币基金组织、联合国工发组织等甚至可以提供部分19世纪末和20世纪初的统计数据。

(3) 数据展示形式丰富。大多数国际组织所建立的数据资料库,提供了多式多样的展示方法,为数据信息资源的开发利用提供了极大便利:一是通过网络数据库方式提供各类统计或调查数据,用户可以从多个维度对数据进行查询和检索,并可以进行数据导出和下载;二是利用表格工具、可视化工具等新技术,对数据进行形象和图形化呈现;三是许多数据库都提供了应用开发接口(API),用户可以通过接口直接将结构化数据存入本地数据库之中;四是这些机构大多将数据与研究相结合,定期发布与特定主题相关的国际性或区域性研究报告。

(4) 数据基本免费。国际机构提供的数据库服务大多数是公益性的,免费向全球用户提供。即使在需要收费的数据库(如国际电信联盟、国际旅游组织、经合组织的数据库）中，大多数数据资料也是免费的，收费的只占一小部分，而且费用也并不高，如：国际旅游组织数据库中仅有年度发展报告需要收费；OECD 数据库中仅各类出版物需要收费；国际电信联盟的电信统计指标库虽需收费，但一年的服务费仅为 268 瑞士法郎（约合 1 900 元人民币）。

（二）沿线各国政府网络数据库

政府通常是各国最大的数据生产者和拥有者，也是我们获取"一带一路"沿线国家信息的重要和可靠来源。特别是近年来受全球数据开放潮流的影响，世界各国政府都加快了政府数据上网和开放的步伐，为我们获取相关数据提供了很大便利。

1. 政府统计数据网站

据笔者通过互联网进行调查，除叙利亚、阿塞拜疆等极少数国家外，当前绝大多数"一带一路"沿线国家都建立了政府统计信息网站，即使不丹、老挝、柬埔寨这样的不发达国家，以及伊拉克、黎巴嫩、阿富汗这样处于战乱之中的国家也不例外。这些政府统计数据具有以下特点：

（1）权威性和原创性高。各国政府在国家管理和公共服务过程中收集和积累的数据，是关于这些国家经济社会运行情况最真实和最可靠反映；同时各国政府数据具有很强的原创性，是国际机构数据库和商业性数据库的数据源头。

（2）免费数据服务。据笔者调查，目前"一带一路"沿线所有国家的政府统计数据库都是免费的，显示政府数据的公益性质已得到了世界各国的普遍认同。

（3）普遍提供了多语种。"一带一路"沿线国家建立的政府开放数据平台除了提供本国语言版本外，基本上都提供了英语版本，即使伊朗这样长期与西方对峙的国家也建立了英语版的国家统计网站，这对于跨国数据采集是十分有利的。

2. 政府数据开放平台

自 2009 年美国数据门户网站 data.gov 上线以来，开放数据运动在全球范围内迅速兴起。目前全球参与开放数据运动的国家，既包括美国、英国、法国、

第五章 "一带一路"信息资源收集

奥地利、西班牙等发达国家，也包括中国、印度、巴西、阿根廷、加纳、肯尼亚等发展中国家，其至许多国际组织如欧盟、经合组织、联合国、世界银行以及微软、Google 等企业也加入了开放数据运动中，建立了数据开放门户网站。政府收集和掌握着大量有价值的数据，通过政府开放数据，我们可以更好地了解"一带一路"沿线国家的自然资源、经济社会发展、政府运作和对外经贸来往等各方面信息，也是我国各类机构建设"一带一路"信息资源的重要信息源。

笔者通过互联网搜索到"一带一路"沿线国家政府开放数据平台并对其内容进行分析，总体来看"一带一路"沿线各国的政府数据开放平台具有以下特点：

（1）数据信息数量更多且质量更高。相比于政府统计信息网，政府数据开放平台集成了各政府部门的数据，提供的数据更加丰富多样；同时开放数据平台除提供宏观统计数据外，还提供一些政府部门通过抽样调查、委托第三方调查所得到的更细粒度数据，并提供了一些专业性分析报告。

（2）数据信息可利用性更强。数据开放的一大原则就是要求政府按机器可读的格式提供数据。因此政府数据开放平台除了通过网页形式进行数据展示之外，还提供了 xls、cvs 等格式供用户下载，部分国家的数据开放平台还提供了应用开发接口（API），允许第三方软件直接接入政府数据开放平台。

与此同时，目前"一带一路"沿线国家的政府数据开放平台建设也存在以下一些问题：

（1）区域发展不平衡。从沿线各板块的比较来看，东南亚、南亚和中东欧相对较好，三个区域的主要国家基本都建立了政府数据开放平台；西亚北非和中亚的情况较差，建有政府数据开放平台的国家不多，而且据笔者反复试验，有些国家的政府（如中亚的乌兹别克斯坦、吉尔吉斯斯坦）开放平台一直无法打开。

（2）大国总体好于小国。虽然"一带一路"沿线的一些发达国家，如新加坡、斯洛文尼亚、阿曼等国在全球政府数据开放排名中处于领先，[①]但总体而言沿线中的国家如印度尼西亚、印度、俄罗斯等都建立了比较完善的政府数据开放平台。这体现在：一是数据内容丰富，数据量大；二是功能完善，提供了数据分类浏览与搜索、数据导出与下载、应用开发接口等功能；三是平台运行稳定，访问速度快。而许多国家虽然也建立了政府数据开放平台，但平台功能比较简单，提供的数据集也十分有限，而且时常无法打开。

3. 政府招商服务平台

发展经济、增强国力、提高人民生活质量是"一带一路"沿线各国面临的共同任务。区域经济的发展离不开投资，沿线各国政府很多都建立了招商和投资服务机构以及专门的外资服务机构，这些机构的网站或平台提供了许多有关本国或本地区的产业基础、商务环境、投资政策、投资项目等信息，是十分重要的"一带一路"信息来源。"一带一路"沿线各国的政府投资和招商服务平台具有以下特点：

(1) 国际化程度高。各国平台除提供本国语种外，基本上都提供了英语版本，少数国家还提供了其他语言版本，如东南亚国家提供日语版本、中亚国家普遍提供俄文版本、一些国家如捷克提供了中文版本。

(2) 数据量较少。除少数国家外，大多数国家的投资和招商服务平台的可获取内容都很少，有些国家甚至纯粹是一个政府机构宣传网站。主要内容有国家产业概况、行业研究、投资政策、商务环境、推荐领域等一般性内容介绍，只有少数国家的投资和招商平台具有投资项目、商务成本、成功案例等价值更高的数据资料。

(3) 完备度参差不齐。投资服务平台的数据完备度与该国对招商的重视程度密切相关，一些国家如越南，投资服务平台比较完善、数据内容丰富；捷克的投资平台提供了捷克、英、德、中、日、韩语6个语言版本；而俄罗斯，可能因

---

① 参见 http://global.survey.okfn.org/。

为该国政府对招商重视不够，平台上几乎没有多少有价值的内容。

(三) 专业机构的网络信息平台

"一带一路"沿线国家的许多专业机构，如公共图书馆、大学、研究机构、智库、媒体以及证券交易所、行业协会等，都会公开大量信息和数据。其中有些机构是为行使职能自发提供（如公共图书馆、媒体等），有些机构则是出于法律法规的要求，相关企业必须公开真实信息（典型的如证券交易所）。这些机构也为"一带一路"信息收集提供了十分重要的信息源。专业机构提供的信息具有以下特点：

(1) 数据翔实而丰富。联合国和政府部门的网络数据平台一般是提供国家或区域层面的汇总数据，相比而言专业机构提供的信息往往粒度更细，可以提供大量城市、社区以及企业级别的数据信息。

(2) 可靠性较高。这些专业机构一般都具有专门的工作人员对公开发布的信息资料进行管理和审查，同时有些机构的信息真实性得到当地法规保障，如各国的证券交易所，都要求上市企业定期通过证券交易所向社会披露企业运作的真实信息。

(3) 可用性较好。上述专业机构发布的数据，往往已根据特定目标进行了一定的加工和分析，形成了数据表格、数据集、数据库以及研究分析报告，用户获取这些数据后可以直接利用。

同时，这些专业机构的信息也存在以下不足：

(1) 部分数据真实性无法验证。有些专业机构发布数据时不说明数据来源，或者只发布经处理之后的结果数据，无法对这些数据的真实性和权威性进行验证。

(2) 存在一定倾向性。一些大学、研究机构、智库、媒体在进行信息分析时往往带有一定倾向性，在收集信息时需要认真鉴别。

（四）网络开源数据库

在大数据迅速发展的背景下，目前互联网上出现了许多开源数据库。这些数据库本身不创造数据和信息，但它们利用搜索引擎技术和大数据技术对大量网站中的各类数据进行采集、清洗、组织和存储，并进行数据的分析挖掘和可视化，形成了综合性数据仓储，这也是获取"一带一路"信息的重要来源。网络开源数据库具有以下特点：

（1）数据极为丰富。这些开源数据网站通过搜索成千上万个公共和商业数据源获得海量数据，因此其数据集极为庞大，如：Knoema 的时间序列数据高达 25 亿个，internetworldstats 拥有数十万张统计数据表，statista 则有超过 100 万张统计数据表。

（2）数据更新及时。网络开源数据库都采用搜索引擎自动捕捉和抓取数据，各数据源中的新数据集很快被纳入开源数据库，用户不必在上千个数据源中反复搜索，节省了大量时间。

（3）数据处理方法先进。网络开源数据库除提供数据之外，还较多采用数据可视化技术、智能分析技术对数据集进行深入挖掘处理，形成简洁美观的各类数据图表，帮助用户快速分析数据内容。

网络开源数据库也存在一些问题和不足：

（1）数据可靠性无法保证。笔者在试用过程中发现，网络开源数据库中的数据常出现一些数据错误，同时面对一个指标的多个数据源时，有些开源数据库并未选择最权威来源；一些数据表格的前后统计口径不一致。因此在使用开源数据时必须对其中的数据进行认真辨别和确认。

（2）部分数据需要收费。由于存在营利需求，许多网络开源数据库并非完全免费，有些只提供样本数据，不提供完整数据；有些只提供数据的可视化展示，不提供原始数据；有些只提供数据表网页，不提供数据下载，用户如要下载完整原始数据则需要付费。

三、"一带一路"信息质量控制

信息质量是信息管理的生命线，直接关系到信息资源开发利用的成效。而信息采集又是信息质量控制的第一道环节，也是最重要的环节。正如英国生态学会指出："数据采集过程中的质量控制很重要，因为通常只有一次机会从给定的来源收集数据"。[1]互联网、公开数据库、人际网络等虽然提供了大量"一带一路"信息资源，但内容参差不齐、鱼龙混杂，信息机构必须对信息进行把关，确保入库信息资源的高质量。质量控制是为了达到规定的质量要求而开展的一系列质量管理活动，质量控制侧重于控制的措施，[2]其目的是为用户提供满足要求、适于使用的有效信息。

综合各方面的研究成果，信息质量控制可分为两个维度：一是质量控制对象，二是质量控制过程。

（一）质量控制对象

信息质量控制对象，是指需要干预和把握的信息质量的维度和参数。目前关于信息质量的标准较多，我国《关于加强信息资源开发利用工作的若干意见》在政务信息采集中提到"确保所采集信息的真实、准确、完整和及时"；美国的《信息质量法》强调了信息的客观性、效用性和完整性；欧盟的《公共部门信息再利用指令》在信息质量上强调公共部门信息的可及性、可用性以及准确性和时效性。文献[3]针对智库的数据管理进行研究，指出数据质量控制分为数据源质

---

[1] "British Ecological Society: A Guide to Data Management in Ecology and Evolution", 2016 年 4 月 12 日，https://www.britishecologicalsociety.org/wp-content/uploads/2016/04/Guide-to-Data-Management.pdf，访问日期：2021 年 3 月 15 日。

[2] 李伟超、朱学芳：《信息资源数字化生产质量控制研究》，《情报理论与实践》2009 年第 4 期。

[3] 吴雅威、张向先、卢恒：《国外一流智库的数据管理模式解析及其启示》，《情报杂志》2020 年第 11 期。

量控制和数据技术性质量控制两个方面，并对国外著名智库的数据质量控制方法进行了分析，如表 5-1 所示。

表 5-1　国外一流智库的数据质量控制策略

国外智库	质量控制维度	质量控制原则	质量控制策略
美国兰德公司	数据源质量控制	权威性、全面性、准确性、科学性等	内部数据源：RAND State Statistics、RAND Indonesia Data Core；外部数据源：权威机构、大使馆、图书馆、其他智库、调查访谈等
	技术性方法工具质量控制	准确性、可传播性、共享性、可识别性、可操作性等	多方式调查能力系统、半结构化调查与焦点小组方法、连续性质量改进方法等
瑞典斯德哥尔摩国际和平研究所	数据源质量控制	多样性、权威性、可靠性、安全性等	期刊、书籍、会议论文、报纸和杂志、网站、官方来源、主要来源、报告和论文等
	技术性方法工具质量控制	权威性、可靠性、科学性、可引用性等	以引用来源、类型、次数等为质控条件，引用数据包括：作者姓名、报告标题、出版地区/发行期、出版年份等
德国科学与政治基金会	数据源质量控制	可控性、严谨性、科学性、准确性等	依靠从内到外系统化、成熟、严整的自主建设数据库体系等
	技术性方法工具质量控制	综合性、共识性、传播性等	内部审核机制：书面评估程序—事实性核查—编辑部审校；外部审核：通过研究人员的学术关系网或社交媒体进行

（1）信息源质量控制。信息源是信息收集的源头，其权威性、可靠性、公正性在很大程度上决定了信息资源的内容质量。在收集"一带一路"信息资源时，可以从以下几个方面确定可靠的信息来源：一是根据信息源所属机构的性质。一般而言，政府部门、著名研究机构、大型数据库等渠道获取的信息更具科学性、权威性和准确性；二是从网站和数据库的访问量、信息下载量、社会评价、用户访谈等角度建立信息源评价体系。

（2）信息技术性质量控制，指信息资源本身的覆盖度、完整性、正确性、真实性、相关性、新颖性、健康性。[①]覆盖度是指信息资源要涵盖信息开发利用的

---

① 景婷：《数字化信息资源的质量管理》，《图书馆学刊》2014 年第 1 期。

第五章 "一带一路"信息资源收集

学科、地域、主题范围；完整性是指信息资源的标题、内容、背景、数据等无缺损；正确性是指反映事物或者系统属性的客观程度，不存在虚假伪造信息；真实性是指信息资源的内容、结构等与形成时的原始状况一致；相关性是指信息资源与信息采集范围、用户需求之间高度匹配；新颖性是指信息资源具有前沿性、及时性、独创性；健康性是指信息内容不涉及违法、不道德以及政治、宗教等敏感内容。

（二）质量控制过程

信息资源质量控制是一项集管理和技术于一体的综合性工作，它贯穿数据库建设的整个过程。[1]从信息资源开发利用的流程上讲，信息质量控制可分为前端的前馈控制、中间的过程控制以及后端的反馈控制三个环节。[2]

(1) 前馈控制。在数据收集之前需要对信息资源的用户需求、信息来源、应用领域等进行调研和论证，以明确数据收集的范围、定位、主题、形式、内容等方面的要求和标准，并制定信息资源建设目标、规划和标准规范。

(2) 过程控制。在信息收集过程中，收集人员要根据上述建设规划和标准规范对所收集的数据进行评价，确保每条信息的专业性、完整性、时效性和准确性，以有效控制入库信息的质量。

(3) 反馈控制。具体包括两个方面：一是建立质量评估机制。信息工作人员定期通过人工检验和软件分析，将入库信息与控制标准相比较，发现质量偏差；二是建立用户反馈机制。信息用户在使用信息服务过程中发现数据差错和质量不高，并反馈给信息机构。无论从何种渠道发现数据质量问题，信息机构都须找出其中的原因并拟定纠正措施，以防止偏差再次出现。

---

[1] 夏红：《文献数据库质量控制研究》，《图书馆学刊》2004 年第 6 期。
[2] 肖琬蓉：《信息资源数字化建设质量控制研究》，《图书与情报》2010 年第 5 期。

四、案例分析——丝路信息网

丝路信息网（www.silkroadinfo.org）是由上海社会科学院承建的国家级丝路信息数据库，旨在为"一带一路"倡议的全面推进提供专业化的信息和咨询服务，被列入上海市贯彻落实国家"一带一路"倡议的支撑性工程。自2016年以来，丝路信息网广泛收集"一带一路"沿线60多个国家及其重要城市、重要机构、重要人物的新闻动态、国情区情、文献资料、统计数据等信息资源。截至2021年10月，该平台已实现入库信息超过100万件并进行了分类、标引，是国内为数不多的广泛收集国内外信息并持续运作的"一带一路"数据库平台。这里以丝路信息网为例，分析其收集"一带一路"信息的流程。

（一）信息收集和质量控制方法

1. 制定信息筛选标准

为保证入库信息质量，丝路信息网从以下维度制定了信息筛选标准：

（1）信息覆盖度：入库信息应当涵盖"一带一路"的主要地区、主要专题、主要信息类型，能全面服务"一带一路"倡议实施对信息资源的要求。

（2）信息完整性：入库信息应当结构完整，有标题、有正文、有出处，同时图、表、引用等要素无缺失，不能将结构不完整的信息纳入数据库。

（3）信息正确性：入库信息应当与信息源中的信息在内容上相一致，信息呈现形式一般需要进行调整，如字体和编排需要标准化、文件统一转为PDF格式等。

（4）信息真实性：入库信息应当是真实可靠的，客观反映沿线国家发展和倡议实施进展。尤其是"一带一路"信息资源建设涉及国际关系，不能出现虚假信息。

(5) 信息相关性：入库信息应当与"一带一路"信息开发目标相关，符合丝路信息网以促进经贸合作为主的建设宗旨和以政府、企业和研究机构为主的服务对象。

(6) 信息新颖性：入库信息具有独创性，避免重复收集国内已发布的相关信息；具有信息及时性，反映沿线国家发展和倡议实施进展的最新进展和前沿热点话题。

(7) 信息健康性：入库信息不得违反我国法律法规，违背中央关于"一带一路"的工作精神，避免收集可能引发社会争议以及国际纠纷的内容。

2. 明确信息来源

在持续开展"一带一路"信息采集的过程中，丝路信息网最初主要借助搜索引擎进行广泛查询，其后通过信息源评价和筛选，逐步形成比较稳定的信息源，主要包括以下三类：

(1) 各类国际机构数据库。如联合国及下属组织、欧盟、OECD以及世界银行、国际货币基金建立的网站和数据库，可以提供全球各国的大量统计数据。

(2) 沿线国家政府网站，着重获取各国的政府工作动态、政策法规、招商引资、经济社会发展等信息。有些国家政府还建立了政府统计数据库、公共数据开放平台等，可以从中获得大量政府数据。

(3) 重要新闻媒体网站，如报纸、电视台、通讯社、网络媒体等，着重获取沿线国家政治、社会、经济、人文以及对外交往、与华合作方面的重要新闻。

(4) 重要智库网站，包括沿线国家的著名大学、研究机构、社会智库等，着重获取当地经济社会发展、科技创新以及与华合作方面的研究报告和其他文献资料。

下面以2021年8月丝路信息网提供的沿线国家月度动态报告（部分）为例，分析其信息来源（见表5-2）。

表 5-2 "一带一路"沿线国家 2021 年 8 月月度动态报告中的信息来源（部分）

国家	信息标题	信息来源	信源类型
印度	《印度央行宣布基准利率维持在 4%》	india.com	网络媒体
	《受新冠疫情影响，8 月制造业活动放缓》	《金融时报》	新闻媒体
	《印度 7 月进出口双双飙升》	《明特报》	新闻媒体
	《莫迪发布国家货币化管道计划筹集 6 万亿卢比》	观察者研究基金会	智库机构
	《为提升外国投资者信心印度废除一项追溯性征税》	BBC	新闻媒体
	《印度新棕榈油规则将刺激进口，国内油厂坐立难安》	标普	咨询机构
哈萨克斯坦	《哈总统出席中亚五国元首峰会支持中亚深化交流合作》	哈萨克斯坦国际通讯社	新闻媒体
	《至 2050 年哈萨克斯坦人口预计将增至 2 500 万》	哈萨克斯坦劳动和社会发展部	政府部门
	《哈萨克斯坦与韩国将加强汽车、高科技、能源领域的合作》	哈萨克斯坦总统府新闻局	政府部门
	《欧洲复兴开发银行全力支持哈萨克斯坦"绿色项目"实施》	欧洲复兴开发银行	国际组织
埃及	《埃及为 2021 年第三大阿拉伯经济体》	《七日报》	新闻媒体
	《埃及外籍人士就业年度公报》	埃及国家统计局	政府部门
	《中埃合作项目及投资贸易进一步发展》	埃及外交部	政府部门
	《"税收数字化"有助于刺激投资和为金融家提供便利》	《中东报》	新闻媒体
	《金融监管：数字化转型和金融科技是我们的首要任务》	《金字塔报》	新闻媒体

3. 控制信息质量

丝路信息网的信息收集经历了由人工为主转向机器为主的过程。人工为主进行信息收集，主要依靠工作人员进行信息质量控制；之后为提高信息收集效率，丝路信息网引入了专门的信息采集系统从互联网、数据库中大量抓取信息，为此丝路信息网开发了 50 多个抓取模板，初步实现了动态评论报告直接抓取入库，平均每月抓取 3 万余条信息。为保障入库信息质量，丝路信息网采取了以下措施：

（1）信息覆盖度：一是涵盖"一带一路"的主要地区，包括国内、东南亚、南亚、俄罗斯与中亚、西亚及北非、东欧等；二是涵盖"一带一路"的"五通"内容；三是涵盖主要的信息类型，包括新闻动态、统计数据、文献资料等。

（2）信息完整性：制定了入库信息审查表，要求入库信息结构完整，标题、正文、出处以及图、表、引用等要素不能有缺失。

（3）信息正确性：目前丝路信息网以机器为主开展信息采集，信息正确性得到保证。

（4）信息真实性：一方面通过选择合适的信息源，从源头上保障信息的真实、可靠和权威性；另一方面通过信息入库的多轮审查以及事后的信息抽查，提升信息内容的准确性以及与原始出处的一致性。

（5）信息新颖性：一是从方法上，工作人员利用自动采集系统每天对各信息源进行扫描，快速挖掘最新信息；二是从主题上，工作人员每天浏览各种媒体、网站，及时发现沿线国家最新的重大政策、事件等，引导系统开展相关信息的收集。

（6）信息健康性：一是在相关主题词选择上，避开可能违反法规或触及敏感内容的信息；二是在信息入库的人工审核时，及时发现并剔除违规内容；三是建立信息安全管理机制，通过建立敏感词过滤等方式，对入库信息进行合规性检验。

4. 开展事后评估

为形成持续的信息质量控制机制，丝路信息网还建立了事后的信息评估机制，对入库信息进行事后检查，主要包括：

（1）例会读稿机制。在丝路信息网的月度例会上设置了专门的读稿环节，所有信息工作人员对上月入库的信息进行浏览，并抽取部分信息进行全文阅读，共同对主题分布、翻译水平、标题设置、内容写作、编排规范等进行点评，帮助相关板块的信息工作人员不断提升信息选择和加工能力。

（2）信息抽查机制。定期从各个板块中抽取部分入库信息，由专门人员将其与信息源中的原始信息进行比对，同时对信息内容质量进行检查，将比对和检查内容纳入对信息工作人员的绩效考核。

（3）信息评价机制。通过丝路信息网中各条信息的点击量、下载量以及用户评价等，对各个板块的信息进行量化评价，作为改进信息收集工作的依据。

（二）信息收集机制分析

综上所述，"一带一路"信息收集并非只是简单地借助搜索引擎或网络机器人自动抓取信息即可，还必须从信息源、标准规范、工作机制等方面建立一套完整的信息收集和质量控制体系。正是因为具备一套较为完整的体系，丝路信息网才能既保证信息资源的及时快速更新，又能较好保证入库信息质量，从而能在此基础上开发一批有价值的信息产品，为社会各界提供服务。信息质量控制的关键在于人。"一带一路"信息机构必须加强信息工作人员的培养与管理，从而将各种要求和规范能真实落实到信息工作之中。

一是明确责任分工。丝路信息网按照"一带一路"区域确定分工，任用具有相应语言能力的人员承担各区域板块的信息工作。各板块信息人员在长期收集信息的过程中，逐步建立起对信息资源价值的敏锐度，快速从大量信息中发现高质量信息。

二是开展人员培训。建立数据采集人员、数据审核人员和数据分类人员的培训机制，使他们能充分理解和掌握数据筛选标准，有效地在工作中运用，保证入库数据质量。

三是制作操作手册。针对不同板块编制信息收集操作手册，包括信息源、信息质量要求、信息选择标准、信息收集工具操作方法、信息加工规范性。一方面将各种操作规则进行细化，便于工作人员掌握；另一方面也是规则固化，避免因信息人员工作变动导致信息质量失控。

五、小结与启示

信息相通是实现"一带一路"倡议"五通"目标的重要前提，而互联网为"一带一路"信息获取提供了丰富素材和便捷渠道。本章分析了各类常规和非常规信息源的特点，特别是对国际机构、政府网站、专业机构以及开源数据库等正式信息来源的特点进行了分析；将这各类源头中的信息资源进行整合，将分散的碎片化的"一带一路"相关信息加以加工整理，可以快速而低成本地建立起综合性"一带一路"大数据库，有针对性地为推进"一带一路"倡议提供信息服务。①

应当看到，海外的"一带一路"数据资源如此丰富而国内获取不足，关键原因在于海外数据的获取与加工存在较大难度。一是意愿障碍，许多机构在建设"一带一路"信息资源时存在一定畏难倾向，往往采集一些容易获取的国内信息，不愿意投入人力、物力进行网络信息资源进行广泛采集和深度加工；二是语言障碍，海外资料基本都是外文，要识别、理解和翻译这些资料并进行合理的信息组织和产品开发，成本较高；三是能力障碍，海外数据数量多、内容杂而且变化快，要及时发现并筛选出有用的数据资料，需要机构具备十分强大的信息技术和信息处理能力。为此，我国各类信息机构应当提升网络信息获取意识，加大人力、物力投入，充分利用好互联网上极为丰富的信息资源，建设更高质量的"一带一路"信息资源体系。

---

① 陆伟华：《关于加强"一带一路"档案信息资源建设的思考》，《兰台世界》2016年第11期。

第六章　基于数据银行的"一带一路"信息资源整合[*]

当今世界正处于大发展、大变革和大调整时期。面对日益复杂多变的国际环境,加强"一带一路"信息资源建设,有助于我国政府和企业在开展国际合作时能更好地把握国外状况,有效化解风险和应对挑战。从上章的分析结果来看,在大数据时代,"一带一路"信息并不匮乏,关键在于如何将这些资源信息进行有效整合,形成集成化、高质量的信息服务与产品。本章将针对"一带一路"信息资源的特点,采用"数据银行"模式构建新型信息资源整合模式。

一、"一带一路"信息资源整合的现状与趋势

(一)"一带一路"信息资源的碎片化难题

从笔者实地调研的结果来看,当前国内各机构建设的"一带一路"数据库已不下 10 个,其信息整合方式可分为三类:自主建设方式、信息采编方式、联合共建方式。以上三种方式虽数据来源和整合方法各不相同,但都仅涵盖了专业信息机构的资源。而"一带一路"信息资源总体呈现碎片化特征,除专业机

---

[*] 本章主要内容已发表:丁波涛:《基于数据银行的"一带一路"信息资源整合研究》,《情报理论与实践》2018 年第 12 期。

构外，许多非专业性机构也拥有大量"一带一路"信息，例如：

（1）驻外企业。我国在"一带一路"沿线国家投资设立了诸多企业，并承接了大量海外工程项目。根据国家商务部的统计，[①]仅2017年中国企业对沿线59个国家新增投资就达143.6亿美元，新签对外承包工程项目合同额达1443.2亿美元。这些企业和海外项目组在参与当地经济社会建设过程中，都掌握了所在国的许多重要信息。

（2）跨境产业园区。与西方国家企业主要通过直接设厂的方式进行海外投资不同，中国企业（尤其是民营企业）更多依托跨境产业园区实现"走出去"，[②]中国在海外建立的产业园区成为中小企业在当地成长壮大的摇篮。为向企业提供服务，这些园区需要全面掌握所在国家的经济社会发展以及法规政策信息。

（3）海外华人华侨和留学生。"一带一路"沿线国家有超过4000万的华人华侨，而根据教育部的统计，2017年我国前往沿线国家的留学生数量超过6万，沿线国家来华留学生数量超过30万。[③]他们既熟悉该国国情又了解中国发展，并且具有语言上的优势，可成为我国政府和企业了解国际游戏规则、获取国外信息的重要助手。

（4）行业协会。许多国内的行业协会与国外政府和海外企业保持着密切联系，它们为支持国内企业拓展国际业务，也收集了大量沿线国家相关信息。

除上述机构之外，一些会展公司、投资咨询公司、跨国银行甚至个人都可能成为重要的信息来源，使得"一带一路"信息资源分布呈现"长尾"格局（见图6-1）。

[①] 国家商务部：《2017年1—2月我对"一带一路"沿线国家投资合作情况》，2017年3月2日，http://www.mofcom.gov.cn/article/tongjiziliao/dgzz/201703/20170302539518.shtml，访问日期：2018年5月20日。
[②] 沈桂龙、张晓娣：《跨境建工业园区为何成新动向》，《解放日报》2017年8月22日。
[③] 胡浩：《"一带一路"沿线国家来华留学人数持续增加》，2018年4月1日，http://education.news.cn/2018-04/30/c_1122764886.htm，访问日期：2018年5月20日。

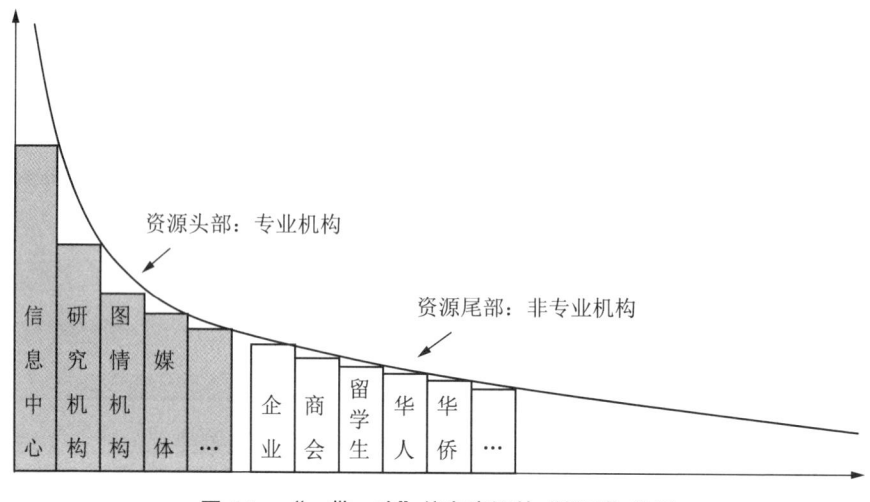

图 6-1　"一带一路"信息资源的"长尾"格局

在图 6-1 中，众多非专业机构以及个人构成了"一带一路"信息资源的"长尾"。虽然尾部区域中每个主体掌握的信息资源数量和范围有限，但将碎片化的尾部资源整合起来，可能在深度、广度和时效度上超过头部区域的资源价值总量。在传统模式中，受信息采集成本的影响，社会对碎片知识关注度较低，导致碎片价值汇聚的意识比较薄弱，而在大数据环境下，我们能将"易被忽略"的微小知识梳理采集起来，发掘巨大的创新价值。[①]

对于位于长尾区域的大量信息资源，必须引入新的方法与模式，将分散的、动态的、碎片化的信息资源汇集起来，根据我国政府和企业的信息需求进行整合和开发，形成有价值的"一带一路"数据产品和服务。

（二）信息资源整合的发展趋势

信息资源整合，是指将某一范围内原本离散的、多元的、异构的、分布的信息资源通过逻辑的或物理的方式组织为一个整体，使之有利于管理、利

---

① 孙彬、王东：《"一带一路"下的多元文化大数据体系建设研究》，《电子政务》2017年第11期。

用和服务。①随着信息资源的日益丰富以及信息技术的飞速发展，信息资源整合模式也在不断演进。文献②将整合模式分为将面向资源的和面向用户的信息资源整合，并指出信息资源整合方式将朝着综合化的方向发展；文献③分为基于机构信息资源、基于内容的信息整合；文献④则分为基于数据源、基于信息链接、基于服务的信息资源整合；文献⑤分为数据仓储整合方式、中间件整合方式、基于关联数据的数字资源整合。

上述信息资源整合模式的划分都是从技术和方法角度出发，未充分体现信息资源的空间跨度。笔者将信息资源整合分为三个模式：

（1）封闭式整合。采用传统数据库技术，从机构内外部采集或购买信息数据，并按统一规范存储于机构数据库，实现信息资源的内部化和标准化；机构通过对自身数据库进行开发，以向用户提供信息服务，服务的类型和质量则依赖本机构数据库的内容。

（2）社会化整合。建立包括多家机构的信息资源供给网络，以数据仓储、信息导航、分布式检索等技术为支撑，将位于不同机构的异构信息资源进行再加工和再组织，使之有序化、格式化、关联化，为信息用户提供一个统一、标准的信息获取接口。

（3）开放式整合。这是未来的发展趋势，即以云计算、大数据、智能技术等为支撑，构造一个开放式信息交换平台，任何个人和机构都可以在平台上发布信息，也可以在平台上获取所需要的信息和服务，实现信息资源的开放、动态、双向整合。

---

① 苏新宁、章成志、卫平：《论信息资源整合》，《现代图书情报技术》2005 年第 9 期。
② 刘瑜：《当代图书馆信息资源整合的若干模式》，《图书馆杂志》2010 年第 3 期。
③ 崔瑞琴、孟连生：《数字信息资源整合问题研究》，《图书情报工作》2007 年第 7 期。
④ 夏日、王宗宝：《近十年来我国信息资源整合研究综述》，《情报科学》2015 年第 2 期。
⑤ 支蕾、罗仁强、周炫：《图书馆数字资源整合研究》，《内蒙古科技与经济》2017 年第 12 期。

表 6-1 对上述三种信息资源整合模式进行了简要比较:

表 6-1 三种信息资源整合模式的比较

整合模式	封闭式整合	社会化整合	开放式整合
信息供给源	单一机构	多家特定机构	不特定机构
信息资源范围	较单一	较广	很广
关键技术	数据库技术	数据仓储、信息导航技术、分布式检索	云计算、大数据、智能技术
各主体间关系	线性强耦合	网状强耦合	松散耦合
信息机构角色	信息采集、加工、服务提供	统一入口提供、分布异构信息标准化	信息供需撮合、信息资源加工、信息使用监督
整合方式	单向整合	单向整合为主	双向整合
信息存取	信息存取均需机构干预	信息存储需机构干预，信息获取由用户自主完成	信息存储与获取均可由信息提供者和用户自主完成

由此可见，未来信息资源整合将走向开放化和平台化，实现大范围的信息资源聚合，为碎片化的信息供给和多元化信息需求提供双向匹配机制，能很好地解决"一带一路"信息资源整合中面临的"长尾"难题。

二、基于数据银行的"一带一路"信息资源整合模型

（一）数据银行的概念与运行方式

数据银行是信息资源开放式整合的重要途径。数据银行有两个含义：一是指云存储服务，构建在高速分布式存储网络上的数据中心，它将网络中大量不同类型的存储设备通过应用软件集合起来协同工作，形成一个安全的数据存储和访问的系统，适用于各大中小型企业与个人用户的数据资料存储、备份、归档等一系列需求。[①]二是指一种商业模式，是将个人或机构拥有的数据视为一种

---

① 石广仁：《地学数据挖掘与知识发现》，石油工业出版社 2012 年版，第 8—9 页。

资产，采用银行模式对个人或机构数据资产进行管理和运营，既可以实现数据的集中有效管理，又可以实现数据的增值和有序流通，并给拥有数据的个人或机构带来一定收益。①本章中的数据银行主要指第二种含义。

根据信息存储的集中度以及信息开发的深度，可以将数据银行分为三种运作方式：

(1) 中介服务方式。机构或个人将其数据的目录、元数据或样本存放于数据银行，数据用户将需求提交数据银行，银行为其推介最佳数据提供者，再由后者将相应数据或数据产品销售给用户。目前各地的大数据交易中心多采用这种方式（如 2014 年全国最早成立的数据交易机构——中关村大数据交易产业联盟），部分民营大数据交易平台也采用这种方式（如 2011 年成立的"数据堂"）。

(2) 数据聚合方式。机构或个人将数据存储在数据银行，数据用户直接从数据银行购买相应数据。在这种模式中，作为数据银行的信息机构主要是提供统一存储、标准化搜索、内容推荐和费用结算等功能，如百度文库（主要是非结构化数据）、阿里云市场（以应用软件为主）均属于聚合模式。

(3) 信息开发方式。机构或个人将数据存储在数据银行，数据银行对这些数据进行整合开发，形成新的信息产品并向用户销售。各类征信机构多采用该模式，这些机构与政府部门、银行、公共事业单位等合作，将分散在各个机构中的个人和企业数据汇集起来并进行整合开发，形成各类资信产品。

（二）"一带一路"信息资源整合模型

数据银行的"一带一路"信息资源整合应实现以下目标：一是建立开放式的数据存储与获取机制，实现碎片化闲置信息的归集；二是改进用户体验，提供更精准的供需匹配和更智能的信息服务；三是建立一个安全可信的环境，让供需双方都愿意使用平台上的信息服务；四是实现利益的合理分配，保持数据

---

① 郭兵、李强、段旭良等：《个人数据银行——一种基于银行架构的个人大数据资产管理与增值服务的新模式》，《计算机学报》2017 年第 1 期。

银行的可持续发展。

与传统银行类似,数据银行的核心是信息资源的"存"与"取"。"存"的目的是将分散化的信息归集起来,这是信息资源整合的前提;"取"的目的是对信息进行开发利用并向用户提供服务,这是信息资源整合的目标。"存"与"取"的连接点,便是数据银行,其模型见图 6-2。

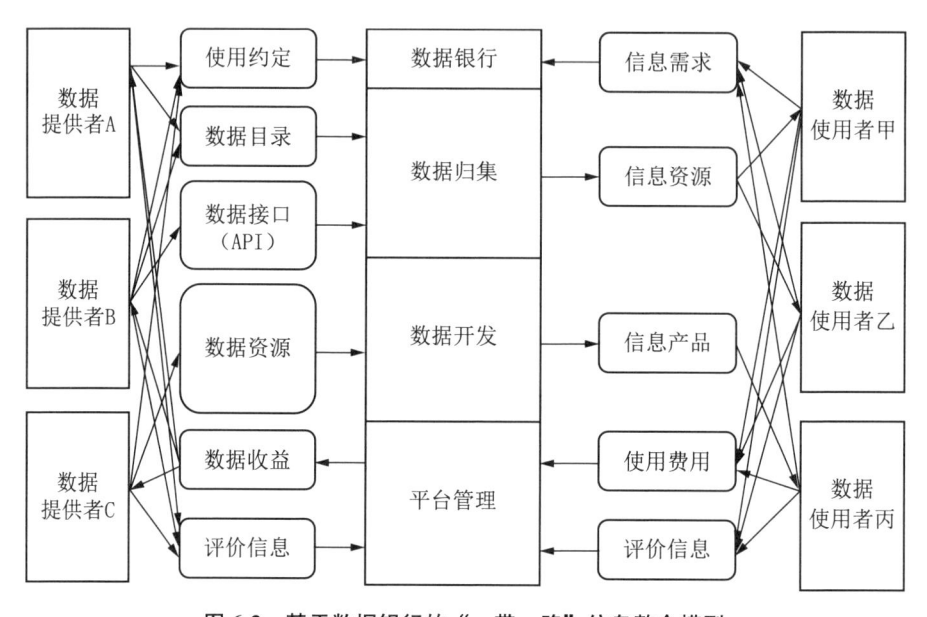

图 6-2 基于数据银行的"一带一路"信息整合模型

上述模型中包括三类主体,即数据提供者、数据银行和数据使用者,其主要职能如下:

(1) 数据提供者。即各类"一带一路"信息资源的创造者或拥有者,既可包括图情机构、信息中心、媒体等专业性信息机构,也可包括驻外企业、跨境园区、行业协会等非专业机构甚至个人。其主要职责:按规定存入数据;约定数据使用规则和价格,获得数据收益;对用户进行评价;等等。

(2) 数据银行。数据银行可以上述各类专业性"一带一路"信息服务机构扩展而来,也可以由互联网企业建立。其主要职责:平台建立和维护,对各方提供的数据进行归类或整合；数据增值开发和服务提供；数据利益分配；数据安全保障；信息供给质量和信息使用合规性监督；信用体系维护；等等。

（3）数据使用者。任何从事"一带一路"相关工作的机构和个人都可使用数据银行中的各类数据。其主要职责：向"数据银行"平台提出数据需求，获得数据资源或数据产品，并按规则使用数据；向平台支付数据使用费用；对信息资源产品或服务进行评价；等等。

（三）数据银行的核心业务流程

除平台管理、安全保障、目录维护等常规业务之外，数据银行主要包括以下核心业务流程：

（1）数据存入。数据存入有多种形式，拥有"一带一路"数据的机构可提供原始数据资源，也可提供数据目录或数据接口（API）。图6-2中A、B、C代表了不同存入方式的数据提供者；同时数据提供方要对数据的使用规则（包括使用方式、领域、时限以及再利用规则等）以及数据价格进行约定。

（2）数据整合。对应上述数据银行三种运作方式——中介服务、数据聚合、信息开发，"一带一路"信息机构服务平台既可以提供信息线索，也可以提供信息内容，还可以提供加工后形成的信息产品。具体采取何种模式，则取决于信息机构与信息提供者之间的信息使用契约，以及信息用户的实际需求。

（3）数据使用。不同数据使用者的需求也不相同，有的需要原始数据，有的则需要加工后的数据产品，有的则需要进行个性化数据定制，如图6-2中的使用者甲、乙、丙所示。数据使用者向数据银行提交需求后得到推荐或查询结果，支付相应费用后获取和使用数据或产品，同时在数据使用过程中要遵守数据提供方的使用约定和平台的各种使用规则。

（4）费用支付与分配。用户在获取和使用数据时需要向数据银行支付数据使用费；数据银行按一定规则进行费用分配，部分用于支付运行成本和留作银行利润，部分则支付给数据提供者。

（5）供需双向评价。数据银行提供了双向评价功能，数据使用者可以对数据资源、数据产品以及数据提供者进行评价，数据提供方和平台也可以对数据使用者进行评价，评价结果将作为数据银行建立和维护信用体系的依据。

三、"一带一路"数据银行的主要作用

数据银行构造了一个开放化平台，能有效实现碎片化信息资源的集聚，对于促进"一带一路"信息资源整合起到以下作用。

（一）激活"一带一路"闲置信息资源的巨大价值

许多企业、机构和个人在"一带一路"沿线国家从事经贸文化活动时，有意或无意积累了大量"一带一路"数据。限于数据资产意识淡薄、数据开发能力不足和数据开发成本过高，大多数机构掌握的信息资源都未开发利用，成为"闲置"资源。数据银行模式明显降低了数据交易成本，可以将分散在千千万万的企业、机构甚至个人手中的数据汇集起来，将处于供需"长尾"部分的海量信息纳入共享、交易、开发和增值环节。任何机构和个人可以将自身拥有的信息作为一种资产"存入"银行，由"银行"或第三方负责数据开发利用以及收益分配，使"闲置"资源变成现实资源。

（二）优化"一带一路"信息资源的供需匹配

信息资源供给碎片化和需求多元化是"一带一路"信息资源开发利用的主要难题。数据银行创造了一种类似共享经济的机制，消除了供需之间的信息不对称，让零散的"一带一路"信息资源供需信息在一个平台上呈现、匹配和交易。对需求者而言，"数据银行"平台屏蔽了数据供给的"碎片化"，用户只要接入平台就进入了巨大的"一带一路"信息数据共享和创新空间，而无须知晓

到底是哪些机构提供了数据；对提供方而言，数据银行平台屏蔽了数据需求的多元化，提供者只需将信息资源提供给平台，而无须关注后续的信息增值开发和交易活动。

（三）促进"一带一路"信息资源的双向配置

传统的信息资源供给模式建立在供需双方角色明确的前提下，服务机构根据自身定位来采集和整合信息并向用户提供服务，属于资源的单向配置，这种资源配置模式难以适应网络化环境下政府和企业对于"一带一路"信息资源的多元化、差异化和动态化需求。[1]而基于数据银行模式的信息资源平台，一方面，可以将大量分散信息资源汇合起来，构成一个可以提供丰富信息服务的"一带一路"数据库，实现"B2C"的资源配置；另一方面，平台在运行过程中可以采集和分析用户行为数据，根据用户差异化需求来匹配、调度和整合平台中的开放信息资源，并提供个性化精准服务，实现"C2B"的资源配置。

（四）实现"一带一路"信息资源的自动评价

信息资源的质量评估和价值确定缺乏统一标准，导致供需双方常常难以就信息价值达成一致，给信息资源共享与交易带来困扰。数据银行提供了一种类似"大数据超市"的电子商务机制，在数据交易中自动实现用户信息需求和价格之间的匹配，一方面，降低了信息搜索和交易成本，使得信息整合与交易更加透明公正，减少了供需双方以及平台机构的风险；另一方面，交易过程本身也是对信息资源质量和价值的评估以及信息资源市场供需情况的揭示，有利社会各界更清晰地把握"一带一路"信息资源的重点领域和发展趋向。

---

[1] 李卓卓、韩静娴、王芳：《共享经济视角下的图书馆信息资源共享模式的优化》，《图书情报工作》2016 年第 17 期。

四、"一带一路"数据银行的保障机制

"一带一路"数据银行的稳定持续运作,还需要数据目录、利益分配、信息安全、信用体系等方面的保障机制。

(一)数据目录

数据银行采用开放方式实现"一带一路"信息资源的整合,信息存入和获取都由供需双方自主完成,因此必须有一种标准化的信息存储结构,即数据目录,来实现信息供需之间的高效匹配。数据目录可综合采用分类、标引等方法,从信息所有者类型、行业领域、媒体格式等角度,构建一个多维度地揭示信息内外特征的"地图",使信息提供者知晓信息应存于何处,信息使用者知晓从何处获取所需信息。

(二)利益分配机制

与传统银行一样,数据银行必须让信息"储户"以及机构自身能从信息整合和利用中获得相应利益,否则信息整合将难以持续。利益分配机制包括两个方面:一是信息产品和服务如何定价?一般可采取固定价格、供需双方协议定价等方法,同时信息产品价格的确定通常要与信息使用方式相结合(如使用目的、扩散范围、是否充分再使用等);二是信息提供者与数据银行之间如何分配收益?针对数据银行不同的运作模式,可以采取交易佣金、一次性付费、信息开发收益共享等方法。

(三)信息安全体系

数据银行聚集了来自社会各方的海量信息资源,其安全保障不仅关系到数据银行的正常运作,也将影响数据相关方的隐私和机密保护。具体而言,数据

银行要保障三个层面的信息安全：一是技术层面上，数据银行要保障"一带一路"数据在存储、开发、传递等过程中不泄露、不丢失、不被篡改；二是开发层面上，数据银行在对各方数据进行整合、开发并向客户交付数据产品和服务时遵守相关法规；三是使用层面上，用户从数据银行获取并使用数据时，应遵循数据提供方对最终数据产品的使用约定。

(四) 信用体系

数据银行是一种开放式整合模式，缺乏传统信息服务中对内容质量进行鉴别和用户资质进行约束的机制，具有更高的内容欺诈和信息滥用风险。为此，数据银行应建立有效的信用体系，以消除供需双方的信息不对称，促使各方遵守数据供给和使用规则，保障供需双方利益。信用体系的建立，既可以通过供需双方相互进行评议来实现，也可以由数据银行对信息供给质量和信息使用合规性进行评估。利用信用信息，数据用户可以便捷地寻获最优质的信息资源，数据提供方和数据银行平台则可掌握用户信用状况，淘汰那些恶意获取数据、违规使用数据的用户，保障数据安全。

五、案例分析——美国 Datacoup 个人数据银行

Datacoup 是一家位于美国纽约市的大数据创业企业，出资购买个人用户的隐私数据，然后通过数据二次分享来实现营利。该平台就是一个个人数据银行，用户把自己的社交网站 Facebook、Twitter 和自己的银行卡、信用卡交易记录提交给公司，就可以每月得到 8 美元左右的收入。

(一) 运作模式和保障机制

对比上述之数据银行的三种类型，Datacoup 属于数据开放模式，即 Datacoup

根据个人意愿将其个人数据（如社交媒体数据、个人消费数据等）存储在 Datacoup 数据银行之中，Datacoup 对这些数据进行整合开发形成新的信息产品（主要是消费趋势分析），再销售给数据代理、广告商和品牌运营商。其运营模式见图 6-3。

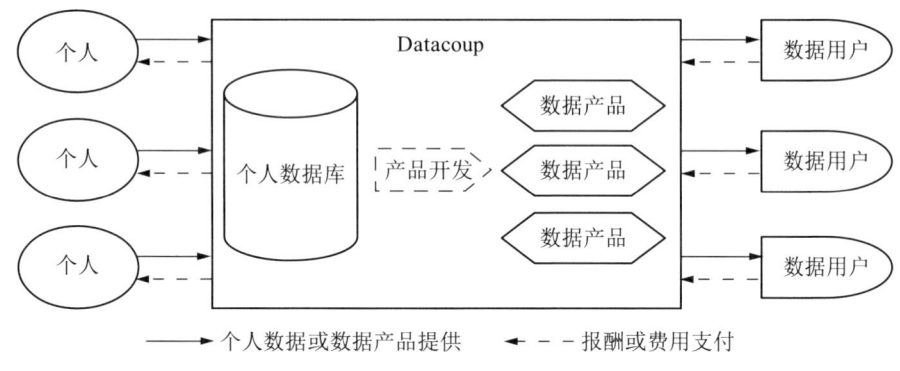

图 6-3　Datacoup 的运营模式

根据前文的分析框架，从数据目录、利益分配机制、信息安全体系、信用体系四个角度来分析 Datacoup 个人数据银行的保障机制。

（1）数据目录。Datacoup 目前支持的个人数据类型包括个人在 Facebook、Twitter、Linkedin、Flickr、Google+、Tumblr、Youtube、Instagram、Foursquare 中的社交媒体数据以及个人借记卡和信用卡的使用记录数据，并按行业来建立数据产品目录（即各行业的消费发展趋势）。

（2）利益分析机制。提供个人数据的用户可以在平台中选择愿意提交的数据种类，选择的种类越多，获得的回报越高。同时，Datacoup 允许用户通过统计图表查阅自己的数据，并提供各类数据价值的可视化分析，帮助用户进行选择。

（3）信息安全体系。Datacoup 会处理收集到的数据，一方面任何与个人身份相关的标记细节都会被抹去，另一方面也会过滤掉极端敏感、广告主不需要的信息内容，再进行出售，从而保障个人的隐私信息。

（4）信用体系。目前 Datacoup 还没有建立专门的信用体系，但为个人提供了更好地理解其个人数据的工具，并提供了自己销售数据的控制。例如，用户可以知晓其数据被用于哪些行业分析以及被何人所有。

（二）数据银行模式分析

虽然 Datacoup 主要面向个人数据的商业化开发，与"一带一路"信息资源开发利用有所差异，但其通过数据银行模式实现碎片化信息汇聚与利用的思路，仍值得"一带一路"信息工作借鉴。以 Datacoup 为代表的数据银行模式具有以下优点：

（1）可有效实现碎片化数据的集聚。Datacoup 个人数据平台对所有人开放，任何人都可以选择将自己的个人数据提交给 Datacoup 并取得相应收益，实现"闲置"资源的价值化，从而激发个人和机构的数据共享意识，是对基于政府和企业内部、合作方等数据来源的传统大数据平台的有力补充。[1]

（2）有利于促进数据的供需对接。Datacoup 着重于行业趋势研究，将大量个人数据汇聚后加工成为行业趋势分析产品，再销售给有需求的企业和机构，从而帮助个人找到数据买家，帮助用户找到合法的数据源。

（3）保障了个人的数据权益。目前各大数字平台（如 Google、Facebook 以及国内的淘宝、百度等）都大量使用了个人数据并创造了巨大的商业价值，但作为数据源头的个人并未从中取得任何收益，这些数字平台往往只是以免费服务的方式隐性地回报用户，而 Datacoup 通过将个人数据的价值显性化，保障了个人的数据权益。

当然 Datacoup 运作模式中也存在一些挑战，主要包括：[2]

（1）核心竞争力不足。虽然 Datacoup 支付给个人的费用仅有 8 美元左右，但

---

[1] 郑琳：《大数据背景下个人数据银行发展现状分析及启示》，《图书馆学研究》2020 年第 5 期。
[2] Tanner, Adam, "Others Take Your Data for Free, This Site Pays Cash", 2014 年 3 月 3 日，https://www.forbes.com/sites/adamtanner/2014/03/03/，2019 年 3 月 5 日。

当用户数量扩大时，Datacoup 需要支付的费用将急剧增加。受限于数据获取成本，数据银行的数据规模难于与免费获取个人数据的大型数字化平台相比，后者在数据完整性、时间连续、价值密度等方面远大于个人数据银行中的零散型数据，造成个人数据银行的市场竞争力不足。

（2）难以获取高价值数据。例如，对大多数数据客户而言，富人的个人数据价值显然高于一般民众，但数据银行的实际数据定价中一般只能采用统一的个人数据价格，因此富人通常不会选择将自己的数据提交给 Datacoup，使得个人数据银行中沉淀了较多的低价值数据。

Datacoup 运作中存在的上述挑战也启示我们，采用数据银行模式实现"一带一路"信息资源整合不能追求"大而整"，而要立足"小而精"，即针对"一带一路"的某些特定领域，通过数据银行模式汇聚个人或其他社会机构提供的大量鲜活信息，与依靠大规模收集的信息资源开发利用模式相互补充，形成错位发展。

六、小结与启示

"一带一路"信息的多语种、多类型、多变化特征给信息资源整合提出了挑战。数据银行提供了新的信息资源整合模式，建立了一种类似共享经济、平台经济和电子商务的机制，实现对碎片化信息资源进的整合和多元化信息需求的集聚。

本章分析"一带一路"信息整合的现状及其面临的挑战，总结信息资源整合的演进规律；构建了基于数据银行的"一带一路"信息整合模型，分析其结构、功能与保障体系，提出我国建设"一带一路"数据库应当加强创新，探索采用数据银行模式，通过较低的成本实现大规模的"一带一路"信息资源整合。国内信息机构在建设"一带一路"数据库过程中应当充分导入互联网思维和大数据思维，探索采用数据银行模式，以较低成本实现"一带一路"信息资源大规模整合，为"一带一路"倡议持续推进提供更好的信息资源支撑。

第七章 "一带一路"信息资源的跨国共享机制 *

近几年来,"一带一路"信息服务受到了国内的广泛重视,许多信息机构、行业机构和政府部门都建立了"一带一路"信息资源平台。但从内容上看,现有数据库多着重于对国内甚至机构内部的"一带一路"信息资源共享,较少从"一带一路"沿线国家采集和共享信息,影响了数据库的规模和质量提升。

"一带一路"沿线国家众多,如何建立一套合理可行的跨国信息采集与共享机制十分重要。目前,"一带一路"信息资源共享机制还不完善。放眼全球,许多国际组织和发达国家已形成了比较完善的跨国信息采集与共享机制。本章将分析联合国等国际组织在推进国家间信息共享、建设跨国数据库的经验,为我国相关机构建设"一带一路"数据库提供借鉴。

一、跨国信息资源共享的影响因素

关于国内各区域信息共享,学者进行了深入研究,主要障碍包括管理体制条块分割、标准化进程缓慢、利益平衡机制缺失、法律保障不完善等。[①]相较而

---

* 本章主要内容已发表:丁波涛:《"一带一路"沿线国家信息资源整合模式——基于国际组织和跨国企业经验的研究》,《情报杂志》2017年第9期。
① 李家清、刘军:《区域信息资源共享障碍研究》,《图书馆学研究》2010年第3期。

言，国家间信息共享更为复杂，其中既涉及不同国家共享信息资源的意愿，也涉及不同国家经济、社会、法律以及信息化水平之间的差异，还涉及信息数据的标准不统一、多语种等技术性难题。综合有关区域信息共享与整合机制的研究，影响跨国信息资源共享的主要因素包括：

（一）共享动力机制

虽然信息开放是当今信息化发展的大势所趋，但现实中大多数国家在共享信息资源时仍存在疑虑，有的将信息资源视为本国财富，有的担心信息共享会泄露国家机密，有的还将信息资源与国家主权相联系。因此，推进区域信息资源共享与整合首先要解决动力机制问题。

（二）信息获取来源

不同国家的经济社会发展和信息化水平差异巨大。在推进跨国信息资源共享与整合时，许多发展中国家虽然有共享信息的意愿，但其数据信息采集体系不完善，无法提供达到足够标准的数据信息，使得跨国信息整合成为无米之炊。

（三）数据标准规范

跨国信息资源共享需要将分散在各个国家的杂乱无序的数据信息集聚起来，并通过融合、重组或聚合等方式形成一个规范有序、格式统一的整体，以实现方便快捷地开发利用，数据标准规范是有效开展跨国信息资源整合的基础。

（四）开发利用方式

信息资源共享的目的是为了开发利用。信息资源的高水平开发利用不仅可以最大限度地挖掘信息资源的经济价值和社会价值，还有助于参与共享的各个国家更加充分地认识到信息共享的好处，从而增加信息共享的动力。

（五）组织机构保障

跨国信息资源共享是一项复杂性系统工程，需要明确的工作主体以及工作网络，承担数据库与网络技术开发、信息采集与加工处理、信息产品开发以及相关的标准规范制定、信息能力培养、参与国协调、资金筹集等工作。

二、跨国信息共享的四种模式

目前包括联合国在内的许多国际组织都建立了跨国信息共享机制，有效支撑了国际数据库的建设。对此，笔者归纳出四种跨国信息共享模式。

（一）联合国模式

这种信息共享模式主要适用于那些实行会员制的国际组织，可称之为会员模式，其主要特点是：在国际组织章程或入会条件中明确规定，要求成员国（地区）提供相关数据，建立国际数据库；对于非成员国家（地区）以及其他国际组织，则通过与之建立合作、共享和交换数据信息，以扩充自身数据库的内容。联合国及其一些下属组织（如ITU），以及其他一些国际组织（如欧盟、OECD），都采取这种模式。

1. 联合国模式

联合国非常重视全球数据资料的采集、整合与共享，其数据门户网站——"联合国数据中心"列出了联合国对外公开的所有数据资料，包括联合国会议与新闻、文书档案、宣言与立法以及各类统计数据库。[1]其中，统计数据库包括各大洲统计数据库（如欧盟、非洲等）、全球综合数据库[2]、专业数据库（如人口、

---

[1] 参见 http://www.un.org/zh/databases/。
[2] 参见 http://data.un.org/。

贸易、千年目标、犯罪、难民等)。联合国数据中心的数据资料，除联合国自身拥有的之外，主要来自各成员国以及各类国际组织。为支撑全球数据库建设，联合国在其经济和社会事务部下面设立了统计委员会（UN Statistical Commission, UNSC)①，还建立了统计活动协调委员会（UN Committee for the Coordination of Statistical Activities, UNCCSA)。其中，UNSC 是议事机构，由 UN 成员国选举产生，下设有多个专业性统计部门（如人口处、可持续发展处、金融发展处等）以及综合性工作机构——统计处（UN Statistical Division, UNSD)，负责数据标准制定、数据汇集和数据库建设等，接受 UNSC 监督和指导；UNCCSA 是协调机构，负责协调世界各国特别是各种国际组织之间的统计标准制定、统计工作开展、统计数据共享等。

2. 国际电信联盟（ITU）模式

国际电信联盟（ITU）十分重视信息技术和通信（ICT）领域的数据统计工作，其建立了 ITU 数据库包括世界电信和信息技术指标库（WTI）、信息社会测评年度报告（MIS）、统计年报等，是信息技术和通信领域最权威的数据来源之一。为此，ITU 建立了多层次的数据采集和共享支撑体系，包括"ICT 评测发展伙伴计划"（Partnership on Measuring ICT for Development)②、"数字发展宽带委员会"（Broadband Commission for Digital Development)③。

3. 经合组织（OECD）模式

经合组织汇编的统计数据涵盖 34 个成员国，同时 OECD 还选择了其他一些重要国家作为统计对象，既有这些国家的年度数据和历史数据，也包括主要经济指标数据，如经济产出、就业和通货膨胀等。OECD 下设统计办公室，负责获取各成员国发展数据④。对于非成员国，则建立 OECD 合作中心来获取数据，

---

① 参见 http://unstats.un.org/unsd/statcom/。
② 参见 http://www.itu.int/en/ITU-D/Statistics/Pages/intlcoop/partnership/default.aspx。
③ 参见 http://www.broadbandcommission.org。
④ 参见 http://www.oecdchina.org。

如OECD近年来出版的与中国相关的报告都是由OECD秘书处与中国国家统计局、国务院发展研究中心、中国国家信息中心等联合出版的。[①]

4. 欧盟模式

相比于美国、中国等数字经济强国，欧盟内存在多个国家，由此造成信息资源分散，严重影响了欧盟整体数字化发展进程。为此，欧盟一直十分重视并大力推动成员国之间的数据共享与整合，力图建立全欧盟范围内的单一数字市场，使得欧盟能成为与美国和中国并驾齐驱的全球数字创新中心。

在组织层面上，欧盟设立了欧洲统计局，是欧盟统计工作的最高行政机构。欧洲统计局并非单独执行欧盟统计工作，而是依赖一个名为"欧洲统计系统"（European Statistical System）的工作网络。该统计体系由欧洲统计局、欧盟成员国及冰岛、挪威和列支敦士登的统计机构和中央银行共同组成。成员国机构负责收集本国统计数据并进行编辑，欧洲统计局的作用则是与各成员国统计机构紧密合作，协调、整合统计资源，按照欧盟的需要汇总分析成员国提供的统计数据。统计范围涵盖欧盟经济社会活动的主要方面，包括经济、就业、研发创新、环境、公共健康、国际账户收支、对外贸易、消费价格、农渔业、交通、能源、科技等，其统计报告及统计数据定期在官方网站上发布。

在制度层面，欧盟推出了多项规章，促进成员间的数据共享，如：2018年8月，欧洲议会和欧洲理事会发布《非个人数据自由流动条例》，使得非个人数据可以在成员国之间自由流动，数据机构可以使用在欧盟不同市场收集的数据；2020年11月，欧盟委员会公布《欧洲数据治理条例》，特别指出，该法规将以符合欧盟价值观和原则处理欧洲个人数据，并促进整个欧盟以及各部门之间的数据共享。

另外，国际组织之间广泛开展数据资料交换和共享，以互通有无。例如，

---

① OECD：《与中华人民共和国保持积极互动》，2016年2月5日，http://www.oecd.org/china/44801249.pdf，访问日期：2016年8月16日。

联合国数据库中，信息技术和通信领域数据来自国际电信联盟 ITU，经济数据来自世界银行（WorldBank）、经合组织（OECD），贸易数据来自世界贸易组织（WTO）等；OECD 则与许多国际行业协会共享和交换信息；欧盟与联合国、经合组织及其他非欧盟国家开展了许多统计方面的合作。

（二）申根模式

以申根协定为代表的信息共享是一种业务驱动模式，其主要特点是：多个国家之间基于区域合作、经济整合、贸易互通以及人员流动等方面的需要，实现彼此之间的信息共享。

申根协定取消了成员国之间的国界，实现了多国人员、物质、资金等要素的无障碍流动，也催生了成员国共享人员、教育、卫生、社会服务、国家安全等多信息的需求，为此申根国家建立了多个国际信息共享平台，例如：（1）签证信息系统（VIS），用于申根国家间交换签证数据的系统，旨在简化签证申请流程、便于边界检查和加强国家安全保障；（2）申根信息系统（SIS），系各成员国治安和边检部门共享犯罪、恐怖主义、非法移民等信息的平台；（3）居民健康信息共享平台，用于存储和共享申根国家居民的个人健康档案，以便于居民跨国旅游时提供高质量的医疗服务。

除申根国家之外，许多国际组织或多个国家之间出于跨国贸易投资、环境保护、居民旅游、区域安全等目标，建立了多种专业性信息共享平台，实现国家间的信息整合。

（三）世行模式

这种数据共享模式也可称为基金会模式，其特点是：向各国募集资金成立国际性基金，资助各国开展和改进统计工作，建立全球性统计工作网络。此种模式最有代表性的是世界银行（WorldBank，简称"世行"）。世行除了采集世界各国公开统计数据以及通过国际组织间合作获取数据之外，还资助建立了多个全球性调查网络，推动多个全球性统计调查能力提升行动计划（主要是针对发展中国家）。同时，世行还从欧美等国获取了大量资金建立了多个基金会，以资助这些项目的开展。相关项目和基金包括：

（1）国际家庭调查网络（International Household Survey Network）[①]。由世行管理的多家基金会资助，其任务：协调世界各国和国际组织开展全球性数据调查；帮助发展中国家提高数据调查工作质量；促进调查数据的分析和利用；制定和开发国际数据调查相关的标准、技术和工具。

（2）统计成果便利化催化基金（Statistics for Results Facility Catalytic Fund）[②]。该基金由英国和荷兰赞助，由世行管理，其任务：资助发展中国家开展全国范围内的统计，为各国改进统计工作和统计系统提供资金和技术援助，促进统计部门和数据用户之间的协作。类似的还有统计能力建设信托基金（the Trust Fund for Statistics Capacity Building）[③]等。

（3）国际比较项目（International Comparison Program）[④]。该项目旨在建立全球统计伙伴关系，以采集世界各国的比较价格数据，编制各国国内生产总值（GDP）的详细支出值，以估算基于购买力平价（PPPs）的世界经济总量。用购买力平价而不是市场汇率来计算经济总量，可以更方便地比较各国的实际经济产出及居民的实际福利（也就是消除了不同国家的价格水平差异）。类似还有"统计能力建设项目"（Statistical Capacity Building Program）[⑤]等。

（四）美国模式

以美国为代表的信息共享模式是以信息企业为主体，通过市场化方法进行

[①] 参见 http://www.ihsn.org/。
[②] 参见 http://www.worldbank.org/en/data/statistical-capacity-building。
[③] 参见 http://www.worldbank.org/en/data/statistical-capacity-building/trust-fund-for-statistical-capacity-building。
[④] 参见 http://siteresources.worldbank.org/ICPEXT/Resources/ICP_2011.html。
[⑤] 参见 http://www.worldbank.org/en/data/statistical-capacity-building/statcap。

全球的数据采集与整合，也可称为市场化模式。美国作为世界上信息化水平最高的国家，在信息资源和大数据开发利用方面也走在全球前列。

与前述国际组织不同，美国数据库服务商通过采用市场化的方法来获取数据。以世界著名的商业信息服务企业——邓白氏（Dun & Bradstreet）为例，该企业收集 2.5 亿家企业的档案，来自全球多达 214 个国家、95 种语种或方言、181 种货币单位的商业信息，平均每日数据更新 500 万次。

邓白氏获取信息的来源包括：[①]

（1）从各级政府机关索取公开的信息。

（2）从新闻媒体和 Internet 上获取信息。

（3）从金融界和产业界合作伙伴得到所需信息。

（4）从企业用户处得到信息。

（5）直接派人采集信息。

除邓白氏之外，其他许多美国信息企业都注重开展全球信息的采集与整合，形成各具特色的跨国专业数据库。例如，美国三大征信局之一的益佰利公司（Experian），2013 年 52% 的业务来自北美以外的地区，其他两家征信局也有相当比例的业务收入来自美国之外（Equifax 为 23%、Tran Union 为 38%）。

三、信息资源跨国共享机制分析

上述四种跨国信息共享与整合模式各有异同。在整合主体上，联合国模式和世行模式的主体是国际组织，申根模式的主体是各个国家，美国模式的主体是信息企业；在适用范围上，联合国模式适用于对会员国家具有较强约束力的国际组织，申根模式适用于区域合作需求比较强烈的国家之间，世行模式主要

---

① 金大卫：《美国的信息服务提供商是如何运作的？》，《网络与信息》1999 年第 2 期。

对象是发展中国家，美国模式则适用于信息市场比较发达的国家。

同时，上述四种跨国信息共享与整合模式均通过不同手段解决了共享动力、信息来源、数据标准等方面的障碍：

一是在共享动力上，通过不同方式提升各国信息共享意愿。联合国模式中，共享相关信息数据是入会条件之一；申根模式着重通过区域合作带动信息共享；世行模式则以基金会为支撑，通过培训、技术援助等手段引导和促进发展中国家完善信息采集体系和共享信息资源；美国模式采用市场化方式，通过信息企业的商业化运作来实现各个国家的信息资源集成与整合。

二是在数据来源上，注重构建多元化信息获取体系。无论是国际组织还是跨国信息企业，其首要信息来源当然都是各国政府和社会机构公开发布的信息。除此之外，各模式都开拓了形式多样的国际信息来源，如联合国及其下属机构要求会员国提供相应数据信息，世界银行则与各国合作建立数据采集网络，而邓白氏等信息企业除在各个国家设立分公司或与当地企业合作来采集数据。需要指出的是，针对许多发展中国家数据信息采集和加工体系不完善的情况，许多国际组织都设立了相关的公益性援助项目，开展统计和数据调查方面的培训，帮助这些国家提高数据信息采集和加工能力。

三是在数据开发方式上，注重数据提供与数据分析相结合。欧盟、OECD、世行提供的国际数据服务，不仅包括系统翔实的海量数据和资料，还提供许多智能化和可视化分析工具，定期发布大量研究报告。例如，联合国的贸易统计数据库[1]和人口统计数据库[2]都提供了数据可视化工具，帮助人们快速分析世界贸易和人口分布状况和发展趋势，同时这些网站也提供了大量高质量的智库成果，包括研究报告、分析图表、发展指数等；世行和OECD每年生产大量研究报告，同时与各个国家合作，形成针对每个国家的研究成果。

四是在标准规范上，各机构在进行数据处理时都将不同来源数据的格式化

---

[1] 参见 http://www.trademap.org/Index.aspx。
[2] 参见 https://esa.un.org/unpd/wpp/Maps。

与标准化作为重要工作内容，同时注重开发和推广各类数据信息的国际标准。例如，国际电联（ITU）通过接纳国际电联成员和ICT统计数据领域专家参与的专家组，制定国际ICT统计数据标准，要求各成员国按此标准进行ICT数据的采集和加工；即使像邓白氏公司这类的企业也十分注重数据标准建设，该公司的企业编码规则（邓白氏编码）自1962年推出以来已陆续得到联合国、国际标准组织、欧盟、美国联邦政府等国际组织和国家的采用，成为事实上的企业编码国际标准。

五是在组织机构上，相关机构注重设立专业化信息部门。各国际组织都建立了专门的信息机构来负责国际信息数据的采集、共享与整合工作，例如：联合国设立了统计委员会（UN Statistical Commission）和统计活动协调委员会（UNCCSA）[1]；欧盟建立了专门的欧洲统计局（Eurostat）[2]；OECD建立了统计办公室（OECD Statistics Office）[3]，ITU建立了数据统计小组（ICT Data and Statistics Division）[4]；世行设立了发展数据组（Development Data Group）[5]。

四、"一带一路"信息跨国共享的瓶颈

近年来，我国政府和社会机构也在不断探索建立"一带一路"信息跨国共享机制，例如新华通讯社于2019年6月发起成立"一带一路经济信息共享网络"，来自亚洲、欧洲、非洲、拉丁美洲、大洋洲的国际知名通讯社、信息服务机构、研究机构作为创始成员加入"一带一路"经济信息共享网络，开展多边及双边的信息交换和业务合作，携手促进全球经济信息互联互通。[6]但总体而言，

---

[1] 参见 http://unstats.un.org/unsd/statcom/。
[2] 参见 http://ec.europa.eu/eurostat/。
[3] 参见 https://stats.oecd.org/。
[4] 参见 http://www.itu.int/en/ITU-D/Statistics/Pages/about.aspx。
[5] 参见 http://www.worldbank.org/data。
[6] 参见 http://www.xinhuanet.com/fortune/2019-06-28/c_1124683747.htm。

对比上述比较成熟的跨国数据共享方式，我国当前"一带一路"信息资源开发利用中还存在以下问题。

一是在合作机制上，我国在推进"一带一路"倡议时对如何推动国家间信息共享缺乏规划，在实际操作中存在一定的"重业务、轻基础"的倾向，重视那些经贸、投资、项目、旅游等具体业务层面的合作，而对信息资源共享等基础性工作重视不够。从实际情况来看，我国主导或发起建立的"一带一路"相关国际组织或机构，如亚投行、上海合作组织、金砖银行等，都未建立起跨国数据共享机制，其网站也没有提供相关的信息服务。

二是在数据来源上，我国各机构在建设"一带一路"数据库时存在"重国内、轻国外"的问题，数据采集与开发利用主要依赖机构自身资源，稳定可靠的国外数据获取渠道较少，由此造成"一带一路"数据库内容同质化，各个数据库基本上都是以沿线国家概况、一带一路新闻动态、基本统计数据等易获得信息为主，而"走出去"企业所急需的"一带一路"详细数据和信息（如园区、企业、项目等）十分缺乏。

三是在数据开发上，当前国内各机构正在进行的"一带一路"信息资源开发利用方式比较单一，多是对沿线各个国家信息进行简单的堆砌和汇总，未按"一带一路"的特点对数据进行深度的集成整合和加工处理，而形成有质量的信息产品；同时，在数据开发利用时，在产品形式、产品质量、国际规范程度、语种多样性等方面都存在不足，服务范围十分有限，基本上都是为国内客户提供服务，无法走向国际，为沿线国家提供服务。

四是在数据规范上，国际标准是国际影响力的一种重要表现形式，国际组织和企业（以及主导这些组织和企业所在的国家）主导建立标准规范，也就主导了相应领域的话语权。我国近年来十分重视国际标准的研发与推广，但多集中在技术领域，对数据信息标准重视不够。即使在国内，不同"一带一路"信息机构也是各自为政、标准不一，阻碍了"一带一路"信息的整合与开发。

五是在组织机构上，我国在推进"一带一路"倡议时，缺乏相应的国际化体制支撑。在我国主导建立"一带一路"相关国际组织、签订的"一带一路"合作协议中，缺乏对跨国信息共享与合作的制度性安排，更没有像世行、OECD那样建立由国际基金会、援助项目等组成的支撑网络，由此造成国内信息机构的数据来源不畅。

五、小结与启示

综上，各国际组织（特别是由发达国家主导的国际组织）十分重视数据库建设与信息服务，并建立了行之有效的支撑体系，来推进区域信息资源的共享和利用。中国在推进"一带一路"倡议时，应充分借鉴国际经验，将"一带一路"信息资源共享与开发摆在推进"一带一路"倡议实施的重要位置，以更好地促进"一带一路"倡议实施。

为此，笔者建议国家将"一带一路"信息共享作为"一带一路"倡议的基础性工程之一，明确责任主体、落实经费保障、健全协调机制，着重做好以下工作。

（一）对外：健全"一带一路"信息国际合作体系

我国必须扭转目前"一带一路"数据库建设中"重国内、轻海外"的状况，加强海外信息合作机制建设，积极与相关国家积极开展国际信息合作，制定区域信息保护标准、投诉处理机制、刑事执法原则等一系列规则，以保障区域信息流通安全开展，[①]形成国内与国外联动的"一带一路"信息资源国际合作体系。当前我国可从以下方面着手：

---

① 张博卿：《日本数据流通发展策略带来的启示》，《中国计算机报》2019年第37期。

第七章 "一带一路"信息资源的跨国共享机制　　　　　　　　　　　　　　　　　　　　127

1. 将信息共享纳入"一带一路"合作机制

（1）将国家间的信息合作机制纳入"一带一路"倡议的重要内容，建立国际基金、设立援助项目，帮助信息工作水平较低的沿线国家提升信息采集和处理能力，鼓励"一带一路"沿线国家参与"一带一路"信息资源共享开发和数据库建设。

（2）我国主导建立的"一带一路"相关国际性组织或机构应当将跨国数据库建设作为重要工作内容，建立成员国的信息共享制度，加强数据库建设，完善相关信息服务。

2. 探索签订国家间信息共享协议

跨国信息传播涉及国家层面的法律法规，只能依靠国家之间的协商来解决。特别是在当前日益复杂多变的国际环境中，一方面，各国对本国信息资源有加强保护、限制流出的趋势；另一方面，不少国家出于政治、安全等方面的考虑，对其他国家的信息传播也存在警惕心态，对信息流入设限。在这种形势下，通过国家之间签约信息共享协定，有助于从法规层面上消除信息共享与传播障碍。从全球来看，通过国家协议来促进跨国信息共享与传播是可行做法。例如，2019年2月，日本与欧盟达成《欧盟日本数据共享协议》，在强力保障数据安全的基础上允许个人数据在欧盟和日本之间自由流动；2000年12月，美国商务部和欧盟签署"安全港协议"（Safe Harbor），2015年进行了协议更新，促进美国与欧盟之间的企业数据流动。我国可以借鉴这些做法，探索与"一带一路"沿线国家签订信息共享协议，促进相互之间的信息共享与合作。

（二）对内：提升"一带一路"信息产品的国际化开发能力

我国要改变目前以服务国内用户为主的数据库建设导向，强化面向海外市场的"一带一路"信息产品开发策略，不断提升国际化产品开发能力：

（1）加强国家部门掌握的"一带一路"相关信息资源的开放与开发，为国内信息机构提供基础性信息，使其能够集中精力进行海外数据的采集和国际化产品开发。

（2）要鼓励中国信息企业"走出去"，发展跨国信息企业，整合全球特别是"一带一路"信息数据资源，研发符合各国实际需求的信息产品；以"一带一路"倡议实施和信息开发为契机，加强"一带一路"数据标准的研制与推广。

（3）加强"一带一路"智库产品开发，引导智库机构利用"一带一路"数据库中的信息资源，研究形成多语种智库成果，并加强对外宣传力度。

（4）加强"一带一路"信息开发人才培养，形成一批既熟悉大数据技术又熟悉各专业领域，还对"一带一路"国际关系有一定了解的复合型人才队伍，为信息开发提供人才支撑。

第八章 "一带一路"信息服务与产品开发策略

"一带一路"信息资源收集、整合、组织的最终目标是开发"一带一路"信息服务与产品，满足政府、企业和社会对"一带一路"信息需求。据笔者调研，现有"一带一路"信息服务与产品的内容和形式都比较单一，只是对各方面信息资料进行汇总，产品的深度和效度仍有较大提升空间。

一、"一带一路"信息服务与产品的类型

"一带一路"信息服务与产品形态多样，根据不同的角度可以分为多种类型：根据信息载体，可分为文献型产品、电子化产品、网络型产品；根据专业领域，可分为经济信息服务与产品、科技信息服务与产品、文化信息服务与产品等；根据信息层次，可分为一次信息服务与产品、二次信息服务与产品、三次信息服务与产品。然而，信息服务与产品的最终形态是由其开发目标决定的，从目标着手来探讨产品开发策略无疑是十分重要的。

具体就"一带一路"而言，信息服务与产品开发的根本目的就是要揭示和分析沿线国家发展的全貌与动态。根据对"一带一路"理解的不同，相关产品的开发目的可分为三种：

一是将"一带一路"理解为沿线60多个国家的集合。相应地，信息服务与产品开发的目的是揭示各个国家的发展现状与趋势。

二是将"一带一路"理解为国与国家之间双边关系（特别是我国与沿线各国的双边关系）的集合，或相互之间有着紧密联系的国家网络。信息服务与产品开发的目的是揭示国家与国家之间的政策、经济、社会、文化、军事关系等。

三是突出"一带一路"中"带"和"路"的特点，将"一带一路"理解为多国之间由于地理位置邻近、经贸往来密切形成的"走廊"区域。相应地，信息服务与产品开发的目的应以"经济走廊"为中心来展开。

与上述目的对应，可将"一带一路"信息服务与产品分为以国家为中心、以双边关系为中心、以经济走廊为中心三种类型。如果将"一带一路"视为一个国际合作网络，以国家为中心的信息服务与产品揭示了其中各个"点"的信息，以双边关系为中心的信息服务与产品揭示了其中各条"边"的信息，而以经济走廊为中心的信息服务与产品则揭示了其中各种要素"流"的信息。从目前国内"一带一路"数据库的建设状况来看，这些数据库提供的大多数信息服务与产品都是以国家为中心的（见表 8-1），显示目前"一带一路"的信息资源加工深度尚不足，"一带一路"信息服务和产品还不够丰富。

表 8-1 国内重点"一带一路"数据库的信息服务与产品类型

数据库和信息平台	主办机构	信息服务与产品类型	典型信息产品与服务
中国"一带一路"网	国家信息中心	以国家为中心	新闻资讯、各国概况、项目
		以经济走廊为中心	海上丝路贸易指数、"一带一路"航贸指数、外贸出品先导指数
新华丝路数据库	新华社	以国家为中心	动态、研报、案例、项目、数据
"一带一路"数据库	社会科学文献出版社	以国家为中心	国家库、投资指南、实践探索
"一带一路"统计数据库	中国经济网	以国家为中心	各国概况、国家统计数据
		以双边关系为中心	双边贸易数据、贸易依存度分析、双边投资数据
		以经济走廊为中心	"一带一路"指数以及新亚欧大陆桥、中国—中亚—西亚经济走廊、中巴、中蒙俄、中国—中南半岛、孟中印缅、21世纪海上丝绸之路数据

(续表)

数据库和信息平台	主办机构	信息服务与产品类型	典型信息产品与服务
"一带一路"工业和信息化数据库	电子工业出版社	以国家为中心	产业指数库、政策法规库、工业文明库、案例库
丝路信息网	上海社会科学院	以国家为中心	国际动态、丝路国家库、丝路城市库、统计数据库

（一）以国家为中心的信息服务与产品开发

"一带一路"信息的单点聚合，将与某个国家相关的各方面信息进行收集和整理，形成关于该国的综合信息库。单点聚合有助于人们通过访问一个数据库或一个网站，就能了解关于某个沿线国家的全貌，是最基本也是最常见的"一带一路"信息资源组织方式。目前国内几乎所有"一带一路"数据库中都开设了"国家库"或"国家频道"板块，其背后的信息组织方式大同小异，都是按区域、字母顺序对沿线国家进行排列，然后再将与某国相关的信息按基本概况、历史文化、经济、政治、对华关系等主题进行组织，形成关于各国的"百科全书"。"一带一路"国家信息的组织中，其难点主要有以下方面：

1. 多源知识融合

关于某个国家的信息是十分丰富和多样的，分散存在于图书、论文、网络和数据库之中，其形式可以是论文、网页、数据甚至是网上的片言碎语。"一带一路"国家信息聚合中的一大难题是如何将与某国有关但又分散和异构的信息进行汇集、关联和整合，实现沿线国家的多源知识融合。

一是对特定主题的知识进行整合，实现关于某国的多元知识汇聚。其主要任务是从不同类型的知识实体中辨识关键主题，从而将分布式环境下同一领域内具有高相似度主题的分散知识进行关联和合并。[1]实现知识主题聚合的主要方

---

[1] 鲁慧民、冯博琴、赵英良：《主题图融合技术研究综述》，《计算机科学》2009年第4期。

法包括基于语义的知识融合算法、D-S 理论的融合算法、主题图的融合算法、模糊集理论的融合算法等。①

二是解决知识之间的表达不一致问题，消除语义冲突。异构知识的不一致通常包括概念名称的不一致（如凤梨和菠萝表征同一概念，但名称不同）、时间日期的不一致（如公元纪年、农历、古历）、计算单位的不一致（如公斤、市斤、磅）、属性的不一致（如血压 170 mmHg 和高血压具有主题相度相似度）等。②对于存在表达不一致的结构化文本，可以采取同义词表（解决概念不一致）、单位转换表（解决计算单位不一致）、日期转换、模糊处理等方法来进行知识修正和归集。③

2. 多语言信息聚合

"一带一路"信息组织的另一大难题是解决多语言信息的聚合问题，因为"一带一路"沿线国家使用的语言十分众多，关于沿线国家的信息特别是一手信息，往往都是本地语言。而"一带一路"信息资源开发利用必须能将这些不同语种的信息进行分类归集。对这一问题，目前主要有两种思路：

一是直接将不同语种文档按标准规则进行组织。例如，一些学者研究的多语言文本分类，旨在将不同语言的文档自动归入事先建立的分类体系中。④具体到信息组织方法，Gliozzo 与 Strapparava 提出了一种通过从可比语料库中获取多语言域模型（multilingual domain model，即由多语种词汇组成的词串的集合）来实现多语言文本分类的方法，该方法无须人工干预，也无须引入双语/多语词典等外部跨语种语言资源。⑤

---

① 党洪莉：《知识科学视角下我国知识融合研究现状解析》，《情报杂志》2015 年第 8 期。
② 闫昱姝、雷玉霞：《多源文本知识融合算法分析》，《软件导刊》2018 年第 5 期。
③ 雷玉霞、陈娟、韩永花：《多框架知识的不一致性检测与修正算法》，《计算机工程与应用》2016 年第 22 期。
④ 司莉、庄晓喆、贾欢：《近 10 年来国外多语言信息组织与检索研究进展与启示》，《中国图书馆学报》2015 年第 4 期。
⑤ Gliozzo A，Strapparava C，"Cross language text categorization by acquiring multilingual domain models from comparable corpora"，*Association for Computational Linguistics*，No.1，2005.

专栏 8-1　"一带一路"的多语言多源信息的主题聚合

为了分析"一带一路"信息组织过程，本章利用构造了一个有关"一带一路"的多语言多源信息的主题聚合原型系统。其拓扑结构图如图 8-1 所示：

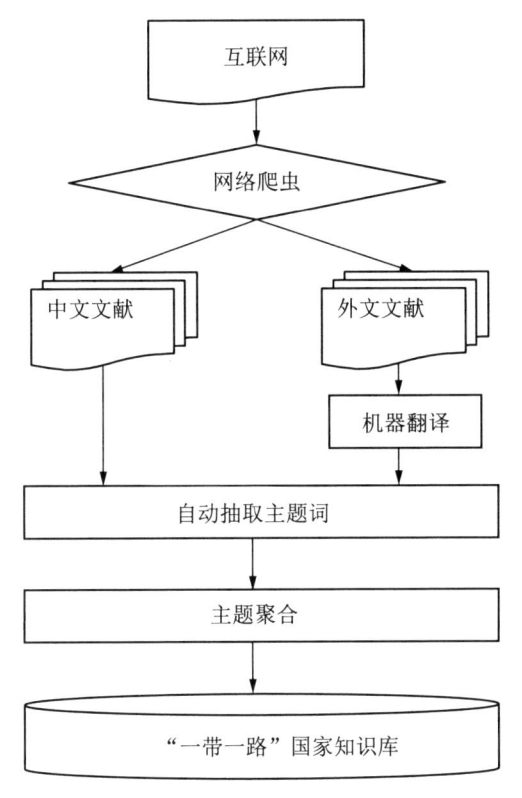

图 8-1　"一带一路"信息主题聚合原型系统拓扑结构图

本章采用 Python 构建以上原型系统，其中机器翻译采用百度翻译的 API 接口，自动抽取主题词采用 LDA 模型。最后，根据主题词中的国家属性（如俄罗斯、印度、菲律宾等）和领域属性（如经济、政治、文化等），将其归入对应的一个或多个国家的知识表的相应类目之中，形成综合性的"一带一路"国家知识库。笔者采用多家"一带一路"智库研究机构网站作为信息

> 源，采用上述原型系统进行实验，结果表明，采用目前的数据爬取、机器翻译、自动归类等技术，可基本实现多语种数据的归集，并形成可供人阅读的知识库。

二是先将多语种信息进行自动翻译，转化为同一语种（如中文或英文），然后再按单一语种组织规则对信息进行处理。目前基于人工智能的机器翻译技术已逐步成熟，虽然尚不能达到完全替代人工的水平，但翻译的结果已基本满足对文档进行主题分类的需要。例如，有研究人员利用在线语义词库 Word Net 的 2.1 版进行英语和西班牙语文献的文本分类，首先利用机器翻译将西班牙语文献译为英语，同时将 Word Net 改造为本体，再为 Word Net 中的概念构建同义词集合，并建立集合间的上下位关系，形成概念范畴体系，然后生成待分类文献的概念矢量并赋予权重，最后计算概念矢量与类目轮廓间的相似度。[①]

（二）以双边关系为中心的信息服务与产品开发

"一带一路"由众多国家组成，研究国与国的关系特别是分析中国与沿线国家的关系，是"一带一路"研究和相关决策中的重要内容。相应地，"一带一路"信息组织的另一种重要方式是按国家之间关系来对信息进行处理，以反映国与国之间在某个领域的差距或联系现状、特点、问题和趋势等。具体而言，以双边关系为核心的信息服务与产品开发又可以分为两类：

一是一国与多国之间的关系。通过采集和展现某个国家（主要是中国）与"一带一路"沿线国家在经济、贸易、科技、文化等方面的联系数据，从而为我国政府和社会组织在制定相关领域的决策时提供依据。据笔者调查，目前国内

---

① Amine B，Mimoun M，"Word Net based multilingual text categorization"，*Arab Computing Society*，No.1，2007.

外相关信息服务与产品较多集中于中国与沿线国家的贸易关系和科技合作关系，因为这两个领域的数据比较容易获得。

二是多国与多国之间的关系。通过采集和展现多个国家（地区）之间在经济、贸易、人口等方面的流动数据，反映多国、"一带一路"沿线甚至全球各国在某个领域的关系，从而帮助决策者了解该领域的全貌。

专栏 8-2　"一带一路"经济增值网络[①]

"一带一路"倡议的核心是经济合作，通过信息服务与产品来展现沿线各国之间的经济联系是十分重要的。世界银行利用联合国贸易统计数据库、经合组织与世贸组织的增值贸易数据库，开发了一系列信息工具，目的是描述"一带一路"经济体之间在总贸易以及增值贸易方面的联系，从而反映沿线各国的生产协作水平。

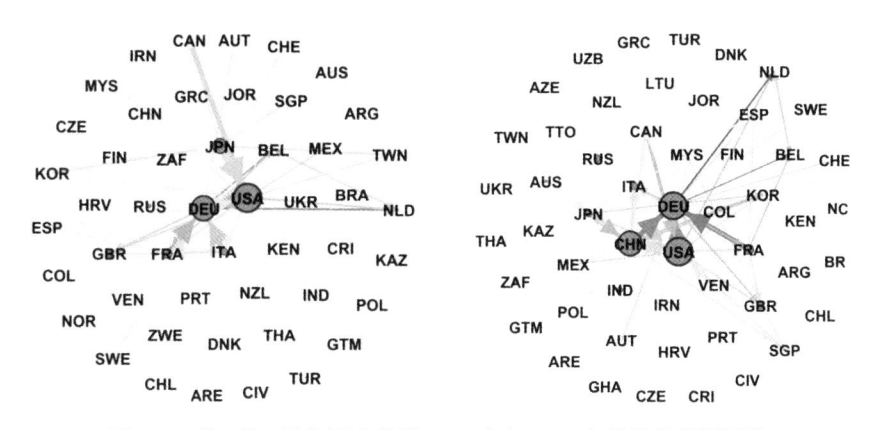

图 8-2　"一带一路"国家沿线 1995 年与 2015 年的增值贸易网络

图 8-2 是其中的一个信息服务与产品，用于展示各国之间的贸易增值关系。传统上较多采用的国家间总贸易数据无法全面反映生产联系的重要性，

---

① 参见 http://documents1.worldbank.org/curated/en/460281525178627774/pdf/WPS8423.pdf。

> 而增值贸易更能体现国家之间联系的紧密度和贸易地位。从图8-2可以看出，"一带一路"沿线经济体之间的贸易一体化程度明显提高，1995年为30.6%，到2015年为43.3%。同时，在1995年全球贸易增加值的主要来源是美国、德国、日本等发达国家，而2015年中国已成为第三大增加值来源。

（三）以经济走廊为中心的信息服务与产品开发

经济走廊（Economic Corridor），狭义上是指交通主轴上以大中城市为依托形成第二、三产业为主体的发达带状经济区域；广义上是指经济要素在一定的地理区域内不断集聚和扩散而形成的经济空间形态。[1]本章根据"一带一路"的特点以及相关研究成果，将"一带一路"经济走廊分为两个层面：

一是国家层次的经济走廊，即由沿线国家组成的经济走廊。根据我国2015年3月公布的《推动共建丝绸之路经济带和21世纪海上丝绸之路的愿景与行动》，"一带一路"六大经济走廊是指中国正与"一带一路"沿线国家积极规划中蒙俄、新亚欧大陆桥、中国—中亚—西亚、中国—中南半岛、中巴、孟中印缅六大经济走廊建设。

二是城市层次的经济走廊。即沿线国家中的核心国际城市与腹地内经济实力较为雄厚的次级城市跨区域乃至跨国扩展联合形成的，并最终为沿线国家和地区寻求融入世界经济体系中提供平台支撑。[2]

以经济走廊为中心的信息服务与产品可以从国家和城市两个层面来展开，但不应只是经济走廊沿线国家或城市的相关信息的堆积，而应当反映沿线国家

---

[1] 杨振山：《区域经济合作视角下经济走廊的类型与影响》，《区域经济评论》2018年第3期。

[2] 屠启宇等：《国际城市蓝皮书：国际城市发展报告（2017）》，社会科学文献出版社2017年版，第155页。

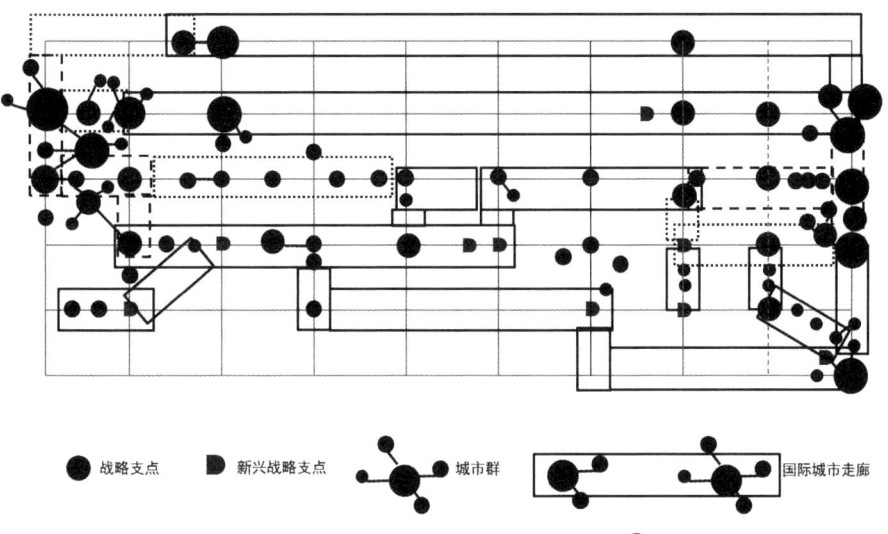

图 8-3 "丝路城市走廊"逻辑示意图①

与国家之间、城市与城市之间的社会、经济、文化联系。有文献②指出,经济走廊产生的原因在于经济本质要求要素流动以及控制流动成本。因此,以经济走廊为中心的信息服务与产品应当从交通通道、贸易往来、人员流动、技术扩散、政策对接等角度充分反映商品、资金、人才、知识等生产要素在次区域的流动情况与趋势,为经济走廊沿线各国政府与企业参与经济走廊发展提供决策依据。

然而,笔者考察了国内目前几个比较典型的基于"经济走廊"的"一带一路"信息平台(见专栏 8-3),发现这些平台提供的服务与产品仍只是简单地将相关信息进行聚合,未能对国家之间、城市之间的关联与要素流动情况进行深度揭示,这是未来"一带一路"信息资源建设需要突破之处。

---

① 屠启宇等:《国际城市蓝皮书:国际城市发展报告(2017)》,科学文献出版社 2017 年版,第 156 页。
② 卢光盛、邓涵:《经济走廊的理论溯源及其对孟中印缅经济走廊建设的启示》,《南亚研究》2015 年第 2 期。

专栏 8-3 "一带一路"经济走廊信息服务

(一)"一带一路"经济带数据库[①]

由中国经济信息网开发的"一带一路"统计数据库中,将"一带一路"细分为海上丝绸之路、孟中印缅、中国—中南半岛、中蒙俄、中巴、中国—中亚西亚、新亚欧大陆桥 7 个经济带,并开发了相应的数据服务。对每个经济带,可提供沿带各国的基本状况、中国与沿带国家的贸易状况、与沿带国家贸易联系紧密的国内省市状况、沿带国家贸易指数等信息。图 8-4 显示"孟中印缅"经济带数据库。

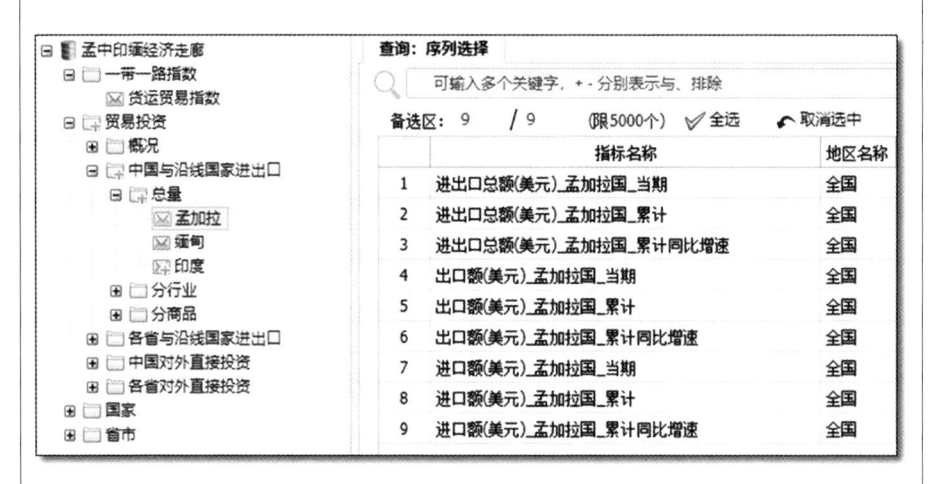

图 8-4 中国经济信息网的"孟中印缅"经济带数据库

(二)中—蒙—俄经济走廊生态环保大数据[②]

由内蒙古自治区生态环境厅主办的中—蒙—俄经济走廊生态环保大数据服务门户网站以生态文明、绿色发展理念为指导,推动我国绿色发展理念、环保标准和环保技术"走出去",支持蒙古和俄罗斯绿色转型,促进绿色贸

---

① 参见 https://ydyl.cei.cn/。
② 参见 http://106.74.0.139:81/。

易、绿色投资、绿色基础设施建设，打造利益共同体、责任共同体和命运共同体。对外，与俄罗斯、蒙古等国实现生态环境信息的共享与服务，增强区域内的环境协同和综合应对能力；对内，为我国环保产业和高新技术"走出去"、国际产能合作、基础设施投资提供生态环保基础信息支持。

图 8-5　中—蒙—俄经济走廊生态环保大数据服务门户

（三）中—蒙—俄经济走廊气候背景及变化数据①

由中国国家青藏高原科学数据中心提供的中—蒙—俄经济走廊气候背景及变化数据集（V1.0）（1981—2019），可为中—蒙—俄经济走廊气候变化及其对冻土、沙漠化等影响研究提供基础气候数据。数据选取了 ERA5 气候再分析数据的陆地表面气候再分析数据集（ERA5-Land）。本数据集采用反距离权重（IDW）法对原始数据进行插值，使其空间分辨率达到 10 千米。基于该数据集，可得到过去 40 年中—蒙—俄经济走廊区气候要素时空分布格局。

---

① 参见 https://data.tpdc.ac.cn/zh-hans/data/15413837-59de-43d6-9879-04a67384bbbd/。

二、"一带一路"信息服务与产品的形态

"一带一路"信息服务与产品，除了最基本的数据库（涵盖一次情报产品和二次情报产品）之外，还包括各类三次情报产品，包括指数产品、可视化产品、智库产品等。

（一）指数形式的信息服务与产品

综合发展指数法是一种应用十分广泛的分析方法，其利用一个或少数几个数值，来确切地、定量地反映复杂经济社会等现象的总体变动方向、程度和实际效果，以及不同对象、不同领域之间的差异程度和变化趋势。

指数法也是"一带一路"信息资源开发的最常见方式之一。目前国内外相关机构开发的"一带一路"指数多达数十种。持续发布时间较长、社会影响力较大的代表性指数有以下几种（见表8-2）：

表8-2 几种有代表性的"一带一路"指数

名称	开发机构	内容	持续时间
"一带一路"大数据指数	国家信息中心	国别贸易合作、省市外竞争力、企业影响力、智库影响力和媒体关注度	每年更新
"一带一路"沿线国家五通指数	北京大学	沿线国家政策沟通、设施联通、贸易畅通、资金融通、民心相通发展水平	每年更新
"一带一路"国家基础设施发展指数	中国对外承包工程商会	国家基础设施建设领域的发展环境、发展潜力和发展趋势	每年更新
"一带一路"国家投资指数	德勤 上海市商务委员会	"一带一路"投资的新趋势，以及沿线各国的新热点与变化	每年更新
"一带一路"航贸指数	上海航运交易所	"一带一路"贸易额、货运量、运价	实时
"一带一路"工程投资指数	中国工程科技知识中心	投资便利度、投资潜力	每年更新
"一带一路"总指数	财新智库和数联铭品	资本流通、实物贸易、双边关系、人口流动	每月更新

除此之外，许多研究机构和学者在著作、皮书、论文、研究报告中，也开发和编制了各类"一带一路"指数，涵盖经济、社会、政治、法律、文化等领域，但这些指数往往只是一次性的，没有进行连续的研究和发布。

指数的类别有多种分类方式，具体到"一带一路"倡议，国内政府和社会希望了解的信息大致是三种：沿线各国的发展状况；沿线各国与我国的关系发展状况；综合反映各国国情和相互关系。相应地"一带一路"指数也可以分为三类：

1. "一带一路"国家发展指数

"一带一路"国家发展指数是通过采集能反映沿线国家经济、社会、文化、政治发展状况的数据或资料，并将其进行标准化和合成，形成量化描述沿线国家、区域或"一带一路"区域在某一方面或综合发展水平的指数。

典型的"一带一路"国家发展指数如"一带一路"国家基础设施发展指数（由中国对外承包工程商会开发和发布），反映沿线各个国家的基础设施建设水平和营商环境状况，就属于此类。

2. "一带一路"国家对华合作指数

"一带一路"国家对华合作指数是通过采集能反映我国与沿线国家在经济、社会、文化、政治等的联系状况的数据或资料，并将其进行标准化和合成，形成能量化描述我国与沿线国家在某一方面或综合联系水平的指数。

典型的"一带一路"国家对华合作指数如"一带一路"大数据指数（国家信息中心），反映了我国与沿线各国的贸易状况以及各省市参与"一带一路"的程度。

需要注意的是，也有少数"一带一路"国家合作指数反映的是沿线国家相互之间（而不只是沿线国家与我国之间）的经贸联系状况，典型的如上海航运交易所的"一带一路航贸指数"，定量描述"一带一路"沿线国家和地区相互之间的贸易额、货运量、运输价格三者之间的变化和相互关系，成为反映"一带一路"国家间经贸往来的"晴雨表"。

3. 综合型指数

一般而言，我国政府、企业和社会在选择对外合作对象和合作方式时，通常既要考虑对方国家（地区、企业等）自身的发展状况，要求合作潜力大，而成本低、风险小，也要考虑其与我国的关系状况，友好而稳定的国家间关系无疑是对外合作的必要条件。因此，许多"一带一路"指数既包括了沿线国家发展状况指标，也包括了沿线国家对华联系指标。

如中国工程科技知识中心开发的"一带一路"工程投资指数，其中既有反映沿线国家的经济状况、政治风险、营商环境等国家发展状况指标，也有反映沿线国家对华友好程度、人员来往便利度、双边贸易状况等国家间关系的指标。

专栏 8-4　"一带一路"信息化发展指数

信息化建设状况是一个国家十分重要的基础建设，也在相当程度上决定了一个国家的营商环境。这里以"一带一路"国家信息化发展指数为例，分析"一带一路"指数的构建方法。

根据国家信息化的内涵出发，笔者将"一带一路"国家信息化水平指数分为信息化基础设施、信息化使用、信息产业发展、信息社会应用等几个方面。参照前文对信息化评估框架以及对信息化现状评价体系的构建，描述"一带一路"国家信息化水平的数据框架和来源（见表8-3）。

表 8-3　"一带一路"信息化评价数据及其来源

一级指标	二级指标	指标数据	数据来源
基础设施	网络覆盖	移动网络覆盖	国际电联
		固定网络覆盖	国际电联
	网络速度	人均出口带宽	国际电联
		固定网速	国际电联
		移动网速	国际电联
	网络安全	安全服务器数	世界银行

(续表)

一级指标	二级指标	指标数据	数据来源
设备使用	设备拥有量	个人移动电话拥有率	国际电联
		个人电脑拥有率	国际电联
		家庭固话拥有率	国际电联
	网络使用量	网民率	国际电联
	网络使用价格	固定网络使用价格	国际电联
		移动网络使用价格	国际电联
产业发展	信息产业	高科技进出口占比	世界银行
		电信从业人员数	国际电联
	产业结构	非农产业占比	世界银行
	ICT进出口	ICT产品进口占比	世界银行
		ICT产品出口占比	世界银行
		ICT服务进口占比	世界银行
		ICT服务出口占比	世界银行
社会应用	电子政府	联合国电子政务指数	联合国
	商业信息	企业信息披露程度	世界银行

对以上数据采用了标准化的处理方式。所有的数据都调整到[0，1]区间上。这样的处理既能够去除数据单位和量纲的影响，也便于各个变量之间的相互比较和计算。在指标权重的处理上，"一带一路"国家信息化指数采用等权加总的方式，即对各级指标都赋予相同的权重。

依据信息化现状评价框架，以2020年数据计算"一带一路"各个国家的基础设施、设备使用、产业发展、社会应用四个方面的得分，并以这四个方面等权相加得到描述"一带一路"国家信息化水平的得分（见表8-4）。

表8-4　"一带一路"国家信息化发展水平比较（示例）

国家	基础设施	设备使用	产业发展	社会应用	信息化水平
新加坡	0.544	0.751	0.925	0.879	0.775
日本	0.729	0.740	0.800	0.797	0.766

(续表)

国　家	基础设施	设备使用	产业发展	社会应用	信息化水平
韩　国	0.712	0.735	0.601	0.946	0.748
中　国	0.597	0.576	0.780	0.804	0.689
爱沙尼亚	0.499	0.814	0.560	0.854	0.682
马来西亚	0.331	0.749	0.765	0.809	0.663
捷　克	0.479	0.733	0.627	0.760	0.650
波　兰	0.463	0.732	0.511	0.861	0.642
巴　林	0.348	0.888	0.400	0.887	0.631
拉脱维亚	0.385	0.765	0.502	0.841	0.623

以上述评估结果为依据，我们可以从国家之间、区域（东北亚、东南亚、南亚、中东及北非、中东欧等）之间、领域（基础设施、设备使用、产业发展、社会应用）之间等角度，对沿线国家和区域之间的信息化发展水平进行定量的比较和分析，从而准确掌握各国信息化建设状况、优势劣势、发展趋势以及未来发展潜力。

（二）可视化方式的信息服务与产品

信息可视化是利用计算机视觉技术对抽象数据以图像、视频、三维空间等方式进行形象、交式展现，以增强人们对这些抽象信息的认知。[1]显然，可视化的数据表示更为直观，比电子表格中的繁杂数据信息更容易被理解和记住，而且信息图表能够让读者快速理解和把握复杂的特征和规律，查看特定的模式或关系。特别是对于"一带一路"信息服务而言，众多的沿线国家、丰富的数据要素、复杂的相互关系，更需要采用可视化的方式来进行展示，让政府、企业和社会能尽快地抓住信息服务与产品的要点。

---

[1] 周宁：《信息组织学教程》，科学出版社2007年版，第44页。

专栏 8-5　各国产业和贸易数据的可视化

(一) 世界粮食出口状况①

世界粮农组织利用可视化方式,将主要国家(地区)之间 2000 年和 2010 年粮食出口情况进行表达。

其一,世界几种大宗粮食产品的主要出口流向:大豆主产地为美国和南美各国,其中:美国主要出口到中国,南美则大多数出口到欧洲,少数出口到中国;棕榈油的主产地是东南亚国家,出口目标国是南亚和欧洲;小麦主产地是美国,主要销往日本,同时俄罗斯有少量小麦销往中亚;其二,自 2000 年之后的 10 年中,世界几种大宗粮食产品(大豆、棕榈油、小麦)的出口额都有一定的增长,而其中美国和南美国家出口到中国的大豆数量呈大幅增长趋势。

(二) 世界用于新能源的稀有金属生产情况②

位于荷兰的生态经济研究机构 Metabolic 致力于为政府、企业和非政府组织提供生态和环境领域的咨询服务。该机构对全球绿色能源设备(风电涡轮机、太阳能电池板等)制造进行跟踪,分析各用于新能源装备生产的稀有金属(如钕、银、铟等)生产情况及用途,形成以下可视化图(见图 8-6)。

从图 8-6 中可以看出,中国、澳大利亚、墨西哥、秘鲁等国占据了国际上绝大部分稀有金属市场,其中又以中国为行业主导者,在全球向清洁能源过渡的过程中,世界其他地区将越来越依赖从以上几个国家进口稀有金属。但也可看出,中国主导了用于风力发电涡轮机生产的原材料,而用于太阳能电池板的稀有金属生产,则由中、澳、墨、秘以及其他国家平分秋色。

---

① 参见 http://resoucesfutures.org/#!/new-interdependencies。
② 参见 https://www.metabolic.nl/news/why-data-visualization-is-critical-to-driving-sustainable-change/。

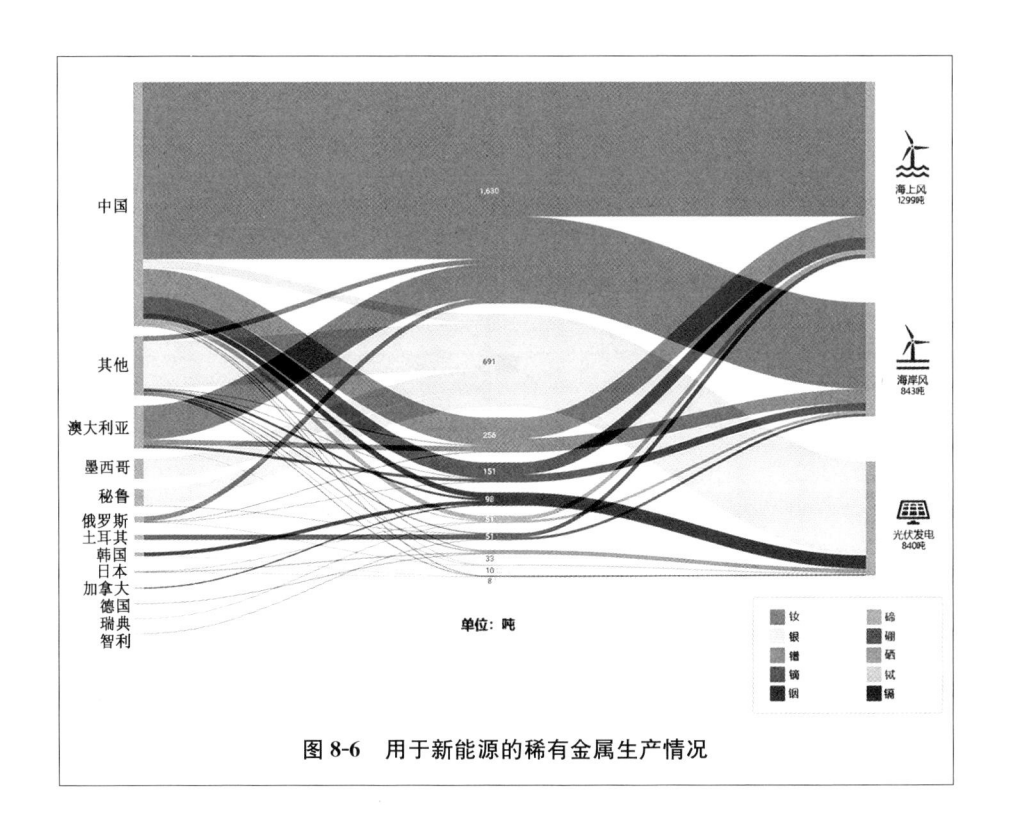

图 8-6　用于新能源的稀有金属生产情况

三、"一带一路"信息服务与产品开发策略

"一带一路"信息服务与产品开发不仅是一个技术问题，也是一项产品营销工作。现实中不少信息机构所开发的"一带一路"信息服务与产品之所以难以获得社会认可，主要原因在于这些机构只重视信息内容和处理技术，而忽视信息服务与产品开发的策略和方法。

（一）信息服务与产品开发的一般步骤

传统的信息服务与产品开发一般包括五个步骤，即信息获取、处理、存储/

检索、分发和展示,从而将原数据转化为信息服务与产品。①但这种传统的信息服务与产品开发模型完全是基于信息视角,与竞争激烈、高度活跃的信息市场发展形势不相适应。在以市场为导向的视角中,一个完全的信息服务与产品开发周期应当包括以下步骤:

1. 确定目标

信息服务与产品开发是问题导向的,优秀的信息服务与产品应当解决特定的问题。首要,须明确客户需求,并确定如何解决此问题;其次,信息用户需要的并非繁杂数据,而是需要能产生独特价值的分析结果和解决方案。因此,最终的信息服务与产品应当具有知识的多样性和深刻的揭示力。为此信息机构在进行信息服务与产品开发之前应当明确服务与产品特征,包括:

(1) 广度:数据应具有广泛性,能涵盖整个市场或整个行业,而不是仅反映某一个细分领域的碎片化数据。

(2) 深度:能从各个数据来源中深入获取数据,并发现以前不可见的数据关联。

(3) 维度:能整合来自不同行业、不同来源的数据,从而对某一事物进行多个维度的揭示。

(4) 直观:信息服务与产品应当既有专业见解,又易于理解。

2. 获取数据

确立产品目标之后,便需要根据目标进行数据采集。信息机构应当按照信息服务与产品的概念模型来确定信息需求并找到信息源,而不应当仅限于本机构拥有的数据。关于如何整合利用国内外的"一带一路"数据,本书前文已论述,不再赘述。除了获取结构化数据外,信息机构还应该充分利用互联网及其他公开媒体上的非结构化数据(如国内外新闻、政策法律、社交媒体评论等),形成机构内部数据与外部数据相结合、结构化数据与非结构化数据相结合的信

---

① Marc H. Meyer and Michael H. Zack, "The Design and Development of Information Products", *MIT Sloan Management Review*, No.2, 1996.

息获取网络。

3. 数据处理

数据处理是数据加工、提炼、分析的过程，目标是从各个数据单元的组合中发现对信息用户有价值的潜在特征、规律或其他结论。以往信息机构多采用人工方法进行信息处理，而在当前的人工智能时代，许多智能化的自动数据工具可帮助人们快速进行海量数据的分析处理，特别是基于人工智能的机器学习和算法处理可以快速地对数据进行分类、关联、个性化，并创建对信息用户具有重要价值的数据模型。

4. 产品分发

在互联网日益普及的今天，除面向特定机构和人员的信息服务与产品外，"一带一路"信息服务与产品主要是通过互联网（包括互联网、移动互联网、云平台等）进行分发。需要指出的是，许多信息机构常常利用各类智能手机平台（如微信、手机 APP 等）进行信息服务与产品分布，在这种分布式环境中，产品发布的时间和频率是十分关键的因素：信息服务与产品必须连续可用，并且必须不断更新，以保持用户对平台的关注度。"一带一路"发展形势瞬息万变，但笔者发现现实中许多"一带一路"信息平台中的信息更新速度很慢，常常一周甚至更久再更新内容，在信息大爆炸的智能移动时代，这种平台容易让用户失去兴趣。

5. 市场反馈

信息市场的竞争、新数据源的出现以及决策需求的变化，都要求信息机构监控产品使用情况，并实现信息服务与产品持续创新。在互联网时代，信息机构可以利用社交媒体平台来聆听市场声音，如利用博客、微信和调查平台来评估客户对现有信息服务与产品的看法；利用在线测试平台快速测试在线信息服务与产品的新功能；利用后台日志分析用户使用产品的各种量化指标（如查看、点击、下载等），以实现信息服务与产品的不断更新。

（二）人工智能对信息服务与产品开发的影响＊

高质量信息服务与产品的开发离不开信息技术的支持，特别是"一带一路"信息资源开发中面临着内容庞杂、类型众多、数据异构、需求多样等难题，更需要借助各种新兴数字技术来实现信息加工、知识萃取、供需对接、工作协同。人工智能是新一轮科技革命和产业变革的重要驱动力量，与以前的各个重大技术突破相比，智能技术以更高水平接近人的智能形态而存在，其在人类生产生活各领域中的广泛应用，将引发产生新的链式突破，推动人类社会从数字化、信息化、网络化向智能化加速跃进。在人工智能时代，"一带一路"信息服务与产品开发也应当搭上人工智能的快车，推动开发技术与流程的持续创新。

1. 人工智能对信息开发方法的影响

人工智能在信息开发中的应用包括两个方面：一是信息分析以结构化数据作为主要分析对象，将转为关注非结构化数据和其他类型数据；[1]二是将引入智能感知、协同分析、视觉搜索、自然语言处理、情境感知、信息可视化、边缘计算等新技术，驱动信息开发方法发生新的变革。

（1）从有机分析到无机分析。传统信息开发工作中虽然大量引进了计算机、网络及各类先进的信息分析系统，但人仍然是信息开发工作的主体，信息技术只是起到辅助支撑作用。然而当前人工智能飞速发展，已经表现出远远超出人类的强大分析能力和分析速度，传统的以人工分析为主的方法体系（有机分析），必然会被计算机智能化分析方法为主的新型方法体系（无机分析）所取代。

（2）从确定性方法到不确定性方法。目前信息分析普遍采用的是确定性研究方法论，[2]只能处理那些边界明确的问题以及概率性问题，而大量的社会复杂问

＊ 本节部分内容已发表。丁波涛：《人工智能时代的情报学发展与创新——基于情报交流理论的视角》，《情报学报》2021年第3期。
[1] 彭知辉：《数据：大数据环境下情报学的研究对象》，《情报学报》2017年第2期。
[2] 刘永君、栗琳：《人工智能时代情报学的危机及对策》，《情报理论与实践》2017年第12期。

题都是开放的、可能性问题，只有依靠人来完成。近年来人工智能不断发展与创新，其对于不确定性研究对象的分析能力已经超过了人类，而且对于大量、多维数据分析占有绝对优势。因此未来模糊逻辑、贝叶斯网络、模糊神经网络等不确定性方法将被广泛引入信息分析之中。

（3）从实证分析到知识自动发现。传统的"假设—模型—验证"的科学模式是一种自上而下的决策分析过程，[1]在新的技术环境下这种基于实证的研究方法已经过时。[2]人工智能时代的信息分析将从海量数据中自动发现强关联规则，是一种自下而上的知识发现过程。知识发现（KDD）概念的首次提出是在1989年第11次国际人工智能联合学术会议上。[3]只有借助人工智能，信息开发工作才能突破浅层次的数据库检索、查询和分析，转向对信息进行整合、分析和推理，将信息自动地变成知识和智慧，以指导实际问题的求解并预测未来发展。

2. 人工智能对信息服务与产品开发工作的影响

（1）开源情报成为重要信息源。黄长著先生曾指出，情报工作既包含隐蔽情报，也包括从公开渠道获得文件、资料来判断一个国家的趋势和走向。[4]不过传统情报工作对象的主体仍是文献、资料、数据库以及一些特殊情报源等，而且往往越稀缺、越隐蔽、越不为人所知，情报就越有价值。

然而，信息不一定是秘密才有价值。在大数据时代，互联网、Web 2.0、传感器以及政府数据开放、企业年报等都提供了源源不断的信息供给。与传统信息源相比，开源情报（OSINT）不仅成本更低、更及时、更准确，而且能提供特定目标或事件的发展背景和整体视图。例如，对重大国际事件，利用开源情报不仅可以获知某国官方的真实观点，还可以评估该国不同社会群体的看法，

---

[1] 夏立新、陈燕方：《大数据时代情报危机的发展演变及其应对策略研究》，《情报学报》2016年第1期。
[2] Chris Anderson, "The End of Theory: The Data Deluge Makes the Scientific Method Obsolete", *Weried Magazine*, No.7, 2008.
[3] 臧其事：《基于人工智能的知识发现》，华东师范大学博士学位论文，2008年，第25页。
[4] 黄长著：《对情报学学科发展的几点思考》，《信息资源管理学报》2018年第1期。

并随着时间的推移跟踪其变化趋势和规律，从而在相关合作和谈判中占据主动。

但正如美国中央情报局专家所指出的，开源情报是公开、免费的，但并不意味着是容易的。①开源情报不仅数量庞大，而且是多来源、多语种、多介质、多类型、多结构和多文化背景，需要将高级信息搜索与处理技术与多外语技能、多元文化知识、特定专业背景以及情报敏感性结合起来，才能对其进行有效的分析处理，难度很高。

"一带一路"信息资源开发本身就是以开源信息为主，面临着上述诸多难题。人工智能技术提供了强大的智能计算以及情景感知、自动翻译等能力，信息机构可以更加便利而准确地利用开源情报，对特定机构或人员的行为特征、活动规律和未来动向进行判断。正因为如此，开源情报日益得到全球重视。据估算，全球开源情报市场规模为 28.66 亿美元，预计到 2023 年将超过 70 亿美元。②可以预测，在人工智能环境中开源情报在信息开发工作中的地位将显著上升，成为主流内容之一。

（2）信息开发过程的工程化。"一带一路"信息资源开发需要多专业人员参与。这些背景不同、专业各异的人员如何高效协作，是"一带一路"信息资源开发面临的主要难题之一，而信息工作工程化为破解这一难题提供了新思路。所谓工程化就是把经验、技巧、知识、常识进行固化、理论化和规范化，构建一个可重复创造有价值产品的最优系统。③信息工程是以工程化思维实施信息开发工作活动的流程，将整合工程思维和信息理论、方法、技术应用于具体信息

---

① CIA，"INTellingence：Open Source Intelligence"，2010 年 5 月 1 日，https://www.cia.gov/news-information/featured-story-archive/2010-featured-story-archive/open-source-intelligence.html，访问日期：2019 年 3 月 16 日。
② "Market Research Future：Open Source Intelligence（OSINT）Market Research Report-Global Forecast to 2023，" 2018 年 6 月 4 日，https://www.marketresearchfuture.com/reports/open-source-intelligence-market-45，访问日期：2019 年 2 月 12 日。
③ 李阳、李纲、张家年：《工程化思维下的智库情报机能研究》，《情报杂志》2016 年第 3 期。

开发实践过程中，实现信息来源大数据化、信息处理自动化、情报流程集成化、系统结构复杂化、系统运作协同化。①

传统信息开发工作模式较多依赖特定专业知识和行业经验，导致信息分析过程与信息分析人员高度耦合，造成信息开发流程难以切分，这是以往信息开发工作难以工程化的原因所在。只有在人工智能环境中，才能实现信息开发工作经验、技巧、知识、常识的固化，使其脱离具体个人，将信息分析与服务由个体劳动转为工程作业，从而使信息开发工程化成为可能。信息开发工程化的总体目标是提升信息服务的效率和质量，这主要通过以下方面来实现：

一是信息分析的模块化。人工智能技术促进信息分析的标准化与模块化，从而将一个完整的"事实—数据—信息—知识—智能"的信息流程切为不同业务环节，并分派给不同的部门和人员，实现"专业的人做专业的事"，信息分析工作效率和质量得以明显提升。

二是信息服务的协同化。决策环境的日趋复杂以及信息研究从特定专业转向综合，都需要协同化的信息服务。②利用人工智能技术将各领域数据实现集成融合，使得信息提供者、工具开发者、情报分析者和情报用户等不同主体可以在一个统一规范平台上实现协同工作，③实现信息开发工作体系的整体优化。

三是信息服务的平台化。人工智能通过对信息开发人员进行深度学习，可以将以往必须由人来完成的信息分析工作转化为基于云计算的在线信息分析服务，即所谓"情报分析即服务"（Intelligence Analytics-as-a-Service，IAaaS），④实现信息

---

① 张家年、马费成：《立足情报服务 借力工程思维：大数据时代情报工程学的理论构建》，《情报学报》2016年第1期。
② 李荣、李辉、吴雨蓉：《面向战略情报研究的协同情报服务体系构建——基于科技前沿跟踪与预测实践分析》，《情报理论与实践》2018年第3期。
③ 贺德方：《工程化思维下的科技情报研究范式——情报工程学探析》，《情报学报》2014年第12期。
④ 李品、杨建林：《基于大数据思维的情报学科发展道路探究》，《情报学报》2019年第2期。

发现和信息分析服务的网络化、自动化和智能化，并实现信息服务的按需供给。

四是信息服务的可重复。借助于人工智能对信息分析的背景知识和分析技巧等进行固化，形成若干可持续、可重复的信息分析流程，使得信息分析从以前的基于个人经验的"手工作坊式"，转向基于标准流程的"流水线"生产方式。文献[1]以美国印第安纳大学高级可视化实验室（AVL）为例对这一过程进行了分析。

五是信息服务的透明化。信息研究过程如何决定着信息服务与产品质量的高低。[2]以往的信息服务与产品质量控制主要是后向控制，即在信息分析结果出来后，才能对信息服务质量进行评判。而在信息开发工程化之后，信息机构和信息用户可通过对过程进行规范化监管来控制信息服务与产品质量。

(3) 信息服务与产品将更强调专业化深度分析。在人工智能时代，知识可以由人工智能辅助而产生，知识服务也将由经验主导转向强关联规则主导。[3]新一代人工智能的核心技术是深度学习，能从大数据中自动发现规则，而规则一旦被发现就可以用于预测，从而将许多传统上被认为是隐性的、依附于大脑的人类智慧，转化为计算机算法，实现复杂知识的自动化。

利用人工智能技术，信息机构可以将各种学科知识和行业经验转化为代码化的规则与模式，并融入智能化信息分析系统中，从而降低信息分析与特定行业知识的依赖度；同时，信息工作与决策过程的深度嵌套，又使得智能化信息分析系统能在信息过程的快速迭代中不断优化规则与模式，驱动无机分析精度的提升。因此可以预见，在基于人工智能的信息技术环境中，信息工作人员将能自主完成对学科信息和行业信息的深度分析，信息机构也将由以文献资料和一般性分析结果提供为主，转向专业化的行业和领域知识提供者，从而实现信

---

[1] 潘云涛、田瑞强：《工程化视角下的情报服务——国外情报工程实践的典型案例研究》，《情报学报》2014 年第 12 期。
[2] 李天阳、王新：《情报研究质量控制——从兰德公司高质量情报研究规范谈起》，《情报理论与实践》2012 年第 12 期。
[3] 唐晓波、李新星：《基于人工智能的知识服务研究》，《图书馆学研究》2017 年第 13 期。

息服务与产品价值的提升。

当前，我国"一带一路"信息资源开发利用中存在着情报服务深度不够、专业性信息服务缺乏等短板，未来各类信息机构应当充分利用人工智能等新型技术，推动信息服务的专业化、精细化和个性化，为"一带一路"倡议的深入实施提供更有力的信息支撑。

（三）信息服务与产品开发团队建设

信息工作人员是信息资源开发的主体，人的专业素质决定了信息产品质量的高低。据笔者调研，我国相关信息机构在"一带一路"信息服务与产品开发时，其团队往往是由信息人员（包括信息采编、翻译、分析）和技术人员（主要是 IT 技术人员）组成，而缺乏具有专业知识和行业背景的专家、具有对外合作实践经验的业界人士以及具有信息服务与产品经营经验的营销人员参与，造成信息服务与产品的目标设计主观化、信息内容简单化、产品类型同质化、展现形式呆板化、供给渠道单一化，脱离社会对高质量"一带一路"信息服务与产品的需求。

因此，"一带一路"信息服务与产品开发绝不只是信息人员尤其是信息分析人员和信息技术人员的事情，而应当包含多元知识力量，以保证从信息原料开发中得到更有价值的产品。信息机构应当建立起多元化信息服务与产品团队，让更多相关方参与信息服务与产品开发过程中。[①]

其一，在产品概念化阶段，信息机构应当建立三方面的力量：业务级别的学科专家（帮助确定产品设计的可行性）；信息市场的专业人士（帮助信息机构避免与已有信息服务与产品重复）；信息服务与产品营销人员（帮助评估信息用户的需求属性和规模）。这些人员可以协助提供用于设计或升级现有产品的框架，增加信息服务与产品价值，以满足社会需求。

---

① Thomas H., "Davenport: Designing and Developing Analytics-Based Data Products", 2019 年 4 月 11 日，https://sloanreview.mit.edu/article/designing-and-developing-analytics-based-data-products/，访问日期：2020 年 5 月 6 日。

其二，在数据获取以及存储和分析阶段。除上述人员外，信息机构还应当吸收更多人员参与，包括：IT 人员，提供有关数据产品的硬件和软件要求的信息，并帮助开发和改善产品的功能；数据分析师和数据科学家，以实现多元化的结构化并开展分析数据；信息用户代表，从用户角度对信息服务与产品提供改进建议。

其三，在产品分发和反馈阶段。信息机构需要行业专家（业务分析师、平台和数据工程师、数据科学家）、营销人员、法律专家，以确立最佳的信息服务与产品分发与营销策略。同时，如果信息服务与产品版权不完全由本机构掌握，最好能让代表数据所有权的机构人员参与，确定最终产品无知识产权争议。

四、案例分析——新华丝路数据库

新华丝路数据库（www.imsilkroad.com）是由新华社打造的面向政府、企业、机构的国家级综合信息服务平台，其包括信息平台、投资顾问、智库总汇三大特色板块，为"一带一路"参与各方提供线上全流程咨询和线下一站式服务。2015 年 7 月 16 日，新华丝路信息产品与服务正式上线；2016 年 4 月，新华丝路数据库改版上线；2017 年 5 月 17 日，新华丝路 3.0 版正式上线。新华丝路信息产品与服务自推出以来，信息内容和服务方式不断丰富，目前成为在全球首屈一指的权威数据库服务平台。2016 年 2 月 19 日，习近平总书记在新华社调研时实地考察了新华丝路信息服务平台，并给予高度评价。

（一）数据库的信息来源

截至 2021 年 12 月底，新华丝路数据库的结构化数据总量达 5.4 亿，结构化数据指标总量达 413.4 万，专利数据总量达 7 022.3 万，知识图谱实体达 4.9 亿，知识图谱关系达 9.7 亿。

新华丝路数据库中庞大的信息资源，一方面来自母体——新华社自身具备的中国和全球信息网络和数据库，以及新华社下属机构开发的各类"一带一路"信息产品；另一方面也积极运用移动互联网、大数据、云计算、AI、文本挖掘等新技术手段广泛采集国内外信息，如：为分析中国企业的品牌建设和运营状况，新华丝路数据库对 200 多家海外主流媒体进行跟踪监测，了解中国品牌在海外的发展以及相关评论；新华丝路数据库对美国、欧洲、亚太地区的数十家智库进行实时追踪，及时掌握这些智库机构有关全球重大事件以及中国问题的研究成果。

（二）信息服务与产品

新华丝路数据库中文版下设 12 个栏目板块及服务，包括智讯、咨询、资讯、视讯、情报、案例、论文、报告、数据、信用、项目、园区。新华丝路数据库英文版涵盖了中国经济信息资讯、电子周刊、研究报告，以及公司库、公司查询系统和经济数据库等英文信息服务产品，多语种数据库与线上、线下服务相辅相成，全方位、多角度呈现"一带一路"成果，为政府决策、企业投资、高校研究提供权威、高效的决策参考。

1. 动态新闻

新华丝路数据库汇聚了新华社全球媒体网络以及合作机构采集的"一带一路"沿线国家政治、社会、经济、科技、文化等各方面信息，以及记者和研究人员撰写的新闻观察、动态分析等信息，内容丰富、来源广泛、时效性强，可对"一带一路"发展进行全方位的描绘。主要包括：

（1）丝路资讯：以新闻动态为主，包括高层动态、热点关注、政策法规以及丝路文化、丝路旅游等十几个栏目。

（2）丝路视讯：有关"一带一路"沿线国家发展或"一带一路"倡议实施的各类视频、纪录片等。

（3）园区动态：有关中国以及"一带一路"沿线国家重点产业园区的新闻动态。

（4）实践案例："一带一路"倡议实施的成功案例，主要是中国企业在沿线

第八章 "一带一路"信息服务与产品开发策略　　　157

国家开展的成功项目。

2. 情报产品和研究报告

新华丝路数据库对"一带一路"相关的各类信息进行汇编和分析，形成了类型丰富的情报产品和研究报告（见表8-5）。

表8-5　新华丝路数据库的情报产品和研究产品

名　称	现有期数	主要内容
《丝路情报》	323	每周四出刊。聚焦当周"一带一路"热点，解读"一带一路"相关政策，发布新华社国内外记者及中经社经济分析师独家而深入的调研报告，集纳国内外专家、机构最新发布的研究成果，跟踪相关国家的政经环境并适时发出投资警示，深度剖析国内各省份的营商环境及"一带一路"建设实践。致力于采集并呈现最有价值的"一带一路"信息，精编、精炼、精华，拒绝简单的堆砌
《全球投资风险监测周报》	91	每周五出刊（节假日顺延）。对世界主要经济体及"一带一路"沿线国家和地区投资风险进行实时监测，内容包括地缘政治风险事件、总统议会选举观察、投资政策变动、安全局势及经贸摩擦预警等，帮助中国"走出去"企业快速了解、及时评估、识别及应对海外投资风险
《丝路智讯参考》	156	双周刊，设有决策参考、商机洞察、项目观察、行业前沿等四个栏目，致力于为政府、企业、机构布局"一带一路"提供国际视野下的参考建议
《经贸监测与行业投资报告》	—	各国每周一期，"一带一路"沿线国家的经济贸易发展以及潜在投资机会等内容，由新华社和第三方机构合作打造，主要涵盖东南亚和南亚部分国家
《公共安全风险报告》	—	各国每年一期，包括国家概况，政治、经济、外交、恐怖袭击以及医疗卫生、自然灾害、社会治安等风险分析，中外合作及涉华项目安全态势分析等
《营商环境和投资风险分析报告》	—	各国每年一期，汇集新华社驻在国记者独家分析及调研成果，由国别分析师从政治、安全、经济、法律、经营及其他风险6个维度分析企业海外投资面临的风险，引入风险案例为投资者提供经验启示，并通过政府治理与法制、商业活力、金融环境、基础设施与物流产业链、劳工政策、知识产权、贸易便利度、投资便利度8个维度对目标国营商环境进行全景式扫描，为中国企业"走出去"在目标国投资提供实践指南和投资建议

注：现有期数截至2021年12月25日。

3. 数据库

新华丝路数据库提供了多种与"一带一路"相关的专业数据库，主要包括四类：

(1) 论文库：由新华社与维普、万方合作，提供有关"一带一路"的学术论文、学位论文和会议论文。

(2) 国别数据库："一带一路"沿线国家的国民经济、对外贸易、国家财政、金融、资源环境以及科教文卫等统计数据。

(3) 专利数据库：汇集中国、美国、日本、韩国、欧洲等专利局和世界知识产权组织掌握的专利信息。

(4) 信用数据库：主要提供中国企业的信用信息，并可按城市、行业等进行分类查询。

4. 指数产品

新华丝路数据库中提供了数十种国家级指数产品，从指数来源上可分为两类：

(1) 自身开发的指数：包括国家政策和制度评估指数、物流绩效指数、国家风险指数、总体营商环境指数等。

(2) 合作机构开发的指数：包括政治风险指数（BMI）、国家主权债务风险指数（EIU）、国家主权评级（标准普尔、惠誉、穆迪、中信保）、国家风险评估（中信保）等。

5. 专业服务

(1) 定制研究报告——根据用户特定需求，由新华社和合作机构为用户提供定制化的情报产品和研究报告，以及相关的线下咨询。

(2) 项目对接服务——新华丝路数据库开发了"一带一路"项目投融资平台，投资方和项目方可以在平台上发布投资需求和项目建设需求，促进双方对接。

(三) 信息开发策略分析

1. 注重信息服务与产品规划

新华丝路数据库在信息产品与服务做到了三个结合，为政府、企业和社会提供了"一带一路"全景式信息描述和全方位信息服务。

(1) 信息服务与情报研究相结合。新华丝路数据库既提供了大量经济、社会、人文等方面的统计数据，以及新闻、动态、政策等方面的信息，还在对各类信息进行梳理、汇总和分析的基础上，开发了《丝路情报》《全球投资风险监测周报》《丝路智讯参考》等情报产品，以及《公共安全风险报告》《营商环境和投资风险分析报告》等研究报告。

(2) 信息提供和数据分析相结合。新华丝路数据库在提供各类数据、信息、情报的同时，通过大数据技术和可视化技术对这些信息进行分析，形成了深度信息产品，主要有：知识图谱，如国家/地区图谱、项目案例图谱、专利数据图谱；各类指数，包括国家风险评级指数、全球主权信用风险评级指数等；可视化信息，如关键词词云、高频机构和高频人物列表等。

(3) 线上服务与线下服务相结合。新华丝路数据库在网络平台上提供各类公共性信息产品的同时，也可根据用户的特定需求，依托新华社遍布全球的新闻信息采集网络和海内外调研力量，以及在各行业的合作机构和经济分析师，面向各级党政机关、企事业单位提供企业投融资分析、行业发展趋势分析、项目风险评估与建议等个性化定制咨询服务。

2. 注重国内和国际服务并举

新华丝路数据库开设了英文版界面，着重向海外提供中国以及世界各国的经贸信息。目前大多数"一带一路"信息服务平台只提供简单的外文介绍页面，但新华丝路数据库提供了全英文的信息服务平台，其中包括近1.4亿家企业、7 000多万个品牌、100多万个并购交易以及近9万个经济指标的数据（截至2021年12月底）。除常规的新闻、动态等内容外，该库还提供了以下英文服务栏目：

（1）经济数据：产业数据，包括钢铁、农业等行业库存、国内生产、供应、消费、消费数据；中国的宏观经济数据信息，如金融、外贸、工业企业数据、人口和资源环境等；并购交易，如收购时间、收购项目名称、收购方财务信息等。

（2）企业查询：提供亚太地区以及中国上市公司的基本概况、交易信息、高管信息、股本结构、股东、主要财务指标、财务报表、业绩预测等信息；

（3）中国品牌：反映中国品牌在海外的运行情况和当地社会评价，可以按国家、时间进行分类查询。

（4）研究报告：提供新华丝路数据库开发的各类"一带一路"信息和情报产品，以及研究报告的英文版。

3. 注重新型数字技术应用

新华丝路数据库在"一带一路"信息资源的收集、整合、加工、服务等过程中注重引入大数据、人工智能、可视化等新型数字技术，提高了信息资源开发效率和信息服务水平（见表8-6）。

表8-6　新华丝路数据库中应用的新型数字技术

信息开发与服务	所使用的新型数字技术
信息采集	移动互联网、大数据、云计算、AI、文本挖掘等
国别信息数据服务	GIS、数据可视化、知识图谱、词云、数据驾驶舱
信用信息服务	GIS、数据可视化
项目案例	知识图谱、词云、数据可视化
专利信息服务	知识图谱、数据可视化
指数产品	数据挖掘、数据可视化
客户服务	智能问答机器人

新华丝路数据库在信息组织和信息服务开发上也存在一些不足之处，例如：平台上信息内容繁多，但缺乏统一视图，导致一些栏目内容重叠；在信息加工分析中，国别信息服务和产品较多，而有关国家之间关系、区域层面的信息服务和产品则较少。新华丝路数据库还需要在信息组织与开发上作进一步优化提升。

第八章 "一带一路"信息服务与产品开发策略　　161

五、小结与启示

信息服务与产品开发是"一带一路"信息资源建设的归宿，优质的信息服务与产品可以对"一带一路"倡议实施发挥重要的推动作用，产生巨大的经济社会效益。本章归纳了"一带一路"信息服务与产品的三种类型和主要形态，分析信息产品开发步骤、新技术应用和开发团队建设，并以新华丝路数据库作为案例进行分析，可以为"一带一路"信息机构提供参考。

然而，开发高质量的"一带一路"信息服务与产品并非易事，尤其是在当前"一带一路"信息资源开发模式仍不成熟、信息开发和服务机构高度分散、信息服务与产品流通机制仍不健全的情况下，"一带一路"信息开发面临需求把握不准、新型技术应用迟缓、信息服务重复较多等难题，需要政府、行业组织和信息机构共同努力，推动"一带一路"信息开发水平的提升。

综上，信息机构在开发"一带一路"信息服务与产品时，应关注以下几点：

一是充分挖掘市场需求。"一带一路"信息服务与产品的开发首先要紧密结合用户需要，有针对性地收集利用价值大的信息资源，开发适合用户需求的信息服务与产品。

二是突出"一带一路"特点。"一带一路"信息服务与产品的类型和形态十分丰富，不仅是将沿线各国的数据和资料进行汇集，还包括突出"带"与"路"的特点，从国家、双边关系、经济走廊等角度，利用可视化、指数法等方式开发种类多样的信息服务与产品，满足政府、企业和社会不同层次的信息需求。

三是加强新型技术应用。当前大数据、人工智能、可视化、虚拟现实（VR/AR）等技术的快速发展，为"一带一路"信息的采集、清洗、分析和服务都提供了全新的手段，既有助于提升信息工作效率，让机构能以更低成本更好地处理海量信息资源，也能改进信息服务质量，让用户有更好的服务体验。

同时，目前从事"一带一路"信息资源开发利用的机构多为公共服务部门

（包括信息情报机构、新闻媒体、大学、科研机构等），虽然也有一些民间智库和企业参与，但无论是从信息资源规模还是从信息服务能力上都无法与公共部门相比。然而，公共服务部门受限于体制机制，往往对用户需求、市场趋势、新技术应用等缺乏敏感度，信息开发能力往往与实际的市场需求和技术发展脱节。为此，政府部门和行业组织应当推动"一带一路"信息机构的业务交流，加快新型数字技术和新型服务模式的推广，加强信息机构和信息用户之间的对接，促进"一带一路"信息机构提升信息服务与产品开发能力。

第九章 "一带一路"信息资源的海外传播

"一带一路"是一个多边合作倡议，而不是区域竞争战略。我国固然需要深入了解沿线国家国情，沿线国家也需要全面了解中国的发展环境，对中国市场的规则、偏好等做到心中有数。①我国在推动"一带一路"倡议时，不仅要做到"知己知彼"，还要促进"被彼所知"，让其他国家了解我国的基本国情、历史文化、经济产业、对外合作，从而消除合作顾虑、促进倡议深化。因此，"一带一路"信息资源开发的目标不仅是让我国的政府部门、企业机构掌握国内外发展动态，也要让沿线国家的政府和社会了解中国的对外合作重点、合作需求等，对于"一带一路"中"五通"的"民心相通"，具有特别重要的意义。而这也正是目前国内有关"一带一路"信息资源开发利用研究中所忽视的领域，为此本章将围绕"一带一路"信息资源的传播问题，讨论海外信息传播的意义、现状、问题与对策。

一、海外信息传播的研究与实践现状

（一）研究现状

从笔者利用 CNKI 数据库搜索的情况来看，目前专门研究信息资源海外传

---

① 仝玮：《中国经济信息海外传播路径研究——以"新华丝路"多语种产品为例》，《新闻研究导刊》2020 年第 20 期。

播的成果比较少见，与之相关的研究成果主要集中在"一带一路"对外文化传播领域。根据文化传播的对象类型，大致可以分为三类：

一是文化传播和文化产品贸易研究。如尤立杰等人[1]研究中国与"一带一路"沿线国家文化贸易的现状与问题，提出完善文化贸易机制、建立文化贸易平台、加快数字文化贸易等建议；冯千驹[2]利用相关数据对"一带一路"文化贸易的发展现状、成长动因以及未来发展进行定量的分析和预测；陈柏福[3]等人测算了"一带一路"沿线国家核心文化产品的国际占有率、TC指数、RCA指数和SRCA指数，并针对我国短板提出了对策建议。

二是新闻媒体的国际化拓展研究。仪雪[4]从内容、用户、海外定位和市场策略等方面总结了YouTube国际化拓展的成功之道；王培等人[5]阐述了我国英文学术期刊品牌建设面临的挑战以及未来的有效路径；付国乐等人[6]构建了一套中国科技期刊国际化发展的评价指标体系。

三是图书期刊的海外译介与出版研究。马利敏[7]研究了"一带一路"背景下图书出版的现状与对策，提出要丰富传播途径、创新合作模式、优化政府支撑；高芬[8]等人专门研究了国家社科基金"中华学术外译"项目近10年来的发展状

---

[1] 尤立杰、张凌志：《"一带一路"框架内中国文化贸易发展策略研究》，《东北亚经济研究》2020年第12期。
[2] 冯千驹：《增长动因与贸易潜力——基于中国与"一带一路"沿线支点国家文化产品贸易的实证分析》，《绍兴文理学院学报（人文社会科学）》2020年第6期。
[3] 陈柏福、刘莹：《我国对外文化贸易竞争力状况分析——基于"一带一路"沿线国家核心文化产品贸易的比较》，《湖湘论坛》2021年第1期。
[4] 仪雪：《YouTube国际化成功之道》，《传媒》2020年第24期。
[5] 王培等：《中国英文学术期刊品牌建设的路径思考——以Water Science and Engineering国际化实践为例》，《科技传播》2020年第9期。
[6] 付国乐、张志强：《中国科技期刊国际化发展"一体三维"评价体系构建》，《中国科技期刊研究》2021年第2期。
[7] 马利敏：《"一带一路"背景下图书出版策略研究》，《中国报业》2021年第1期（上）。
[8] 高芬、何倩妮：《国家社科"中华学术外译"项目研究回顾与展望——基于2010—2019年的CNKI文献计量分析》，《陕西理工大学学报（社会科学版）》2020年第12期。

况，提出加大与各国期刊机构之间的交流与合作、加速培养优秀外语人才及小语种人才、更贴切全面地做好外译工作等建议；周红斌[①]针对新闻出版"走出去"实施过程中存在的问题提出相应的优化对策。

（二）实践现状

1. "一带一路"信息资源传播的相关政策

我国政府十分重视对外信息传播，采取了一系列政策和措施，促进"一带一路"沿线国家之间的理解与互信，推动倡议深入实施。

在媒体领域，早在 2012 年国家新闻出版总署就出台了《关于加快我国新闻出版业走出去的若干意见》，提出"整合各种资源，推动新闻出版企业跨区域跨行业跨媒体跨所有制经营和重组，着力打造一批综合性跨国出版传媒集团；重点扶持一批外向型骨干企业，通过独资、合资、合作等方式，到境外建社建站、办报办刊、开厂开店；鼓励有条件的新闻出版企业通过上市、参股、控股等多种方式，扩大境外投资，参与国际资本运营和国际企业管理"。国家文化部于 2017 年 1 月发布《"一带一路"文化发展行动计划（2016—2020）》，提出健全"一带一路"文化交流合作机制、完善文化交流合作平台、打造文化交流品牌、推动文化产业繁荣发展、促进文化贸易合作等任务。

在数据领域，2015 年国务院《促进大数据发展行动纲要》提出"引导国内企业与国际优势企业加强大数据关键技术、产品的研发合作，支持国内企业参与全球市场竞争，积极开拓国际市场，形成若干具有国际竞争力的大数据企业和产品"。国家工业和信息化部在《大数据产业发展规划（2016—2020）》也提出，结合"一带一路"等国家重大战略，加快开拓国际市场，输出优势技术和服务，形成一批具有国际竞争力的大数据企业和产品。

2. "一带一路"信息资源传播相关项目

（1）中文图书译介项目。我国出版业先后实施了经典中国国际出版工程、中

[①] 周红斌：《新闻出版"走出去"中的问题研究》，《新闻传播》2020 年第 1 期。

国图书对外推广计划、中外图书互译计划、丝路书香等八大工程，打开了190多个国家和地区的出版物市场。其中最有代表性的是"丝路书香出版工程"，这是中国新闻出版业唯一进入国家"一带一路"建设的重大项目，于2014年12月5日正式获得中宣部批准立项，主要包括两大板块：一是支持图书翻译出版，对企业申报图书翻译出版、海外出版给予资助（见表9-1）；二是支持文化企业自主创新"走出去"，支持企业境外参展、汉语教材推广。截至2019年，工程共资助40多个语种、1 200多种图书翻译出版，30多家企业的近60个项目"走出去"，在渠道开拓、平台建设、资源整合、加强合作方面进行了有益探索。①

表9-1 部分中文图书译介项目

项目名称	承担机构	启动年份
中国图书对外推广计划	国务院新闻办公室、国家新闻出版总署	2004
经典中国国际出版工程	新闻出版总署	2009
丝路书香出版工程	国家新闻出版广电总局	2014
《中国关键词："一带一路"篇》多文种图书出版工程	中国外文局、中国翻译研究院、中国翻译协会	2017
"一带一路"国家《论语》译介工程	青岛出版集团、中国孔子基金会	2017

在国家合作层面，根据中国新闻出版研究院《"一带一路"国际出版合作发展报告》显示，截至2019年10月，我国已与83个"一带一路"相关国家开展图书、电子出版物、网络文学等方面的版权贸易，我国对"一带一路"相关国家的版权输出数量占版权输出总量的比例达到55%。②

（2）各类信息机构建立国际合作网络。我国新闻媒体"走出去"工作早在新中国成立之前就已起步，起点是1941年12月3日延安新华广播电台（中国国际广播电台前身）日语部开播。随后经历了萌芽、起步、体系初成、加快发展四

---

① 黄卫:《中国对外出版的数字化转型——以中国外文局局属出版社为例》，《对外传播》2021年第2期。
② 参见 http://www.xinhuanet.com/2019-10/27/c_1125158441.htm。

个阶段，目前已形成了了比较密集和多元的海外媒体网络。①

我国提出"一带一路"倡议之后，国内各新闻媒体积极响应，加快了与"一带一路"沿线国家媒体的合作，建立了多个跨国媒体合作组织，例如：由人民日报社牵头发起成立的"一带一路"新闻合作联盟于 2017 年成立，②截至 2019 年 4 月，共有 86 个国家的 182 家媒体确认加入"一带一路"新闻合作联盟；新华通讯社于 2019 年 6 月发起成立了"一带一路"经济信息共享网络亦属此类。表 9-2 列出了部分"一带一路"跨国媒体合作组织。

表 9-2　部分"一带一路"跨国媒体合作组织

名　称	成立年份	相关职能
丝绸之路国际图书馆联盟	2018	推进文献资源的采集、保护、开发、利用，加强人员交流与合作，推动学术交流与科研合作
"一带一路"国际合作城市信用联盟	2018	信用信息共享、联合奖惩、信用相关法律制度研讨等
"一带一路"信息产业发展联盟	2019	建立互联互通的信息产业标准体系、打造"一带一路"数字经济服务平台和信息产业国际合作高峰论坛
"一带一路"经济信息共享网络	2019	通过成员间的经济信息共享，为共建"一带一路"国家政府和企业提供便捷实用的经济信息服务
"一带一路"新闻合作联盟	2019	组织开展媒体间信息共享和内容互换、加强重大问题研究、搭建开放合作平台

（3）信息服务机构的海外市场拓展。从笔者通过网络调查和实地调研所了解的情况来看，目前国内从事"一带一路"信息服务的机构除开设部分外文栏目外，较少有海外业务拓展的举措。国内提供有关中国经济社会数据的主要服务机构中，大多数甚至尚未开设外文栏目和服务，如"国研网统计数据库""中经网统计数据库"等。国家统计局的"国家数据库"虽然提供了外文服务，但只有英文版本。一些民营的数据服务机构特别是从事金融、产业、技术等领域

---

① 王玉梅：《中央媒体"走出去"的现状及对策研究》，中央民族大学博士学位论文，2011 年，第 1—3 页。
② 编辑部：《"一带一路"新闻合作联盟宣告成立》，《中国广播》2017 年第 6 期。

的数据服务商更重视海外拓展，如从事证券信息服务的万德公司（Wind）在香港、纽约、伦敦建立了办事处。

综上，我国学术界在"一带一路"信息传播领域虽然进行了诸多研究，各类信息机构也积极开展探索，但总体而言，目前"一带一路"信息传播的效果远远达不到高质量建设"一带一路"的需求。国外政府和社会获得的"一带一路"信息，仍是来自西方的多、来自中国的少，负面信息多、正面信息少，这对"一带一路"倡议的深入实施是十分不利的。

二、海外信息传播的主要障碍

学者王丽指出，当前我国在开展"一带一路"信息传播时往往模式刻板，输入过多、交流过少，同质过多、差异过少，自我过多、他者过少。[1]导致目前国内各机构提供的信息服务远远不能满足"一带一路"国家的政府、企业和民众了解中国、了解"一带一路"倡议的信息需求。这些问题的存在，既有各国间语言、文化、制度、法律差异等客观原因，也有国内信息机构海外拓展意识淡薄、市场营销能力不足等主观原因。

（一）客观障碍

1. 语言障碍

"一带一路"沿线国家语言复杂，多语种问题是开展"一带一路"信息资源海外传播的首要障碍。据有关专家估计，"一带一路"沿线各国的国语或国家通用语就有50余种，算上区域内的少数民族语言，可能达到200种左右，[2]涵盖了

---

[1] 王丽：《创新"一带一路"图书出版对外传播模式》，《出版广角》2018年第2期。
[2] 李宇明：《"一带一路"需要语言铺路》，《人民日报》2015年9月22日。

第九章 "一带一路"信息资源的海外传播

当前全世界的九大语系（即汉藏语系、印欧语系、阿尔泰语系、闪含语系、乌拉尔语系、南亚语系、南岛语系、高加索语系和达罗毗荼语系）。[①]虽然有一些区域性通用语言（如英语在东南亚和南亚、俄语在俄罗斯等国家和地区、阿拉伯语在阿拉伯地区），但毕竟这些通用性语言在"一带一路"整体区域中的普及率并不高，而且不少国家也从法律上要求在为当地提供产品和服务时必须使用当地官方语言。

从目前我国"一带一路"数据库建设现状来看，提供多语言的数据库并不多，而且有些数据库虽然提供了多语种服务，但实际上只涵盖了少部分内容，大多数信息资源仍是中文。

表 9-3　国内"一带一路"数据库提供的外语服务

数据库名称	主办机构	外语服务种类	涵盖情况
中国"一带一路"网	国家信息中心	英文、法文、俄文、西班牙文、阿拉伯文	英文信息相对较多，法、俄、西班牙、阿拉伯文内容以新闻、资料为主
"一带一路"研究与决策支撑平台	国研网	无	
"一带一路"频道	新华网	英文、法文、俄文、西班牙文、德文、阿拉伯文、日文、韩文	英文信息相对较多，其他语种信息较少而且更新很慢
新华丝路数据库	新华社	英文、泰文、意大利文	英文栏目提供了较多有关中国的信息，但远少于中文栏目且时间较为滞后；泰、意文内容较少
"一带一路"数据库	社会科学文献出版社	无	
"一带一路"统计数据库	中国经济信息网	无	
"一带一路"工业和信息化数据库	电子工业出版社	无	
丝路信息网	上海社会科学院	英文、俄文	英文、俄文信息较少

---

① 王辉、王亚蓝：《"一带一路"沿线国家语言状况》，《语言战略研究》2016 年第 2 期。

需要指出的是，在"一带一路"信息的海外传播中，除了提供外文的信息内容之外，还需要配备对外营销、商务、客服等体系，从事这些岗位的人员也必须具备很强的外语能力和对外沟通能力，而这也是目前许多信息机构所缺乏的。

2. *信息法规障碍*

"一带一路"信息的海外传播是信息在不同国家之间进行流动，其中面临着诸多法律障碍，既包括传播源头所在国家是否允许这些信息资源流出，也包括作为传播对象的国家是否允许这些信息资源流入。

一是知识产权障碍。由于我国各类机构建设的"一带一路"数据库中，许多信息资源是由主办机构通过收集国内外相关信息汇聚而成的，在对海外国家提供信息服务时，资源的下载、门户信息的发布、情报分析和决策支持过程中都存在版权风险。[1]特别是许多国家的知识产权制度要比我国严格得多，国内信息机构采集国外信息、经翻译整理后再向国外对供信息服务，很容易在国外引发知识产权诉讼。

二是跨境数据流动障碍。对海外提供信息服务必然涉及数据跨境流动，尤其是在一些海外信息服务模式中需要在"一带一路"沿线国家建立数据库镜像站点，更涉及大规模数据出境。目前我国对于数据跨境流动缺乏系统和明确的规定，而且多是规范个人信息。如《网络安全法》规定"关键信息基础设施的运营者在境内运营中收集和产生的个人信息和重要数据，原则上应当在境内存储，确需出境的在进行安全评估后可以出境"；国家互联网信息办公室于2019年发布《个人信息出境安全评估办法（征求意见稿）》则对个人信息出境进行了规定。"一带一路"数据库中较少涉及个人信息，但较多涉及企业信息、机构信息以及国家和地区经济、社会、法律信息。对这些信息是否可以跨境流出，如何规范地进行跨境流出，目前仍缺少可操作的法律规范，给信息机构向海外提

---

[1] 司莉、罗泉：《"一带一路"沿线国家多语种共享型经济管理数据库建设障碍与对策》，《图书馆论坛》2021年第9期。

供"一带一路"信息服务带来风险。

3. 政治和文化障碍

"一带一路"信息资源中往往包含许多与历史、文化、宗教和社会制度相关的信息内容，许多在我国被认为合法和正常的信息资源，在其他国家可能会受到排斥甚至被视为非法。从笔者调研和访谈的内容来看，可分为以下两种情况：

一是由于文化和宗教引发的问题。例如，一些伊斯兰国家对于涉及伊斯兰教的内容会进行严格审查，一些在非伊斯兰国家视为正常的信息内容可能会引起伊斯兰教民众的反感；同时，不同国家对一些敏感话题（如政治、人权、色情、同性恋等）有着完全不同的价值观判断，一国合法但另一国则可能完全非法，也会给信息资源的海外传播带来困扰。

二是由于政治冲突引发的问题。例如，有些国家之间存在领土和历史争议（如印巴之间关于克什米尔的领土争议、土耳其和西方国家关于亚美尼亚大屠杀的历史争议），如果我国信息机构提供的地图、出版物和电子文献等出现与这些国家对领土和历史问题的官方或主流表述不一致的内容，都可能会被该国视为非法信息。

4. 标准规范障碍

"一带一路"信息资源在沿线国家的便利流动需要统一或兼容的标准规范作为支撑，但实际中各国之间往往自行制定本国信息资源标准，又缺乏国家之间的协商机制，使得信息资源在进行跨国流动时遇到障碍。

一是信息标准，包括图书文献资料的书目标准、分类标准、主题词标准、元数据标准等。国家之间的信息标准不统一，不能实现书目、类目等信息的自动导入与转换，使得信息机构不能通过人工方式进行国外信息进行浏览、筛选与采编。

二是技术标准。国内外信息机构在开发"一带一路"信息资源数据库时采用不同的技术标准，包括网络架构、技术体系、数据格式、安全等级等。在进行跨国信息传播时，不同的技术标准将给数据库之间的信息传输带来很大障碍。

三是审批标准。不同国家对于国外信息的输出采取了不同的管理流程。以数据库采购为例，向国外采购数据库需要经过一系列审批程序，而不同国家的审批流程与要求各不相同，造成供需双方合作困难，带来时间和成本的损失。[①]

（二）主观障碍

1. 海外信息服务意识障碍

我国大规模数据库建设的历史较短，大多数信息机构主要服务于国内用户，缺少拓展海外信息市场、服务海外信息用户的意识和经验。而且长期以来，我国通常将海外信息传播视为对外宣传的一部分，因此不少信息机构仍习惯于采用宣传来开展海外信息服务，在信息内容和服务方式上没有充分关注海外信息用户的特征和需求差异，造成传播模式过于单一，缺乏针对性与灵活性，传播效果欠佳。

2. 海外数据营销能力障碍

信息资源的海外市场营销是一项复杂的工作，需要信息机构有很强的海外营销能力，包括对海外市场要进行清晰定位、明确海外市场拓展路径、确定正确的海外市场战略、选定适应海外市场的信息产品类型和服务方式、建立和管理海外营销网络、形成对海外营销人员的有效激励等。同时，海外营销对营销人员有着更高的要求，包括具备较强的外语能力、熟悉国际商务规则、了解海外文化、掌握海外营销渠道等，这些都与对国内市场营销人员的要求有着很大不同。

三、加强海外信息传播的对策

（一）机构层面上的对策

1. 重视多语种信息资源库建设

除少数东南亚国家外，"一带一路"沿线国家很少使用中文，因此推动信息

[①] 苏瑞竹、肖龙翔、胡雅琼：《图书馆泰国信息资源进口研究》，《内蒙古科技与经济》2019 年第 19 期。

资源的海外传播，首先要建立多语种信息资源库。当然，"一带一路"沿线语种众多，而且文字翻译成本很高，任何信息机构都不可能面面俱到。在当前社会和技术环境下，相关信息机构可采用以下方式开展多语种信息库建设。

一是以地区通用语言为主，包括前文所述的英文、俄文、阿拉伯文等，虽然这些语文不能全覆盖，但可覆盖沿线大部分区域。建立这些语种信息库，至少可以让沿线国家很大部分民众了解中国的信息。

二是与国外机构合作，利用国外新闻媒体、科研院所和数据库机构的力量，加快国内信息产品的外译进度，如上述的新华丝路数据库便采用了这种模式。

三是利用人工智能技术。近年来机器翻译技术不断进步，许多人工智能企业都推出了多语种间的互译产品。虽然目前机器翻译还不能完全替代人工，但数据服务平台上可以嵌入机器翻译技术，让国外用户了解信息产品的大致内容。同时，国家外文局等机构也建立了海外传播语料库，有助于改进人工智能技术在翻译政治、历史等内容时望文生义、表达不准确的问题。[①]

2. 加强海外文化和相关法规研究

信息是一种特殊产品，内嵌了意识形态和价值观。信息机构在进行信息产品的海外传播时，应当加强对相关国家的文化和法规研究，避免引发文化冲突和政治争议。

一是加强对沿线国家历史文化的研究。国内信息机构在海外推广信息产品时，应当建立起充分的文化冲突风险意识。在"走出去"之前，信息机构应当对当地历史、文化、宗教等有深入的研究，了解当地的风俗习惯，特别是要全面准确掌握当地的文化禁忌和敏感话题，并对信息产品进行检查，避免发生文化冲突。

二是加强对各国政策法规的研究。国内信息机构应对"一带一路"沿线各国有关信息服务的法律体系进行持续跟踪和深入研究，对沿线国家有关信息安

---

① 顾巨凡：《国际传播人工智能语料库建设意义与途径探索——以中国外文局语料库建设为例》，《对外传播》2021年第1期。

全等敏感问题的政府动向和舆论动态要及时掌握,对相关法规的调整有所预判。同时,国内的法律界也要帮助信息机构提升在当地市场应对法律纠纷的能力,采取符合当地行业规则的措施来解决法律方面的纠纷和障碍,取得当地政府和民众的信任,加快融入当地市场。

3. 提升海外信息市场开发能力

与其他产品类似,信息产品的海外营销不是简单地将针对国内市场开发的信息资源直接转到"一带一路"沿线国家,而是要根据海外市场的特点,进行相应的产品再设计、再加工和再开发。

一是要发掘海外市场特点与需求。现代营销学之父菲利普·科特勒指出,市场营销是一个双向和互动过程。[1]我国的信息机构在对外提供信息产品与服务的同时,应当借助营销网络采集和挖掘"一带一路"沿线国家企业和民众的信息需求,有针对性地开发或改进产品。

二是重视外文客户端开发。在网络化和智能化的背景下,通过移动客户端提供信息资源是最便捷的信息服务手段。近年来我国不少新闻媒体都开发了外文新闻客户端并形成了较为稳定的风格特色。[2]在向海外提供"一带一路"信息资源的过程中,信息机构也应当重视外文客户端的开发,推出智能化、社交化、个性化的移动APP,让海外用户能方便快捷地获取有关中国和"一带一路"沿线国家的信息。

4. 建立海外信息资源营销渠道

我国的"一带一路"信息机构要加强海外营销渠道的开拓,建立成覆盖"一带一路"沿线国家的数据产品与服务营销网络。

一是寻找海外合作伙伴,具体可以有两种思路:一是与海外用户合作,包括沿线国家的大学、科研机构、图书馆等,通过主动联系、免费试用的方式,吸引其采购和订阅我国信息机构的数据产品;二是与海外的信息机构合作,包

---

[1] 编辑部:《科特勒:市场营销是个双向互动过程》,《中外管理》2011年第1期。
[2] 高艳宁:《外文客户端建设:推动媒体走出去的有效方式》,《传媒》2019年第8期。

括数据库企业、新闻媒体、信息服务机构等,利用其营销网络来帮助我国信息机构打开海外市场。例如:"新华丝路"数据库与德新社、墨西哥通讯社、哈萨克斯坦实业报、老挝中华时报社等海外媒体合作,为其提供经济信息素材,实现新华信息的外文编译与发布,合作开设"新华丝路双语信息专栏",实现"新华丝路"原创信息在海外的落地。①

二是建立数据资源营销网络。通过与合作伙伴联手,在"一带一路"沿线国家建立起连通实体机构、商务中心、体验场所、分销网络、数字平台、社交媒体等渠道的数据资源营销网络,使得海外的信息用户能有更多机会了解、接触并最终使用我国信息机构开发的"一带一路"数据服务和产品。在服务方式上,既可以采用在线服务形式,也可以在保障信息安全的前提下,在海外建立数据库镜像站点,加快海外用户的访问速度。

5. 加强共性信息服务产品开发

要促进"一带一路"信息资源的海外传播,关键是信息产品和服务对海外受众产生吸引力。我国信息机构在开发信息产品时,既不宜简单地将原始信息进行翻译和推介,也不宜直接将针对我国市场的信息产品推向海外,而应当针对"一带一路"沿线国家的共性信息需求,特别是沿线国家具有迫切需求的物流、贸易、金融、旅游、防灾、安全等领域,加强"一带一路"公共信息服务的开发和提供,增强沿线国家对"一带一路"信息资源开发的关注度和参与积极性。

(二) 政策层面上的对策

1. 完善跨国信息传播的法规标准

一是加强涉外知识产权监管。尤其是对从事国际信息采集和加工并对外提供商业性服务的信息机构,要加强对其信息资源的知识产权监管,确保其海外

---

① 仝玮:《中国经济信息海外传播路径研究——以"新华丝路"多语种产品为例》,《新闻研究导刊》2020年第20期。

信息来源的合法性，避免出现跨国知识产权纠纷。

二是尽快出台数据跨境流动法规。一方面对于存在敏感信息的企业和个人数据，要建立既能保障企业机密和个人隐私不受侵犯，又能促进其合理开发利用与跨国共享的机制；另一方面对于宏观经济、科学技术、社会文化等领域的数据，要明确数据跨境流动的边界范围，降低相关信息机构的违规风险。

三是建立海外信息传播风险评估导则。针对不同信息领域和传播地域，组织相关机构和专家建立信息资源海外传播的风险评估导则，引导相关信息机构在海外传播之前对其信息资源进行风险评估。

四是建立健全跨国数据共享标准。借助"一带一路"倡议实施中的双边和多边对话机制，推动各国重视跨国信息共享和传输领域的标准问题，分领域建立和健全相关的信息标准、技术标准和业务标准，促进跨国信息共享与传输的自动化和便利化。

2. 深化"一带一路"信息国际共享联盟发展

近年来我国建立了多个信息共享方面的"一带一路"合作平台，既有助于我国机构获取国外信息，也促进了我国"一带一路"信息的海外传播。但总体而言，这些平台涵盖的行业和领域以及参与的国家都比较有限，而且其目标多为促进中国企业了解国外情况，而非让国外企业和社会了解中国情况。同时，从其工作层次上看，这些平台组织方式比较松散，多定位于机构联络平台，主要功能是举办论坛、促进人员往来、促进信息沟通等，较少在实务层面上开展信息资源共享合作。

未来我国应推动这些"一带一路"信息共享联盟组织"由虚向实"深化发展，通过打造共享平台和数据库、建立专门工作网络、推出专业信息产品，形成实质性促进"一带一路"信息传播的跨国合作体系。

一是打造信息共享平台。联盟各成员机构根据各自分工承担相关领域和语种的信息采集、信息加工和信息编译等工作，平台中的所有信息各由成员共享和利用。

二是建立专门工作网络。参与信息共享联盟建设的各国信息机构应当配备专门人员承担"一带一路"信息共享平台建设,并形成各成员工作绩效考评机制,激发各成员的动力。

三是建立激励机制。通过各国政府资助、信息产品开发、举办交流活动等,形成信息共享联盟收益并由各成员共享,既提升共享平台的知名度,也弥补平台建设的经费,同时激励各成员积极参与联盟建设。

3. 推动经贸产业领域的公共数据开放

公共数据是海外企业和机构了解我国经济社会发展、拓展与我国各方面合作的重要信息来源,特别是公共数据可靠性强、权威性高,海外企业和机构在面对复杂多样的信息时,公共数据将是其决策的主要依据。有文献[1]指出,公共信息资源建设是"一带一路"经济体系发展的重要基础,是实现中国同沿线国家的贸易畅通与设施联通的重要保障,其开发利用对"一带一路"建设起着重要的信息资源支撑作用。然而在现实中,虽然近年来我国各地大力推进公共数据开放,但目前公共数据开放的质量不高,与用户需求有相当大的差距,特别是一些具有很大经济和商业价值的高质量数据迟迟不能开放,这既影响了我国企业和机构的数据获取,也制约了海外企业和机构获取我国经济社会发展信息、开展与我国经贸合作的意愿。

未来不仅需要社会信息机构进一步加强信息资源在"一带一路"的传播,也需要我国各级政府加快创新公共数据管理制度,将公共数据开放作为政府义务,允许市场化运营,推动更多优质公共数据进入市场。

其一,规定公共数据开放工作为政府义务。我国可以借鉴首尔等国外做法,从法律上将政府数据开放的性质由公益服务转变为政府义务,增强政府部门开放数据的动力,避免一些政府部门在数据开放上的懒政行为。

其二,在保证数据安全的基础上,允许公共数据市场化运营。特别是对经

---

[1] 耿雪凤:《"一带一路"倡议背景下我国公共信息资源开发利用研究》,《西安财经学院学报》2019年第6期。

济价值和安全要求较高的政府数据，在无条件公开和依申请公开都难以处理好数据价值和数据安全矛盾的情况下，允许对这些数据进行市场化运营，通过授权第三方机构来开发数据，提高数据开放的力度、深度和广度。

其三，解决国外公民的"依申请公开"权利问题。大多数有价值的政府信息都属于"依申请公开"范围，但目前我国法规中规定只有中国公民、法人和其他组织才有权申请公开政府信息。[1]我国可以借鉴美国经验，允许国外居民具有与本国公民同等或基本同等的申请政府数据公开的权利，促进公共信息资源的海外传播。

四、小结与启示

对内信息服务和对外信息传播是"一带一路"信息资源开发利用的"一体两翼"，然而许多信息机构在"一带一路"信息资源建设中常常忽视海外信息传播和服务海外用户。本章分析了当前"一带一路"信息的海外传播中存在主观和客观障碍，提出应提升信息机构的海外传播能力、完善海外信息传播的政策法规，以推动"一带一路"信息资源的海外传播。

---

[1] 参见《中华人民共和国政府信息公开条例》（2019年4月3日修订）第二十七条。

第十章 "一带一路"倡议中的国家知识共享

在数字化、网络化和智能化的时代背景下,推进"一带一路"倡议既要促进实体世界中人、财、物等要素的流通与合作,也要加快虚拟空间中数据、信息、知识等资源的交互与共享。信息资源可分为多个层次,前文主要探讨了信息数据层面的信息资源开发利用,本章将研究"一带一路"沿线国家如何开发利用知识层面的信息资源,推动"一带一路"知识共享,促进沿线国家互学互助,实现打造命运共同体和利益共同体的战略目标。

一、"一带一路"国家知识共享的意义

知识共享可有效促进政策沟通和民心相通,并为设施联通、贸易畅通、资金融通提供支撑。习近平总书记指出"国之交在于民相亲,民相亲在于心相通"。"一带一路"要行稳致远,离不开"民心相通"的支撑和保障。"一带一路"沿线多是发展中国家,面临着许多共性难题,同时与发达国家的经验相比,沿线国家发展经济社会的做法,相互之间更具有借鉴意义。通过国家知识共享,对这些经验进行提炼、固化和传播、利用,不仅有助于相关国家少走弯路、加快发展,也能增强沿线国家在发展思路、发展模式和发展政策上的协调性,更能增加国家之间的相互学习、相互理解和相互帮助。

知识共享丰富了"网络空间命运共同体"的内涵，将命运共同体由通信基础设施、网络安全和信息产业层面上升为知识层面。通过打造网上知识交流共享平台，将"一带一路"沿线国家的发展经验和知识聚合起来，实现相互学习、相互借鉴、相互促进，创造更多利益契合点、合作增长点、共赢新亮点，促进"一带一路"沿线国家之间的共享式、包容式发展。

知识共享有助于更好地讲好中国故事。通过国家知识共享，可以更有效地展示和宣传中国在经济社会发展中取得的成就与经验；同时由"讲好中国故事、传播中国声音"深化为"共享中国知识"，更契合国际通行的语言体系，降低沿线国家的顾虑，更容易得到理解和接受。

二、国家间知识共享的影响因素模型

（一）相关研究综述

知识共享的实质是知识在不同主体之间进行转移。目前关于知识转移机制的研究已十分丰富，大致可分为两种主要观点[①]：一是"发送者—接收者"模型，其核心是发送者特征、接收者特征、发送者与接收者关系的特征以及被转移知识的特征对知识转移效果的影响；二是"社会学习"模型，突出知识和学习的情境特征，认为学习的发生和知识的创造是通过人们之间的接触、对话和相互作用形成的，知识转移是建立在具有共同目标的合作努力和不同观点之间对话互动的基础上。

显然上述两种观点均有其可取之处。在实际中，影响知识转移的不仅是知识主体和知识本身的特征，还应包括知识传播行为以及传播情景。鉴于知识转

---

① 谭云清、翟森竞：《国际外包中跨国公司知识转移运行机制研究：来自中国提供商的证据》，《管理评论》2014 年第 8 期。

移机制研究已非新领域，本章通过对相关文献①②③④进行梳理，将影响知识转移的因素归纳为知识属性、发送方能力、接收方能力和传播情景四个方面（见表 10-1）。

表 10-1　知识转移的影响因素

视　角	因　素	说　明
知识属性	知识的类型（显性或隐性）	显性知识更有利于知识传递，隐性知识的传播惰性更强
	知识的情景依赖性	知识如高度依赖于特定情景，则不利于传播
	知识的专用性和复杂性	知识越专业、越复杂，越不利于知识传播
	知识的价值	知识价值越高，更有利于激发知识传播活动
发送方能力	发送方传播意图	发送方具有强烈的传播意图有利于知识传播
	发送方传播能力	发送方的知识转化能力、表述能力等将影响知识传播
接收方能力	接收方学习意图	接收方具有强烈的学习意愿有利于知识传播
	接收方知识吸收能力	接收方的知识理解能力、吸引能力等将影响知识传播
	接收方的内部知识扩散能力	接收方加快知识的内部扩散，将提高知识传播效益
	接收方的实际执行能力	接收方将知识运用于实践的能力，将提高知识传播效益
传播情景	传播方—接收方关系	双方关系紧密、相互信任有利于知识传播
	传播过程中双方的互动关系	面对面的密切互动有利于知识传播
	对知识传播的激励	对发送方和接收方给予激励能加快知识传播
	与知识传播相关的文化因素	开放、共享和积极进取的文化取向有利于知识传播
	组织控制因素	发送方或接收方的信息控制会影响知识传播
	传播通道因素	高效率且低成本的传播通道能加速知识传播

---

① 朱小斌、沈丹峰：《跨国公司知识流动的影响因素：知识属性、主体能力与组织变量》，《生产力研究》2009 年第 5 期。
② 许冠南、潘美娟、周源：《基于 QAP 分析的国际知识流动影响要素研究——以光伏产业为例》，《科学学与科学技术管理》2016 年第 10 期。
③ 刘云、程旖婕：《基于文献引证的国际知识流动影响因素探究》，《科学学研究》2018 年第 9 期。
④ 朱林、刘先涛、刘红勇等：《国内外知识流动研究演化路径分析》，《科技进步与对策》2016 年第 16 期。

(二) 国家间知识转移的影响因素模型

本章所讨论的"一带一路"知识共享是将中国的经济社会发展经验向沿线国家进行传播和共享,通过知识援助来帮助这些国家加速经济增长和社会进步。这既不同于目前国内外研究较多的跨国投资和跨国经贸领域中的知识转移,也不同于资金、技术、物质等方面的国际援助,具有以下特点:

其一,知识转移发生于国家与国家之间,是跨越不同语言、不同文化、不同社会制度和不同国家发展水平的知识传播。

其二,知识转移的对象是国家发展知识,不同于科学、技术、管理知识,其往往包含较多的文化导向和价值观;

其三,政府是知识转移的主体,使得国家间知识共享体现较强的国家意志和政治色彩;

其四,知识发送方(援助国)通常是国家知识转移的主导者和推动者,目的是通过知识援助来提升国家形象和国际影响力。

本章在表10-1的基础上,根据上述特点,提出"一带一路"国家知识转移的影响因素(见表10-2)。

表10-2 国家间发展知识转移的影响因素

视 角	因 素	说 明
知识属性	国家知识的可用性	援助国应对本国发展经验进行总结提炼
	国家知识的适用性	国家发展知识应当在其他国家具有适用性
	国家知识的价值性	援助国应当选取其他国家最感兴趣的领域的发展知识
发送方能力	援助国的传播意愿	援助国应当重视发展知识传播并给予各种资源保障
	援助国的传播能力	援助国要具备很强的表述、宣传能力
接收方能力	接收方学习意愿	援助国要设法提升受援国对发展知识的学习兴趣
	接收方知识吸收能力	援助国要促进受援国对发展知识的理解和消化
	接收方的内部知识扩散能力	援助国要促进发展知识在受援国内部的传播扩散
	接收方的知识转化能力	援助国要帮助受援国利用发展知识促进本国经济社会发展

(续表)

视角	因素	说　明
传播情景	传播方—接收方关系	援助国与受援国之间要建立信任关系
	传播过程中双方的互动关系	援助国与受援国之间要建立多层次、持续性互动
	国家政治差异	援助国要设法消除受援国的政治、安全等顾虑
	文化语异差异	国家知识转移要克服文化、语言差异等障碍

国家间发展知识的转移模型如图10-1所示：

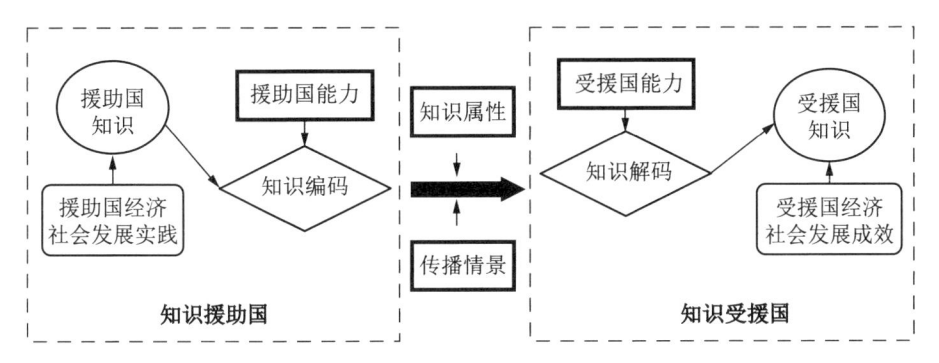

图 10-1　国家间发展知识的转移模型

三、发达国家和国际组织的知识共享项目

近20多年来，受知识经济和知识社会等理念的影响，诸多发达国家和国际组织都十分重视跨国知识共享与知识援助，如联合国经社理事会、世界银行、欧盟委员会、美洲开发银行、亚洲开发银行以及美国国际开发署（USAID）、加拿大国际发展局（CIDA）、英国国际发展部（DFID）、日本国际协力机构（JICA）、德国技术合作署（GATC）、瑞士开发与合作局（SADC）和韩国企划财政部（MOSF）都开展了各类知识共享项目，力图将本国经济社会

发展成功经验和理念向其他国家推广。这些国际知识共享项目既促进了落后国家发展，也密切了国家之间的关系，同时提升了相关国家或机构的国际地位。限于篇幅，本章仅选择世界银行、经合组织、亚洲银行、美国、日本和韩国作为案例。

（一）世行的"知识促进发展计划"（K4D）

世界银行是全球共享发展知识的最活跃的参与者之一。1996年，世行行长詹姆斯·沃尔芬森宣布了将世行转型为知识银行的计划，并将其指定为世行1997年业务更新和改革战略的支柱。世行的知识共享（KS）计划由世行研究所（WBI）负责具体实施，其目标是帮助世行工作人员、客户和合作伙伴系统地获取他们丰富的知识和经验，使这些知识在内部和外部都能轻易地为广大受众所知，同时构建个人和团体之间的紧密联系，联手应对共同面临的发展挑战。

世行于1996年推出了知识促进发展计划（Knowledge for Development，K4D）[①]。该项目主要是促进知识创造、共享和利用，帮助客户国家提升经济和社会福祉。该项目提供知识评估方法和知识经济指数等诊断工具，以确定基于知识的发展战略。世行提供6 000多万美元，以支持世行的三项全球知识项目：

1. 发展门户（Development Gateway）

发展门户的作用是向成员国（主要是发展中国家）提供援助项目合同在线招标、电子政府建设援助资金、援助项目管理软件等服务，也提供与国家发展相关的各类知识，并提供在线协作、中小企业管理、电子政务教育和电子学习等功能。

2. 全球发展学习网络（GDLN）

由世行于2000年6月发起，是由100多个学习中心（GDLN下属机构）组

---

① 参见 http://documents.worldbank.org。

成的全球合作网络，为世界各地从事发展工作的人提供先进的信息和通信技术。通过视频会议、高速互联网资源和互动学习技术，使客户能够及时方便地举办会议、咨询和培训活动。GDLN 的客户包括提供发展问题远程学习课程的学术机构；寻求与全球主要合作伙伴对话的发展机构；与其他国家的同行讨论政策的政府机构；以及关于与全球合作伙伴协调的政府组织。该网络总部建设在世行研究所 WBI，由 GDLN 秘书处和 GDLN 活动服务团队组成。

3. 全球发展网络（GDN）

世行在 20 世纪 90 年代末发起了 GDN，以增加发展中国家和转型国家的高质量研究成果，这些研究成果可以纳入地方决策。后来 GDN 转型为一家独立的国际组织，总部位于印度新德里，世行仍是主要的资助者。GDN 的目标是促进多学科知识的创造、共享和利用，以加快国家发展。为实现这一总体目标，GDN 重点关注三个核心目标：在发展中国家和转型期国家开展高质量的政策研究；提升研究人员中的研究和政策推广能力，扩大其工作在国家和国际层面上的政策影响力；帮助研究人员参与政策制定进程，增强政策科学性。

为实现以上目标，GDN 资助以下五种项目：

(1) 区域研究比赛（RRC）。每年 GDN 向 8 个区域网络伙伴（RNP）提供资助，支持发展中国家和转型国家国研究人员的工作。

(2) 全球研究项目（GRP）。由全球发展网络（GDN）集中组织和资助，由来自两个或两个以上地区的 30—80 名研究人员组成的团队参与多个国家的案例研究。

(3) 全球发展大奖比赛（GDAMCs）。每年为发展中国家和转型国家的研究人员和发展从业者的杰出研究和创新发展项目授予约 30 万美元的奖金。

(4) 年度大会。年度全球发展大会，每年约有 500 名与会者参加，为发展中国家研究人员、决策者和捐助者提供了一个交流平台。

(5) GDNet。GDNet 是一个基于网络的活动，展示了发展中国家和转型国家研究人员的工作,为其提供在线服务,增强其研究成果的政策影响力。

(二)经合组织的"知识共享联盟"(KSA)

经济合作组织(OECD,简称"经合组织")一直积极参与知识经济的研究,致力于推动全球知识创新与共享,促进各国经济发展。经合组织认为,不同国家之间的政策对接与协同对于推动经济发展十分重要,这有赖于国家间的政策对话与知识共享。为此,经合组织于2012年推出"OECD发展战略",其两大支柱一是政策协调性,二是知识共享。

为完成此项工作,2013年OECD与德国、韩国联合成立了"知识共享联盟"(Knowledge Sharing Alliance),其主要任务是促进OECD成员国以及许多非成员国(主要是发展中国家)之间的知识共享,主要集中在当时的经济社会发展热点领域,如"绿色和包容性增长""全球价值链""自然资源网络""投资政策体系"等。

同时,经合组织还设立了专门机构——知识共享署(Knowledge Sharing Agenda,KSA),负责相关知识工作。KSA支持一系列政策对话,为主要伙伴国提供机会,为经合组织工作方向及其分析方法的讨论作出贡献。

(三)亚行的"知识型银行"(KB)

在长期的开发援助活动中,亚洲开发银行(简称"亚行")认识到其越来越需要在该地区发挥"有效知识经纪人"的作用,知识共享符合其减少贫困和提高亚太地区生活水平的目标。在长期战略框架(Strategy 2020)中,亚行提出打造"知识型银行"的目标,要迅速发掘在援助各国开发中所积累的经验和知识,并快速传播这些知识以支持其成员国发展。为此,亚行推出了多个知识管理行动计划,目的是促进亚行与其成员之间的双向知识流动,建立传播亚行知识产品和收集发展知识的渠道。在"知识管理方向和行动计划(2013—

2015）"中，亚行提出了"财政＋＋（Finance＋＋）"新战略，也就是亚行要将援助资金与建立资源利用伙伴关系、加强知识供给相结合，以最大化提升援助开发效率。

亚行于2012年与我国财政部合作，在我国启动建立了"知识共享中心"项目。区域知识共享中心的主要目标是在国家之间共享发展知识和经验，方法包括：分享其他国家的成功案例和经验教训、促进地区内各知识机构间的联系、把区域知识共享中心和中国各机构以及其他发展中成员国相联系等。

（四）美国的"千年挑战合作计划"（MCC）

在美国，以美国国际开发署（USAID）为核心的各种开发机构和部门，包括国务院、农业部和国防部等，都在参与知识共享。其中最有代表性的是千年挑战合作计划（the Millennium Challenge Corporation，MCC）[①]。MCC于2004年1月由美国国会创建，其目标是通过提供限时赠款，促进受援国的经济增长，减少贫困和加强机构建设。

MCC项目是一种将贷款提供、技术援助和能力建设结合起来的项目，为此MCC将知识共享作为一种独特的发展工具。MCC向特定的发展领域提供赠款，并开展知识共享学习，以最大限度地提高资金援助的有效性。目前，MCC已在全球范围内投资超过130亿美元，用于支持各发展国家的项目，主要包括农业和灌溉、反腐败、教育、能源和电力、财政和企业发展、健康、土地权、交通基础设施、供水和卫生。

（五）日本的"知识合作项目"（KCCP）

"知识合作项目"（Knowledge Co-Creation Programs，KCCP）[②] 由日本国际

---

① 参见 https://www.mcc.gov。
② 参见 https://www.jica.go.jp。

协力局（JICA）负责，目的是将日本在经济社会发展中积累的知识和经验，通过培训和对话的形式向发展中国家进行传播，帮助这些国家培养人才，使其能运用日本独有的经验和技能来解决本国的问题。

JICA 通过与中央和地方政府、大学、非营利组织、私营公司和非政府组织等合作，每年培训和对话人数达到近 1 万人。同时利用 JICA 在各国建立的办事处，许多培训与对话可直接在受援国当地进行，降低了培训成本，使更多人能参加培训。从培训机构数量和受训人数来讲，该项目是世界上规模最大的知识援助项目。

JICA 知识合作项目包括三个部分：一是国别培训与对话项目，由发展中国家提出需求，JICA 组织开展培训；二是常规培训与对话项目，由日本提出建议，受援国同意后，JICA 再组织培训；三是青年领袖项目，重点是培训具备领导下一代能力的青年人才。

（六）韩国的"知识共享项目"（KSP）

KSP[①] 是韩国最具代表性的知识共享计划，被韩国列为提升国家形象的十大工程之一。该计划于 2004 年由韩国战略与财政部（MOSF）发起，韩国发展研究院（KDI）负责实施，旨在通过政策研究与咨询来分享韩国的发展经验，从而支持伙伴国的发展。KSP 计划包括三种项目：

（1）伙伴国政策咨询项目。由韩国顶级智库——KDI 负责实施，内容包括国家政策研究、教育与培训，以增强伙伴国的政策制定能力。从 2004 年启动起来，KSP 的伙伴国数量从 2 个开始逐步增加，2013 最高达到 35 个，以后逐年下降，2018 年为 25 个。

截至 2018 年，KSP 累计为 107 个伙伴国家完成 409 个项目，项目的行业分布见表 10-3。

---

① 参见 http://www.keia.org/sites/default/files/publications/kei_koreacompass_tcha_final.pdf。

表 10-3　KSP 项目的行业分布

项目类型	项目数量	项目类型	项目数量
宏观财政政策	33	产业和贸易政策	144
科学技术	51	土地开发	49
农村发展	35	人力资源开发	45
文体旅游	9	健康和福利	10
劳动力市场	12	环境	24
公共财政	62	公共管理	51
经济发展规划	65		

伙伴国政策咨询是严格的需求驱动项目。考虑到伙伴国主权，只有在伙伴国提出请求时 KSP 才启动项目，而且需要合作伙伴国通过官方外交渠道提交书面需求表。

(2) 模块化项目。咨询项目是根据其他国家的需求给予咨询，而模块化项目则是韩国主动对本国发展经验进行总结，并形成相应的知识模块。模块化项目启动于 2011 年，由 KDI 的公共政策与管理学院负责。模块化项目中的主题选择主要考虑四个因素：韩国发展经验与贡献、外国对知识的需求、是否有利于韩国企业进入外国市场、是否符合联合国千年发展目标。

(3) 联合咨询项目。要帮助其他国家发展，除了提供政策知识服务外，还需要资金的支持。为此，在韩国战略与财政局的推动下，韩国进出口银行通过与世界银行、亚洲开发银行、美国开发银行以及非洲开发银行合作，形成韩国政府、多边开发银行、受援国的三方合作机制，推出联合咨询项目，将韩国的发展经验与各多边开发银行（MDBs）的援助资金结合起来，以推动政策咨询成果的落实。

四、发达国家和国际组织的知识共享经验分析

对照表 10-2 列出的知识转移影响因素，本章对上述国家（国际组织）的对

外知识援助实践进行分析，提炼其主要经验。

（一）提升知识的可转移性

（1）增强国家知识的可用性。各国家和国际组织都选择本国或全球顶级的智库机构对国家发展知识进行提炼总结，以提高知识质量，如：承担世行知识共享工作的是世行研究所（WDI）；韩国由该国顶级智库——韩国发展研究院结合"汉江奇迹"发展经验来构建韩国国家发展知识库。

（2）增强国家知识的适用性。包括加强与受援国的沟通，增加对受援国国情的了解，吸收多国人员参与研究等。例如，OECD的经济新应对挑战（NAEC）项目注重从受援国获得信息，充分了解其国情，以形成更科学的建议；世行的全球研究项目（GRP）通常由来自两个以上地区、30—80名研究人员组成的团队参与多国案例研究。

（3）增加国家知识的价值性。例如，美国的MCC项目选择农业和灌溉、反腐败、教育、能源和电力等发展中国家普遍关注的问题作为主题；韩国KSP项目的主题选择考虑韩国发展经验与贡献、外国对知识的需求、是否符合联合国千年发展目标等因素。

（二）提升援助国知识能力

一是政府高度重视知识共享，指定专门负责机构，并建立国家级的知识项目。例如，日本国际协力局（JICA）和德国技术合作署（GATC）建立了知识管理网络；瑞士开发与合作局（SADC）和加拿大国际发展局（CIDA）开展了知识共享项目。

二是将知识援助与本国利益相结合。例如，如韩国在设置KSP项目时将是否有利于韩国企业进入受援助国市场作为重要考虑因素；美国对外援助为美国产品开辟了新的市场，为美国人创造了成千上万的就业机会，因此，美国

USAID的网页直言不讳地说:"美国对外援助的主要受益者始终是美国"。①

三是提升知识传播能力。例如,日本JICA联合中央和地方政府、大学、非营利组织、私营公司和非政府组织,以及JICA驻各国办事处共同推进;世行的知识共享项目则广泛吸引世界各国的研究机构、援助工作组织、信息技术企业参与。

(三)提升受援国知识能力

(1)形成"知识+资金"的综合援助体系。例如,在韩国的KSP项目中,由韩国进出口银行与世行、亚行等合作,形成韩国政府、多边开发银行、受援国的三方合作机制;亚行提出"Finance++"战略,也就是将援助资金与知识供给相结合,以最大化提升援助开发效率。

(2)推动发展知识在援助国的内部传播。例如,世行每年召开全球发展大会,让研究人员在会上展示其工作成果;日本借助JICA在各国建立的办事处,许多培训与对话直接在受援国当地进行,降低了培训成本,使更多人参加培训。

(3)加强知识向政策转化。例如,世行资助的全球发展网络(GDN)项目有三个核心目标,其中两个是:在受援国研究人员中建立研究和政策推广能力,并且扩大其工作在国家和国际层面上的政策影响力;促进研究人员参与政策制定,提升政策的科学性。

(4)吸引受援国主动学习发展知识。例如,世行的"全球发展网络(GDN)"项目每年向8个区域网络伙伴(RNP)提供资助,支持发展中国家和转型国家的发展研究人员的工作;同时,世行推出的"全球发展大奖竞赛(GDAMCs)",每年为发展中国家和转型国家的研究人员和发展从业者的杰出研究和创新发展项目给予约30万美元的奖金。

---

① 丁韶彬、杨蔚林:《西方国家的对外援助:政策目标及其实现》,《世界经济与政治》2008年第6期。

(四)优化知识转移情景

一是促进双方国家的信任。包括借助国际组织的名义来开展知识共享,与受援国联合建立知识中心,如:德国、韩国与 OECD 于 2013 年联合成立"知识共享联盟",促进 OECD 成员国以及许多非成员国(主要是发展中国家)之间的学习和知识共享;亚行于 2012 年与我国财政部合作,在北京建立了"知识共享中心"。

二是需求驱动的知识援助。例如,韩国 KSP 中的"伙伴国政策咨询"项目,因涉及国家主权,该项目只有在伙伴国提出请求时才启动,并要求通过官方外交渠道提交书面需求表;日本 JICA 的培训与对话项目,也是先由日本提出建议,受援国同意后,JICA 再组织培训。

三是建立持续性互动。例如,世行每年召开全球发展大会,为发展中国家研究人员、决策者和捐助者之间就广泛主题交流意见提供一个交流平台;世行建立的 GDNet,展示发展中国家和转型国家研究人员的工作,为他们提供在线服务。

归纳上述分析结果,可以得到发达国家在对外知识援助的主要经验(见表 10-4)。

表 10-4　部分发达国家(国际组织)对外知识援助的经验归纳

视角	因素	经验
知识属性	国家知识的可用性	选择顶级智库对本国发展经验进行总结提炼,提高研究质量 加强国家发展知识的品牌和概念塑造
	国家知识的适用性	加强受援国需求分析,将本国经验与受援国国情相结合 组织多国人员开展联合研究
	国家知识的价值性	根据受援国经济社会发展面临的瓶颈来设置知识主题 根据联合国的人类发展目标来设置知识主题
发送方能力	援助国的传播意愿	援助国政府设立或明确负责发展知识传播的机构 援助国政府对发展知识传播给予充足的人财物保障 选择有利于援助国进入受援国市场的知识主题
	援助国的传播能力	援助国要动员本国各类机构共同参与发展知识的国际传播 利用援助国在受援国的各类办事机构来实施发展知识传播

(续表)

视　角	因　素	经　验
接收方能力	受援国学习意愿	由受援国根据自身需要提出知识主题 援助国提出知识主题后，经受援国同意后再实施 设立知识奖项以奖励受援国人员研究援助国发展经验
	受援国知识吸收能力	加强受援国青年人才的培养 邀请受援国人员到援助国进行现场学习考察
	受援国的内部知识扩散能力	在受援国组织培训工作，降低学习成本，扩大知识受众 开发在线培训平台和网络课程 吸引受援国机构加入知识传播网络 加强研究成果在受援国政府和学界中的宣传推广
	受援国的知识转化能力	联合国内外银行，形成"知识+资金"的联合援助机制 增强受援国学习人员将发展知识转化为政策的能力 建立研究团队和受援国政策制定者之间的联系
传播情景	援助国—受援国关系	建立伙伴国计划，从伙伴国中选择知识受援国 建立开放式援助计划，由各国自愿接受知识援助 与受援国政府合作建立知识共享中心
	传播过程中双方的互动关系	持续举行援助国与受援国人员共同参与的论坛、会议 利用网络视频等技术开展远程交流互动，增加互动频次 持续开展与受援国政策制定人员和研究人员的面对面交流
	国家政治差异	由援助国高校、科研机构承担发展知识传播工作，降低政治色彩 借助或联合联合国及其他国际组织来实施知识转移
	文化语异差异	提供多语种的咨询、培训和研究 聘用和吸收受援国国民担任咨询、培训和研究人员

五、"一带一路"知识共享的瓶颈及对策

近年来我国发改委、商务部、教育部等部门开展了援外咨询、援外培训、发展论坛等知识援助工作，有力地促进了受援国的经济社会发展。但总体而言，我国的对外知识援助还存在部门条线分割、知识援助与项目投资脱节、重视知识传播而不重视知识利用等问题，制约了知识援助成效的发挥。本章在借鉴上

述发达国家相关经验的基础上，对"一带一路"倡议中的知识共享工作提出建议。

（一）推动"一带一路"知识共享的瓶颈

对照上述发达国家和国际组织推动知识共享的经验，以及我国推动"一带一路"知识共享的实践，本章将制约"一带一路"知识共享的瓶颈分为内外两方面因素。

1. 内部因素

内部因素指我国相关机构推动"一带一路"知识共享中在意识、方法、机制等方面存在的不足，包括：

一是知识共享意识不足。我国一些机构在推动"一带一路"项目时往往存在"重硬轻软"的倾向，对于经贸合作、对外投资、人员交流等领域关注较多，对于信息知识共享等有助于提升我国在"一带一路"软实力的合作项目则重视不够。

二是知识缺乏可推广性。一些机构在开展"一带一路"知识共享项目时往往从自身角度出发来确定知识共享主题，既忽视沿线国家对发展知识的实际需求，又忽视发展知识的可复制和可推广性，导致沿线国家的知识学习意愿不足。

三是知识共享和其他援助脱节。我国推动的许多"一带一路"知识学习往往是单独开展的，未与该领域的经贸合作项目、对外投资项目、技术转移项目以及对外援助项目等进行紧密结合，造成知识要素与其他要素脱节，难以在沿线国家产生实际效果。

2. 外部因素

外部因素指"一带一路"沿线国家政府、机构和民众在接受国家发展知识中存在的意识和能力障碍。

一是政治和文化因素。某些"一带一路"沿线国家出于历史文化和现实政治等原因，将国家发展知识共享视为大国对本国宣传和渗透的一部分，不愿意学习借鉴其他国家在经济社会发展中的有益经验。

二是接受和吸引能力因素。由于各国在语言、文化、价值观以及经济社会运行模式等方面的差异，"一带一路"沿线国家的一些政府官员和企业人士常常难以深入学习和充分理解其他国家的发展知识。

三是转化能力因素。"一带一路"沿线多属发展中国家，经济社会发展水平相对落后，其即使能获得并愿意吸纳其他国家的发展知识，往往也因经济、技术等方面的限制而无法将知识转化为实际价值。

(二) 推动"一带一路"知识共享的对策

针对以上瓶颈，我国相关机构应着力从提升知识传播意识、增强知识的可转移性、降低沿线国家接受知识的意识和能力障碍等角度，加快推动国家发展知识的传播。

1. 优化"一带一路"知识共享的主题选择

"一带一路"知识共享，要聚焦沿线国家在经济社会发展中面临的共性重大问题，同时要结合我国改革开放实践来选择知识主题。

一是突出我国的经验与贡献。改革开放以来，中国在经济发展、社会治理、环境保障、消除贫困等方面形成了许多卓有成效的实践经验，对于"一带一路"沿线国家的发展具有较大的借鉴意义，这些都可作为知识共享主题，例如自贸区建设（上海）、经济特区建设（深圳）、互联网经济发展（杭州）、工业园区建设（苏州）等。

二是明确需求导向原则。在总结我国自身经验的基础上，应加强对沿线国家经济社会发展态势以及知识需求的研究，同时要结合联合国可持续发展目标（SDGs）中的内容，向各国提出知识援助的主题建议，经沿线国家政府认可后，再启动相应的知识项目。

2. 健全"一带一路"知识共享机制

其关键是促进国内各方面力量的整合、促进中国与国际组织的协作、促进知识与资本的结合。

一是采取"政府引导、社会共建"的方式，建议由国家"一带一路"领导小组办公室牵头，启动"一带一路"知识共享项目，引导地方政府、高校、智库和企业参与；各机构应根据本地区特点和本机构专长，加强我国在相关领域发展经验的研究和提炼，形成可供其他国家借鉴的高质成果。

二是充分借助国际和地区组织力量。"一带一路"知识援助可与联合国及其下属机构以及上合组织、亚投行、金砖国家银行等开展合作，利用这些国际和地区组织的资源、网络、平台和品牌，共同推进"一带一路"知识共享，提高知识共享的影响力、公信力和中立性，淡化政治色彩。

三是建立"知识＋资金"综合体系。"一带一路"知识共享应当与资金援助、对外投资、项目建设等结合起来，形成"知识先行、资金配套、项目推动、资本跟进"的对外援助与合作模式，提升我国知识援助对沿线国家发展的实际效果，也更好保障对外合作中的中国利益。

3. 增强"一带一路"国内外知识联动

要保障知识共享的效果，必须建立开放平等、多方参与、持续互动的知识交流情景。

一是促进国内外的知识交互联动。"一带一路"知识共享既要向其他国家分享中国在经济社会发展各方面的知识和经验，也要将"一带一路"沿线国家好的经验和知识挖掘出来，供沿线各国分享。通过知识输出与知识引进相结合，促进中国和沿线其他国家之间互相学习，促进共同发展。

二是吸引沿线国家共同参与。我国可以设立国际性研究资助项目或奖项，鼓励沿线国家相关机构和人员申请，以此研究和推广中国发展经验；建立"一带一路"知识学习网络，吸引沿线国家的研究机构和社会组织申请成为区域学习中心，共同参与研究、培训、咨询等工作。

三是形成持续性知识交流机制。建立"一带一路"发展知识门户网站，开发多语种的发展知识库、网络学习课件和在线视频会议系统，结合各类"一带一路"论坛，促进持续性的国内外知识共享与交流。

4. 提升"一带一路"知识援助实效

知识共享的最终目标，是将中国经验和知识转向为各国的政策举措，加快这些国家的经济社会发展。

一是促进知识的吸纳与掌握。"一带一路"知识共享除提供知识、开展培训外，还应结合会议论坛、人员交流、实地考察、咨询服务等多种形式，让沿线国家的政府官员、专家学者和企业人士更便利地理解、掌握、吸纳、利用中国的发展经验。

二是促进知识向政策的转化。在推动"一带一路"知识共享过程中，一方面我国相关机构要加强与沿线国家政策制定和研究机构间的对话，及时了解他们的需求，提供有针对性的知识；另一方面我国也应借助各类国际平台，让参与"一带一路"知识项目的机构和人员展示其学习和研究成果，提升其在母国的知名度和影响力，帮助这些机构和人员提升将所获知识转化为所在国家政策的能力。

六、小结与启示

推动"一带一路"沿线国家知识共享丰富了"网络空间命运共同体"的内涵，能促进政策沟通和民心相通，也有助于更好地讲好中国故事。本章通过文献分析，提出了国家间知识转移的影响因素模型，以分析发达国家和国际组织推动跨国知识共享的经验。在此基础上，笔者提出了优化"一带一路"知识共享的主题选择、健全知识援助机制、增强国内外知识联动、促进知识转化利用等对策建议。

第十一章 "一带一路"倡议实施中的情报失察*

情报的准确性和及时性影响外交政策制定的有效性，一个国家对外政策的制定尤其需要情报的支持。①"一带一路"倡议是新时期我国对外战略的主轴，国家战略需要建立相应的情报服务体系，来为战略的推进实施保驾护航。然而从各方面的报道来看，当前"一带一路"倡议实施中存在着大量情报失察现象，给我国政府和企业带来巨大的风险和损失。因此，分析"一带一路"倡议实施中的情报失察现象并找准原因和研究对策，对于保障倡议实施具有重要价值。

一、情报失察概念及研究现状

（一）情报失察概念

情报失察（Intelligence Failure）是指对某种趋势、某一事件的真实性或准确性的判断不符合客观实际，以及对某领域、某方向的情报缺乏必要的警惕性和敏感性，以至于并未开展相应工作。②借鉴美国情报学家洛奇·K.约翰逊（Loch

---

* 本章主要内容已发表。丁波涛：《"一带一路"倡议实施中的情报失察问题研究》，《情报理论与实践》2020年第9期。
① 赵晨旖：《〈国家情报战略〉对美国对外政策的影响研究》，外交学院硕士学位论文，2018年，第23—24页。
② 赵小康：《导致决策失误的情报失察研究：成因分解与实证模型》，《情报理论与实践》2010年第9期。

K. Johnson）的理论，情报失察有四种表现，分别存在于情报规划、收集、分析和利用环节。①

（二）"一带一路"情报失察研究现状

情报工作的作用是"耳目""尖兵"和"参谋"。②"一带一路"倡议实施面临着十分复杂多变的国际环境，必须建立与之相适应的情报工作体系，提供及时、翔实和准确的情报，使我国政府、企业和民众能有效规避和化解各类风险与挑战。根据文献检索结果，目前国内有关"一带一路"情报失察的研究可分为两方面：

一是情报失察研究。该问题一直备受情报学界关注。国外多关注重大国家安全事件中的情报失察问题，例如"9·11"事件、伊拉克战争等；③而国内研究多关注企业情报服务④⑤⑥、公共突发事件⑦中的情报失察问题，侧重于采用非理性决策、信息不对称等理论分析其成因，包括决策者情报素质、情报工作制度、企业管理流程等。

二是"一带一路"情报服务研究。其涵盖情报服务平台建设⑧、情报技术与方法⑨、情报服务发展策略⑩等方面，主要研究如何利用互联网和大数据等技

---

① Johnson, Loch K., "A Framework for Strengthening U.S Intelligence", *Yale Journal of International Affairs*, No.1, 2006.
② 贺德方：《我国科技情报行业发展战略与发展路径的思考》，《情报学报》2007年第4期。
③ 江洁、徐志峰：《国内外情报失察研究述评》，《图书情报工作》2011年第6期。
④ 赵小康、李伟超、周志远：《企业决策者情报失察成因分析》，《情报探索》2009年第11期。
⑤ 王大龙：《基于情报决策者非理性决策的情报失察研究》，《现代情报》2011年第8期。
⑥ 赵丽娟、王大龙：《基于信息不对称理论的情报失察研究》，《情报探索》2012年第10期。
⑦ 李纲、李阳：《关于突发事件情报失察的若干探讨》，《情报理论与实践》2015年第7期。
⑧ 朱毅、李思瑶：《"一带一路"背景下情报采集分析平台的构建》，《电子世界》2019年第1期。
⑨ 丁波涛：《基于数据银行的"一带一路"信息资源整合研究》，《情报理论与实践》2018年第12期。
⑩ 丁波涛：《"一带一路"沿线国家信息资源整合模式——基于国际组织和跨国企业经验的研究》，《情报杂志》2020年第9期。

术，加强政府、企业和信息机构之间的合作，促进"一带一路"信息资源的整合，创新信息服务形式等问题。

综合来看，目前关于"一带一路"情报服务的研究多是从正向思维角度探讨如何构建和改进"一带一路"情报服务体系，而从逆向思维角度专门研究"一带一路"情报失察的成果还很少见。然而在许多情况下，问题导向的逆向思维与分析能够帮助我们更快找到问题要害和关键点，并寻求有针对性的解决之道。为此，本章将利用情报失察理论，梳理"一带一路"情报工作中的情报失察现象并分析其原因，并提出对策建议。

二、"一带一路"倡议实施中的情报失察现象

（一）规划环节中的情报失察

"一带一路"项目多属基建领域，资金投入量大且回报周期长，且多位于政治和社会动荡国家，项目风险高且呈长期化，持续情报跟踪与服务更是必不可少。

但实际中不少机构和企业缺乏情报意识以及情报规划，很多重大对外合作项目缺乏情报支撑，滋生极大风险。表现为：项目实施前对情报重视不够，未提出明确需求，增加了情报工作的盲目性；项目实施中缺乏与情报机构的紧密互动，往往是遇到问题后临时抱佛脚才求助于情报服务，而不能利用主动的情报保障和预警防患于未然；遭遇项目失败后，不从情报角度进行反思，导致情报工作得不到改进。

（二）收集环节中的情报失察

情报收集为情报工作提供原材料，很大程度上决定着情报工作的有效性。此环节中的情报失察有两种表现：

一是情报获取不充分。"一带一路"沿线不少国家与我国距离遥远，经济、文化、制度差异巨大，企业难以充分获取海外情报。法制日报社下属的中国公司法务研究院于 2018 年发布的《2017—2018 中国企业"走出去"调研报告》显示，三成以上企业反映东道国信息收集困难，在我国企业投资"一带一路"的主要困难中排第二位，仅次于外汇进出受限。①

二是情报采集不及时。在大数据时代，重大突发事件后短时间内会涌出海量情报，这可能会压垮情报收集人员，使他们无法及时采集和甄别情报。例如，2005 年伦敦地铁爆炸、2011 年日本福岛核电站泄露、2014 年马航客机失联等事件发生后，当事方提供的信息十分混乱且前后矛盾，社会各方的猜测、爆料、议论层出不穷、真假难辨，要及时准确地采集情报十分困难。②

(三) 分析环节的情报失察

情报分析是情报工作的核心环节，要求分析人员具有洞察力和专业技能，将大量原始情报进行加工处理并转换为可靠的结论和可操作的建议。在我国的对外经贸合作中，情报分析失误屡有发生。一些情报机构对原材料价格、投资对象国政局、区域冲突等的预判常常与现实或结果不符，影响了我国的对外合作决策与实施。这一方面固然是由于国际局势复杂多变难以预测，但另一方面也反映我国相关机构和专家在对外情报分析能力上仍有很大提升空间。

(四) 利用环节中的情报失察

情报分析结果需要传递给情报用户以支持决策与实施。这一环节的情报失

---

① 中国公司法务研究院：《2017—2018 中国企业"走出去"调研报告》，2019 年 3 月 1 日，http://tradeinservices.mofcom.gov.cn/article/lingyu/lyqita/201805/60181.html，访问日期：2019 年 8 月 12 日。
② 李渭等：《突发事件信息公布考验多国　危机沟通有三 T 原则》，2019 年 5 月 6 日，https://world.huanqiu.com/article/9CaKrnJEyIe，访问日期：2020 年 1 月 12 日。

察即为有效情报成果未被充分利用，使情报未能发挥价值，主要有以下几种表现：

一是情报传递不畅通，导致情报未能送达需求者，无法发挥其价值。有文献[1]分析在国内企业"走出去"过程中，因部门条线分割造成行业间共享情报不足，相关政府部门未及时向企业通报外国进出口政策变化，导致企业蒙受重大损失。

二是情报利用不充分，有价值的情报被用户所忽视，或被其他虚假情报所淹没。例如，在前几年的光伏产业热潮中，尽管当时不少机构已警示该产业产能过剩、国外市场接近饱和、欧洲国家可能启动反倾销调查，但仍挡不住国内地方政府和企业的投资热情，最终造成产业严重动荡，大量企业倒闭。

三是情报反馈不及时。情报系统的工作效率并不完全取决于系统本身，也取决于情报机构和情报用户之间的彼此作用和相互影响的效力。[2]情报工作应当是一个闭环过程，用户在利用情报后应及时反馈情报的及时性、准确性、实效性，使情报服务得以相应改进。然而"一带一路"倡议实施中，情报机构与实际部门往往是松散耦合、单向服务而缺乏紧密互动，情报机构难以知晓情报服务的实际效果。

三、"一带一路"情报失察的成因

情报失察问题的成因很复杂。李纲等人[3]认为其原因主要有：情报主体的认知偏差、信息系统缺乏协同以及情报文化的影响，信息资源整合困难，也涉及

---

[1] 彭靖里、陈铁军、夏波波：《企业实施"走出去"战略中导致情报失察的因素分析——以昆钢股份为例》，《情报探索》2013年第1期。
[2] 任福珍、刘雪梅：《论信息时代情报供需双方的交互》，《情报杂志》2009年第12期。
[3] 李纲、李阳：《关于突发事件情报失察的若干探讨》，《情报理论与实践》2015年第7期。

组织之间协同配合问题；文献①分析了情报失察中的组织因素：利益冲突、执行与决策的冲突、信息利用非中立；文献②分析了个体因素：信息需求者和代理信息搜索者之间的沟通不充分，对信息需求的认识难以表达，需求细节不完整及共享不充分。笔者将其归纳为三方面，即：能力因素导致的情报质量不高，体制因素导致的情报协作不畅，文化因素导致的情报利用不足（见表11-1）。

表11-1 情报失察的成因

因素	解释	表现
情报能力	各类主体的能力欠缺，导致情报质量低下而引发情报失察	情报意识不足、情报采纳偏好、情报技术落后、情报收集和分析能力不强
情报体制	情报分析者与使用者之间未充分互动而引发情报失察	情报供需要对接不畅、缺少情报反馈
情报文化	机构组织文化、情报价值取向等造成重要情报被忽略而引发情报失察	情报利用非中立、情报工作政治化

（一）情报能力因素

情报能力不足指因主观的情报意识、素质、经验欠缺，以及必要的情报设备、技术、工具欠缺而导致情报规划、分析、利用等能力不足，包括情报人员和情报用户两方面能力因素。

引起情报失察的情报用户能力因素主要有两种：一是情报意识淡薄，主要表现在情报用户对情报工作的重视程度、情报价值的认同度以及情报管理的能力等方面。从我国企业"走出去"案例来看，不少对外投资失败都源于企业只关注土地、用工、设备及交易价格等具体因素，而忽视了国内外动态变化的政治、法律、管理、文化差异等战略风险，③其背后是这些企业在面对复杂环境中

---

① 杨晓宁：《情报失察的组织因素及其控制》，《情报杂志》2018年第5期。
② Maungwa，Tumelo，Fourie，Ina，"Competitive intelligence failures"，*Aslib Journal of Information Management*，No.4，2018.
③ 王春华：《基于复杂网络的对外投资企业战略风险识别及预警模型研究》，东华大学硕士学位论文，2014年，第34—35页。

的重大决策中，不重视情报工作的支撑。二是情报采纳偏好。情报用户往往受自身观念、偏好、理解能力的影响而忽略或拒绝所获得的情报，或者只采信部分情报，导致有价值的情报没有得到利用。美国情报学家理查德·K.贝特思（Richard K. Betts）认为，重大情报失察鲜因情报人员造成，而多应归咎于那些使用情报的决策制定者。[①]

影响情报失察的情报人员能力因素也包括两种：一是情报认知偏差，指情报人员在面对高度复杂环境和大量不确定性风险时，不是基于客观事实而是根据主观印象、经验、情绪来开展情报工作，对不符合自身偏好的情报进行选择性忽略。二是情报技术落后。根据笔者对目前国内几个重要"一带一路"数据库的考察来看，大多数仍是采用传统的信息采集与分析方法，大数据、人工智能等新型技术应用较少，因而在面对海量"一带一路"数据时，情报收集和处理往往不够及时、准确。

（二）情报体制因素

"一带一路"情报的采集、分析与传递需要多个机构共同完成。然而，官僚主义、本位主义等问题，或机构间情报管理规则、方式程序等差异，造成机构间协作不足而致情报失察。

一是情报工作重复，重视热点问题而轻视持续跟进。"一带一路"情报机构多聚焦于热点国家和热点领域，而不能对"一带一路"进行全方位的持续跟踪与观察，既造成重复劳动和资源浪费，也使得许多关于重要情报被忽略。

二是情报网络不全，重视专业部门而轻视多元情报。我国许多驻外企业、外派人员、当地留学生、华人华侨都是"一带一路"情报的重要来源，这些非专业情报来源实时性强、准确度高，但未能充分纳入"一带一路"情报工作网络。[②]

---

① Richard K. Betts, "*Enemies of Intelligence: Knowledge and Power in American National Security*", New York: Columbia University Press, 2007, pp.90-91.
② 丁波涛：《基于数据银行的"一带一路"信息资源整合研究》，《情报理论与实践》2018年第12期。

三是情报工作脱节，重视实际业务而轻视情报介入。情报工作与"一带一路"实施推进工作未能紧密协作，情报部门只是作为外围机构，按需提供情报服务，而没有主动和深度地参与重大项目的决策与推进过程中。

（三）情报文化因素

情报文化是机构在情报实践中形成并为全体员工所认同与遵循的情报价值导向、工作理念、行为准则等，[1][2]错误的情报文化会将情报工作引入歧途。

一是情报工作政治化。情报部门本应根据客观事实和规律来独立地开展工作，但实际中受官僚政治、部门利益影响，情报部门和决策部门常常形成一种"潜移默化的妥协"，[3]情报分析被有意地引向决策者期望的结果，决策者可借此证明自己言之有据、师出有名，情报部门则获得更高的"用户满意度"。美国不少情报专家在分析"9·11"事件和伊拉克战争时，都指出情报工作政治化是造成情报失察的主要原因。[4]我国在一些对外合作情报工作中也存在此类倾向。

二是情报团队"群羊化"。"一带一路"情报分析需要多专业人员参与，但"群体分析"（Group Think）易产生"群羊效应"（Herd Behavior）。[5]重大战略和重要活动开展过程中，情报人员一旦出错，个人将承担十分严重的后果，因而带来巨大的情报工作压力。在这种工作氛围中，与上级领导或大多数人的意见保持一致，无疑是"最安全"的选择。这必然造成情报分析屈从于上级和权威人士的意志或者社会上的所谓"共识"，而不能提出客观的真知灼见。

---

[1] 刘冰、高洁：《企业竞争情报文化论略》，《图书情报工作》2009年第18期。
[2] 华文静、关家麟：《竞争情报与企业情报文化》，《中国信息导报》2007年第6期。
[3] 李纲、李阳：《关于突发事件情报失察的若干探讨》，《情报理论与实践》2015年第7期。
[4] Afolabi, Muyiwa, "Intelligence Failure: Sources and Failures", *Readings in Intelligence and Security Studies*, No.4, 2015.
[5] Luis Garicano, Richard A. Posner, "Two Intelligence Failures: An Organizational Economics Perspective", *Journal of Economic Perspectives*, No.4, 2005.

四、消除"一带一路"情报失察的对策

随着"一带一路"倡议实施逐步走向深水区，面临的风险与挑战将越来越大，加强情报工作、避免情报失察愈加重要。要解决这一问题，既需要情报机构改进情报方法与流程、增强情报能力，也需要加强情报工作整体领导与宏观协调、提升整体效率。文献①指出，美国情报事业之所以发达，在于它能充分调动国家以及社会资源，不断强化情报机构之间的联系与协作，确保情报机构与情报用户之间横向与纵向的无缝对接。要减少情报失察，情报机构和用户应当从能力、体制和文化方面改进"一带一路"情报规划、收集、分析与利用（见图11-1）。

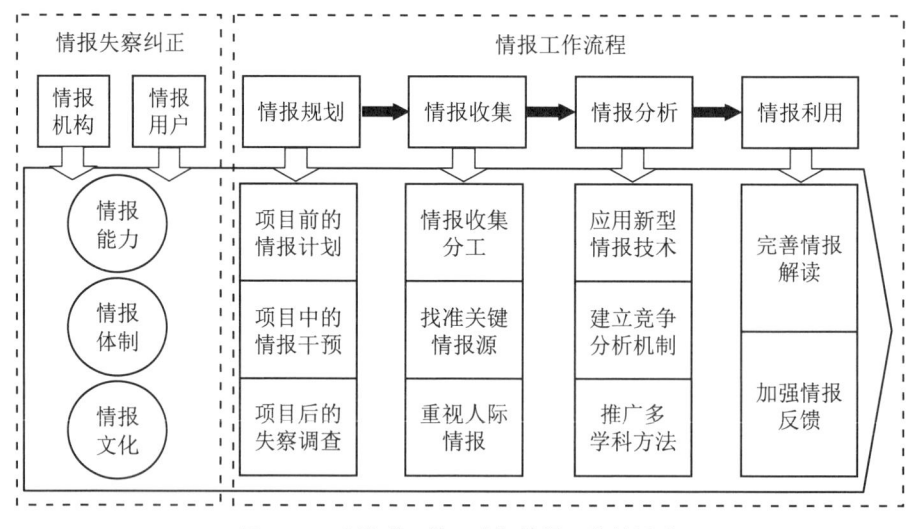

图 11-1 改进"一带一路"情报工作的思路

---

① 张志华、张凌轲：《基于网络信息安全的国家竞争情报战略研究：以美国为例》，《图书馆理论与实践》2016 年第 8 期。

(一)"一带一路"情报规划

情报规划的目标是建立贯穿对外合作项目全过程的情报工作机制。重大项目实施之前，项目单位和情报机构应紧密合作，谋划项目各环节的情报工作方案，做到谋定而后动。

(1) 项目前的情报工作计划。重大项目承担机构要提升情报意识，规划好与项目相配套的情报支撑服务。如在项目可研阶段，加入情报审查环节，从情报源、情报机构、情报产品等角度，对与项目决策与实施相配套的情报支撑体系进行可用性和有效性审查。

(2) 项目中的情报干预机制。情报干预指通过独立的情报搜集、整理、分析、传递活动，主动介入并影响决策、施策、评策全过程。[1]重大项目实施既需要"按需提供"的被动情报服务，也需要建立覆盖决策链中的情报介入机制，发挥情报的纠偏、斧正作用。[2]

(3) 项目后的情报失察调查。对于造成重大损失的失败项目，应开展针对项目全过程的情报失察调查。这不仅可以发现情报工作的不足，也可以让决策者更加清晰地了解情报工作的意义和价值，从而有针对性地改进情报工作。[3]

(二)"一带一路"情报收集

"一带一路"情报庞杂、分散而且动态变化，情报机构既要加强情报方法创新，还应从以下方面来健全情报收集体系：

(1) 加强情报收集分工。情报机构应当加强分工，除重要国家和热点区域之外，对于中小国家和冷门领域也应当有专门机构进行持续的情报跟踪和收集，

---

[1] 胡雅萍、沈固朝：《从"情报服务"到"情报干预"——从决策失误看情报作用的一些思考》，《情报学报》2017年第11期。
[2] 胡雅萍、董尹：《决策失误防范中情报介入机制研究》，《情报杂志》2020年第3期。
[3] 缪其浩：《重大经济损失需要情报失察调查》，《竞争情报》2009年第3期。

减少重复工作,以有限资源构筑更广泛的情报收集网络。

(2) 找准关键情报源。要破解情报数量指数增长与收集能力有限之间的矛盾,关键在于找准"一带一路"关键情报源,包括重要机构、重要媒介、重要人物;同时还应定期从情报量、准确性、新颖性、时效性及获取便利性等角度对情报源进行评估,①不断筛选优化最佳情报源。

(3) 重视收集人际情报。人际情报网络对于提升情报工作绩效具有重要意义。②应当将我国驻在"一带一路"国家的众多机构和人员纳入"一带一路"情报工作体系之中,形成涵盖公开情报、商业情报、人际情报、一手情报、非公开情报等多种情报源。③

(三)"一带一路"情报分析

改进情报分析的关键在于通过技术和制度创新,实现更科学、准确、深入和高效的情报分析。

(1) 应用新型情报分析技术。当前情报技术与方法日新月异,如用于数据获取的智能感知、多语种智能翻译、自动聚合等技术,用于数据处理的情景分析、人物画像、影子分析等技术,用于数据转化的模糊决策、不确定性问题决策等技术。情报机构应加快新技术应用,做到更全面掌握、更及时查察、更深入分析、更准确预判。

(2) 建立竞争性情报分析机制。"竞争性分析"产生于美国情报界,即建立多个独立分析中心,每个中心都可平等接触原始情报资料并独立提交情报成果,

---

① 彭知辉:《论公安情报源的分布、评估与利用》,《铁道警官高等专科学校学报》2010年第4期。
② 仝丽娟、仝若贝、李明慧:《关系嵌入对企业竞争情报工作的影响分析》,《图书情报工作》2019年第8期。
③ 彭靖里、张志雄、曾玉:《论国家竞争情报在沿边对外开放战略研究中的价值——建设中国面向西南开放桥头堡的竞争态势分析》,《现代情报》2012年第3期。

避免决策部门偏听偏信,从而在判断上造成失误。[1]美国《国家情报战略》也反复强调"红蓝队""A-B 小组"等竞争性情报分析机制的作用,以克服情报人员的认知偏见,提高分析质量。[2]

(3) 推广多学科情报分析方法。"一带一路"倡议实施多面临综合型问题,情报分析需要多方法集成和多学科融合,需要政治、经济、社会、文化、宗教等不同学科、不同领域的情报机构和研究机构之间紧密合作,从各个侧面对重大事件和重要问题进行情报分析和解读,为倡议实施提供全景式的综合情报支撑。

(四)"一带一路"情报利用

情报系统的工作效率并不完全取决于系统本身,还取决于情报机构与情报用户之间的彼此作用和相互影响的效力。[3]通过完善体制机制、建立规章制度、变革机构文化等,加强情报的传递与利用,充分发挥"一带一路"情报的价值。

(1) 完善情报解读,其关键在于减少因个人偏好导致的情报误读和漏读。为此,情报机构应当建立标准化的情报解读流程、团队参与的情报讨论机制,并构建更加平等开放的组织文化,允许和鼓励小组成员"唱反调"[4],同时引入多元假设、替代分析、可视化情报分析等结构化方法,[5]提升情报解读的科学化水平。

---

[1] 高金虎:《试论国家情报体制的管理——基于美国情报界的考察》,《情报杂志》2014年第 2 期。
[2] 任国军、汪明敏:《"9·11"事件以来的美国情报改革评析》,《解放军国际关系学院学报》2012 年第 3 期。
[3] 任福珍、刘雪梅:《论信息时代情报供需双方的交互》,《情报杂志》2009 年第 2 期。
[4] 严贝妮、陈秀娟:《情报失察中的个体认知偏差成因分析》,《情报杂志》2012 年第 9 期。
[5] 马晓娟、陈烨、董庆安:《结构化分析技巧——克服情报分析中认知偏见的逻辑》,《情报杂志》2018 年第 7 期。

(2) 加强情报反馈。将情报反馈作为关键环节列入情报流程，有助于驱动情报流程不断循环，达到调整优化的目的。[①]决策部门、执行部门应与情报机构紧密互动，及时反馈情报质量和利用效果，为情报工作评估与改进提供依据。

五、小结与启示

任何情报工作中都不可避免存在失察现象。"一带一路"倡议提出时间不长，而且情报环境高度复杂，出现情报失察更属正常。重要的是，决策部门和情报机构能不断地对情报工作进行检视，找出情报失察的深层次原因并加以改进。美国强大的情报能力并非与生俱来，而是在诸如珍珠港事件、中东赎罪日战争、"9·11"事件、伊拉克战争等重大情报失察后，面对举国上下的激烈批评，情报界全面深入地反思情报工作，及时系统地查漏补缺。在包括"一带一路"在内的各项情报工作中，我国不仅要借鉴发达国家的成功做法，更要学习它们在不断自我反思、自我批判和自我修复中不断提升情报能力的经验，从而建立更为强大的国家情报体系，为我国各项重大战略的实施保驾护航。

---

① 彭知辉：《情报流程研究：述评与反思》，《情报学报》2016 年第 10 期。

第十二章 国家级"一带一路"信息资源建设

我国要推进"一带一路"倡议向高质量方向深入发展,必须加强"一带一路"信息资源工作的整合与协调,建立统一的国家"一带一路"信息资源战略。统一的国家信息资源体系可为"一带一路"倡议实施中的宏观环境认识、发展态势感知、主要国家的问题研究、国家战略风险预警、国家外交政策制定、世界重大事件研究、国家战略行动的统筹与协调、国家特别行动保障等提供强有力的支撑。[1]

一、推动国家级"一带一路"信息资源建设的必要性

首先,建立国家级"一带一路"信息资源战略源自全球局势的日益复杂化,需要将原本分散在各个部门、各个条线中的信息工作进行协调,发挥其对国家整体利益的支撑作用。学者[2]指出,过去美国能够把信息作为力量,但没有战略来定义和指导信息的使用,然而,一个日益联系紧密和复杂的世界需要一个国家信息战略,将信息工作贯穿国家的外交、军事和经济,是它们协同成功的关

---

[1] 赵冰峰:《论国家情报》,《情报杂志》2013 年第 7 期。
[2] Murphy, Dennis; Kuehl, Daniel, "The Case for a National Information Strategy", *Military Review*, No.5, 2015.

键促成因素。习近平总书记专门指出："放眼世界，我们面对的是百年未有之大变局。"新一轮科技革命和产业革命加快重塑世界，世界多极化深入发展使国际力量对比变得更加平衡，大国战略博弈加剧推动国际体系深刻变革。[①]这都将给"一带一路"倡议的实施带来复杂而深远的影响，我国须建立一个统一、连贯、综合的"一带一路"信息资源战略，统领各条线的信息工作，实现不同部门间的信息共享与协作。唯此，我国才能在日趋混乱和复杂的信息环境中，及时而高效地推进"一带一路"倡议。

其次，建立国家级"一带一路"信息资源战略，符合全球各国战略信息工作发展趋势。当前，世界各国都十分重视国家级信息资源战略的制定和实施，从国家层面对各类信息工作进行指导和协调。例如，美国 2005—2014 年已发布了 3 份《国家情报战略》，特别是在最新版中进一步强化情报体系整体建设，强调情报工作联合共享，美国国家情报工作呈现了一体化、全局性、适应性等特点；[②]法国于 2009 年 9 月设立直接向总统负责（后改为直接向总理负责）的经济情报部际代表职位，在中央政府各部委、主要大区设立经济情报机构，并吸纳政府部门、企业、研究机构、中介服务机构等共同参与，形成了一个遍布全国、顶层统领、纵横交织、覆盖到社会基层的完善的国家竞争情报服务体系；[③]日本建立了官民结合的信息工作体系，政府信息机构根据不同时期的国家方针政策，责成所属信息部门、研究机构、贸易商社等从事信息活动，民间信息机构则向政府情报机构和有关部门提供研究资料或接受委托调查任务，供政府制定政策参考。[④]

---

① 罗建波、徐黎：《如何理解"百年未有之大变局"》，《学习时报》2019 年 3 月 25 日，第 4 版。
② 马德辉、黄紫斐：《美国〈国家情报战略〉的演进与国家情报工作的新变化、新特点与新趋势》，《情报杂志》2015 年第 6 期。
③ 陈峰：《法国政府加强竞争情报工作的战略举措及启示》，《情报杂志》2015 年第 2 期。
④ 尔南：《日本是如何搜集经济情报的》，《国际研究参考》1997 年第 10 期。

再次，建立国家级"一带一路"信息资源战略，也缘于克服目前我国"一带一路"信息工作分散现状的需要。我国在深入实施"一带一路"倡议的过程中，并不缺乏信息资源和信息工作，而是缺乏整体性的信息战略，造成"一带一路"信息资源开发与保障的低效率：一方面，不少信息机构将人力、物力投入一些低水平的重复性工作，导致资源浪费；另一方面，"一带一路"倡议实施中的许多重点工作又缺乏机构进行长期的跟踪与信息采集，导致情报失察。特别是目前我国许多"一带一路"信息工作均为公益性、非营利性、非市场化，很难通过自我或市场调节形成合理高效的信息协作机制，而必须依赖国家统一的"一带一路"信息资源战略来协调各种力量和资源。

综上，我国需要建立"一带一路"国家信息资源战略，建立全面、综合、多元的"一带一路"信息资源工作体系，一方面对"一带一路"沿线进行全方位的信息资源监控，提升战略预判能力，充分保障我国的国家利益，助推中外各领域合作；另一方面也有助于提升"一带一路"信息资源工作的专业性、协调性、系统性，提高信息工作效率，减少信息资源浪费。

二、"一带一路"信息资源建设的概念与目标

（一）"一带一路"信息资源战略的概念

借鉴国家情报战略的概念，[①]国家"一带一路"信息资源战略是指以服务"一带一路"倡议深入实施为总体目标，以国家信息资源活动一体化为主体架构，对"一带一路"数据信息进行规划指导、搜集、整理、分析、传递、服务决策的一项基础工作，为政府、企业和社会实施"一带一路"倡议指引方向、发现机遇、察觉风险、提供对策。

[①] 马德辉、黄紫斐：《美国〈国家情报战略〉的演进与国家情报工作的新变化、新特点与新趋势》，《情报杂志》2015年第6期。

"一带一路"国家信息资源战略有三个基本要点：

(1) 国家信息资源战略的总体目标是让信息资源工作更好地为国家安全和国家利益服务。

(2) 强调需要从国家层面上对本国信息资源工作和信息资源进行规划、指导以及配置。

(3) 国家信息资源战略的目的是增强本国信息资源工作的专业性、协调性和一致性，避免力量分散，减少随意性。

因此，"一带一路"信息资源的关键在于从国家层面上制订"一带一路"信息资源工作规划，统筹协调各条线、各部门与"一带一路"相关的信息资源工作和信息资源，提升信息工作能力、促进信息资源共享、加强信息资源利用，解决目前相关信息资源工作分散化、重叠化问题，为"一带一路"倡议实施提供更好的信息资源支撑。

(二)"一带一路"信息资源战略的特点

从工作内容上看，人类信息活动可分为两大体系：一是有关国防、军事、政治和国家安全等的信息活动；二是有关科技、经济、社会等的信息活动。相应地，国家信息资源战略也可分为两类：一是军事和安全的信息资源战略。美国历年出台《国家情报战略》基本都属此类；二是经济社会信息资源战略，包括国内学者论及的"国家竞争情报战略""产业技术情报战略"以及法国的"国家经济情报战略"、日本的"产业情报"基本都属此类。显然"一带一路"信息资源战略属于后者。

需要说明的是，国家信息资源战略与国家情报战略虽然有一定关联，体现在两者都强调国家层面对信息工作进行指导和协调、重视信息工作为国家发展和利益服务、重视各信息机构之间的业务协作与信息共享等，但两者也有很大区别。国家信息资源战略具有以下特点：

(1) 战略目标突出经贸为主。国家情报战略虽然涵盖政治、社会、经济等领域，但通常以保障国家安全为主要目标。"一带一路"信息资源工作以促进"五通"为主要目标。因此，国家情报战略通常是由国家安全部门主导，而"一带一路"信息资源工作通常由国家经贸部门和信息机构主导。

（2）战略导向突出合作共赢。国家情报战略是一种基于国家竞争的情报战略，而"一带一路"信息资源战略是为促进合作。前者更突出获取外部情报和保护自身情报，建立相对情报优势；后者更强调通过信息资源交流，消除彼此之间的信息不对称，促进了解与合作。

（3）实施主体突出开放协作。国家情报战略主要由国家安全部门及其情报人员实施，而"一带一路"信息资源工作由政府部门规划引导，由政府部门、社会机构和企业共同实施。

（4）信息手段突出合法公开。国家情报战略中的情报手段几乎不受限制，而"一带一路"信息资源工作应以合法、公开、商业性方式为主。

（5）服务对象突出多元互助。国家情报战略服务对象主要是政府部门和高层领导，而"一带一路"信息资源战略的服务对象包括政府、社会机构和民众，甚至还应包括国外机构和民众。

我国在"一带一路"信息资源战略的制定和实施过程中，应当充分把握两者的不同；同时还应当向国内外充分说明国家信息资源战略与国家情报战略的区别，以减少"一带一路"信息资源战略的实施阻力。

（三）"一带一路"信息资源战略的目标

参考美国国家情报战略（2014）中对国家情报战略目标的描述，本章将信息资源战略目标分为两类，即任务指向型目标和组织建设型目标。

1. 任务指向目标

任务指向目标实际上是信息工作目标。"一带一路"信息资源工作着眼于两方面目标：一是充分获取对方信息资源，即所谓"正向信息资源工作"，要求"一带一路"信息机构建立完整信息资源收集体系、提高信息资源分析利用能力、加强信息资源机构之间的分工合作以及促进信息资源机构和信息资源用户之间的供需对接；二是主动对外传播信息，在要促中国对外国的了解同时，促进外国对中国的了解，降低双方之间信息的不对称，减少战略误判，促进交流合作。这是"一带一路"情报工作与其他情报工作的重要不同之处。

2. 组织建设型目标

组织建设型目标实际上是战略保障目标。国家信息资源战略应当为信息资源机构工作提供更充足的人才、资金、物质和基础设施保障，加快新型信息技术的创新与应用，提升信息的采集、分析和重要信息资源的安全保护能力；同时，国家信息资源战略还应当通过国家层面的指导、协调和推动，促进信息资源资源优化配置，促进信息资源机构之间的合作，促进政府、社会、企业和信息资源机构之间的合作，提升国家信息资源工作的整体效能。

根据上述目标，"一带一路"国家信息资源战略应当建立两大体系："一带一路"信息资源工作体系；信息资源组织保障体系。

三、"一带一路"信息资源工作体系

（一）推动"一带一路"信息资源建设协作

信息资源力量组织的根本任务在于提升国家整体信息资源能力。这既有赖于每个信息资源机构能力的提升，更需要促进不同类型、不同行业、不同层级信息资源机构之间的协作。因此"一带一路"信息资源战略的重要作用是推动相关信息资源工作的协同。美国情报工作之所以强大，除了有发达的情报采集体系外，还在于有完善的情报协作体系。文献[1]指出，美国能充分调动国家以及各种社会资源，不断强化情报机构之间的联系与协作，确保情报服务机构与情

---

[1] 张志华、张凌轲：《基于网络信息安全的国家竞争情报战略研究：以美国为例》，《图书馆理论与实践》2016 年第 8 期。

报需求主体之间信息传递的横向与纵向的无缝对接。

当前信息资源协作的关键是克服信息工作部门化倾向，推进信息资源的跨条线共享、分析与利用，可采取多种方式：

(1) 对于政府下属信息机构，可采取政府主导方式。通过法规和行政手段建立信息资源协作机制，重点是解决跨政府层级和条线的信息资源共享。对于政府内部的信息资源，除按相关法律规定不能共享的内容之外，都应当结合当前我国公共数据治理改革进程，实现政府部门之间、上下层级之间的无条件共享；对于来自政府部门之外但政府部门有共性需求的"一带一路"信息资源，可建立集中采购制度，由政府部门的信息资源主管部门统一向社会机构采购，并在政府部门间共享共用。

(2) 对于社会信息机构，可采取社会主导方式。通过政府部门引导，由信息资源机构、企业、研究机构以及其他社会组织自发建立"一带一路"信息资源联盟、"一带一路"信息资源共享网络、"一带一路"信息资源服务平台等，开展信息共享、业务协作等工作。例如，国家信息中心建立的"一带一路"大数据平台，将各类信息机构、企业用户和研究机构整合起来，实现统一营销、供需互动，取得了良好效果。

(二) 构建"一带一路"全球信息网络

"一带一路"是一项全球倡议，"一带一路"信息工作也应当建立全球网络，充分利用国内外相关资源和力量，促进"一带一路"信息资源的全球化采集和全球化传播。

1. 全球信息采集网络

"一带一路"信息资源的获取，除依靠国内的专业信息机构通过采集、共享、购买等方式取得信息外，还应当发动我国的涉外力量，利用我国在长期对外合作中形成的遍布全球的机构和人员网络，建立全球"一带一路"信息采集网络。

美国的国家对外信息资源工作是依靠分布在全社会乃至于世界各地的各类组织来共同完成的，并借助于美国国家资本及民间资本的"采购模式"来建设和维持；第二次世界大战后日本的迅速崛起在很大程度上得益于政府、军队、民间等领域的信息资源工作相互依托的信息工作体制机制，通过"委托调查"等机制，利用新闻机构、综合商社、民间智库、科研机构、海外留学生等从事信息搜集工作，全天候地为日本政府提供来自全球的有价值的全源信息。

（1）动员驻外机构加强驻在国调研。引导和鼓励我国的驻外机构特别是海外投资企业，对所在国的经济、社会、文化、市场等开展深入研究，并将有关国别研究资料与国内其他企业和机构进行共享。

（2）委托驻外机构开展调查。针对"一带一路"倡议实施中的具体问题，可以由信息机构委托驻外机构在相应的国家或区域开展调查。

（3）国外信息采购。"一带一路"沿线国家的许多信息和媒体机构掌握着大量有关本国或区域国家的信息资源，我国可直接向这些机构进行采购。

2. 全球信息传播网络

正如前文所述，"一带一路"信息资源开发是一项双向工作，在国家"一带一路"信息资源战略中，既应当包括建立信息资源的全球采集网络，也应当包括建立信息资源的全球传播网络。具体而言：

一是信息层面的传播网络。引导和支持国内从事"一带一路"信息资源工作的机构加强对沿线国家国情和信息需求的研究，开发符合沿线国家信息需求的信息产品，加强多语种信息资源库建设，建立海外信息资源营销渠道；同时，国家应当加强公共信息资源的开放，探索建立向国外开放公共数据的制度，并支持相关信息机构与国外机构合作建立国际性"一带一路"信息共享联盟，建立跨国的信息合作体系。

二是知识层面的传播网络。根据我国经济社会发展中的突出经验，结合沿线国家经济社会发展态势以及知识需求，选择合适的知识主题，采取"政府引导、社会共建"的方式，借助"一带一路"相关的国际和地区组织，建立"一带一路"国家知识共享体系,将中国经验和知识向沿线国家传播并转化为各国的政策举措,加快这些国家的经济社会发展以及"一带一路"的紧密合作。

(三) 建立"一带一路"信息共享平台

1. 建立"一带一路"信息共享平台

建议由国家层面的"一带一路"信息资源工作领导机构指定专业部门(如国家信息中心)以搭建"一带一路"信息共享平台,为国内各类信息机构以及"一带一路"信息用户提供互通有无、供需对接的信息枢纽。信息共享平台应当提供以下功能:

一是身份登记功能。参与"一带一路"信息共享的机构或个人,应当在平台上登记自己的身份并取得认证,促进供需双方的了解与合作,保障信息共享的安全。

二是信息交互功能。"一带一路"信息提供方可以在共享平台上登记信息资源种类、来源、数量等;信息用户可以借助信息目录、关键词等方式,查询平台上可共享的信息。

三是信息交付功能。信息供需双方有时出于保密、安全等考虑不愿直接进行数据交付。在此情况下,共享平台可提供第三方交付功能,即供方先将信息存放至平台,需方从平台中获取数据。

四是信用管理功能。平台根据参与信息共享各方的身份、资质以及参与信息提供或使用的情况,建立信用体系,促进供需双方的信任,帮助需方快速定位高质量信息提供方,帮助信息供方了解需求方的情况,保证其信息资源的安全。

2. 建立"一带一路"信息资源目录

"一带一路"信息资源内容丰富而且类型众多,为促进信息资源共享,仅建立共享平台是不够的,还应当制定"一带一路"信息资源目录体系,为各方共享信息资源提供一种"标准语言"。同时,参与共建的"一带一路"信息机构根据目录体系，建立本机构掌握的"一带一路"信息资源目录，并在平台上发布。而其他需要信息资源的机构或个人通过检索目录，快速找到所需信息的所有者、获取条件等。

参考国家发展改革委和中央网信办于 2017 年发布的《政务信息资源目录编制指南（试行）》[①]，"一带一路"信息机构根据目录体系应当包括：

（1）主题分类。可以从信息资源的专业主题和地域主题两个角度同时进行分类。专业主题可以分为：基本国情、政治制度、政策法规、经济贸易、历史文化等；地域主题则根据信息资源所覆盖的地理范围，既可是"一带一路"沿线国家，也可是沿线区域，如东南亚、中亚、东欧等。

（2）共享条件。系指信息资源是免费共享、收费共享以及不共享，以及信息资源的使用范围、使用期限等。同时，一些机构对其他机构和个人提出共享使用信息资源时，要求后者提供相关身份、资质等证明，这也属于共享条件的一部分。对于不共享的信息资源，所有者可以标注这些信息是否可以其他形式对外提供。

（3）元数据。这是描述数据基本属性与特征的最小集合，一般包括"一带一路"信息资源的名称、专业类别、时空范围、摘要、提供者、发布日期、媒介类型等。

3. 建立"一带一路"信息共享机制

信息共享平台和共享目录为"一带一路"信息共享提供了技术支撑，但信息共享的真正实现还需要制度和机制的保障，提高各类机构共享信息资源的积极性，特别是促进拥有大量信息资源的机构参与共享。

一是加强政策引导。国家在有关"一带一路"发展基金和政策资金中设立专项资金，专门用于资助促进"一带一路"信息共享的机构或项目；同时，对于那些使用公共资金建立的"一带一路"数据库或信息网络，应当将信息资源

---

① 参见 http://www.gov.cn/xinwen/2017-07/13/5210203/files/2415d43d2bcb4dfe9c3f1e1b5c0626c1.pdf。

的共享利用成效纳入其数据库或平台建设的考核指标之中。

二是营造共享氛围。政府要加强对"一带一路"信息共享政策和案例的宣传，加强对上述国家级"一带一路"信息共享平台的宣传推介；还可由国家相关部门出面设立"一带一路"信息贡献奖项，对在"一带一路"信息的开发和共享中做出杰出成绩的机构或个人给予荣誉奖励，提升各方参与信息共享的积极性。

三是强化共享激励。在信息共享平台上，探索建立"一带一路"信息资源的交易制度，使得提供信息资源的机构或个人可以从信息共享中取得合理的收益，增强共享信息的意愿。同时，相关政府部门可以通过"政府采购信息服务"的方式在平台上采购"一带一路"信息资源，引导信息交易制度的建立和发展。

四、"一带一路"信息资源组织建设

"9·11"事件之后美国学者在反思美国信息资源体制时曾指出，"传统信息资源组织之所以难以应对没有预料到的威胁的一个重要原因，在于它们固定的结构和人员专注于特殊的主题"，从而造成各部门之间互相封闭、缺乏交流的局面，导致指挥不灵、协调不畅，重要信息资源难以共享。可见信息资源力量组织是国家信息资源战略的重要内容。

参考文献[①]的成果，"一带一路"信息资源组织建设至少应包括以下方面：一是建立由国家高层机构领导、跨部委的信息资源协商机构；二是制订体现国家统一意志的信息资源工作计划；三是加强人才、财政资金、资源、渠道、政策措施等条件保障；四是促进各方面的良性互动和信息资源协作。

[①] 陈峰、梁战平：《政府竞争情报与企业竞争情报的互动与融合》，《中国软科学》2003年第4期。

(一)建立国家级"一带一路"信息资源领导机构

信息资源体制是国家信息资源工作顺利开展必须理顺和解决的根本问题之一。由于我国长期缺乏一体化的信息体制，各领域信息工作分散割据、利益冲突、协调困难等问题日益突出。[①]为此，我国应当建立由国家高层领导、多部委参与的"一带一路"信息资源工作领导机构，从国家层面统筹相关信息工作，以信息力量协调和信息资源整合为重点，建立官民融合、纵横贯通、互惠共赢、灵活高效的信息工作体系，提升我国"一带一路"信息资源工作的整体效能。

(二)制订和实施"一带一路"信息资源行动计划

国家级"一带一路"信息资源领导机构的重要职能是定期（一般3—5年）制订信息资源行动计划，以指导全国各类机构的信息资源工作。行动计划一是要明确阶段性工作目标，特别是根据"一带一路"倡议实施对信息资源服务的需求以及信息资源工作的薄弱环节，提出相应的工作方向和发展目标，并给出工作推进的量化指标；二是要明确信息资源工作重点任务，围绕"一带一路"信息资源服务机构培育、信息资源共享与协作平台构建、重要信息资源产品和服务开发、"一带一路"数据库建设等方面，明确责任主体、工作内容和进度安排；三是要明确相关保障措施，包括各层级的组织机构建设、制度规章制定以及人、财、物和信息等方面的保障。

(三)完善"一带一路"信息工作的资源保障

1. 人才保障

"一带一路"情报战略需要多方面资源，人才是核心。"一带一路"情报战略实施所需要的人才，一要精通沿线国家语言；二要具备专业知识，能对外国

---

① 包昌火、马德辉、李艳：《我国国家情报工作的挑战、机遇和应对》，《情报杂志》2016年第10期。

的军事、经济、政治事件进行深入分析；三要有国际视野，能全面而系统地审视国际形势，在分析研究的过程中进行换位思考。[1]我国可从归国留学生、外派人员中挖掘一批信息研究人才，要求通晓当地语言、熟悉当地历史文化和风土人情，并在当地有较广泛的人脉，特别是与当地精英人士有密切交往，是"一带一路"信息人才的重要来源。

2. 资金保障

要通过政府资金投入、政府购买信息服务、设立"一带一路"信息工作基金、引导相关企业和社会机构投入等途径，建立多层次的"一带一路"信息工作资金保障，为一些重要的"一带一路"信息共享平台建设、示范性的"一带一路"信息产品开发、典型性的"一带一路"信息机构发展、引领性的国际"一带一路"信息合作项目等提供资金支持。

3. 技术保障

一方面要加强新技术和新方法的宣传和推广，包括新型情报采集方法，如网络爬虫、智能感知等；新的情报处理方法，如情景分析、机构和人物画像等；新型情报决策方法，如模糊决策、不确定性问题决策等。另一方面可以借鉴美国情报界利用网络促进部门间情报共享协作的经验，[2]开发"一带一路"情报百科、国家"一带一路"情报图书馆和分析空间等应用实体系统。

五、实施"一带一路"信息资源开发重点工程

为推动以上对策建设的落地，笔者建议我国政府部门在推进"一带一路"倡议实施中，启动"一带一路"信息资源开发的五大重点工程，推动形成国家

---

[1] 赵敏：《从美国国家情报战略看外语能力对情报工作的重要性》，《情报杂志》2011年第6期。
[2] 王坤：《基于网络共享的美国情报分析系统研究》，《情报杂志》2015年第1期。

级信息资源开发利用体系。

(一)"一带一路"信息机构培育工程

信息服务机构是"一带一路"信息资源工作的主体，其能力高低以及协作水平直接关系"一带一路"信息资源开发利用的成效。因此，"一带一路"信息资源建设的首要任务是培育一批高水平的信息服务机构，并促进它们之间的紧密协作。

一是鼓励各类机构参与"一带一路"信息资源建设。通过专项资金支持、政府购买服务等方式，吸引和鼓励信息机构、研究机构和相关企事业单位参与"一带一路"信息的采集、分析、传播以及数据库建设，形成一支与"一带一路"倡议相适应的多元化、专业化信息服务力量。

二是培育若干个重点信息机构。从信息资源基础、信息工作能力、对外合作网络等角度，遴选一批综合性以及面向特定领域（如经济、文化、旅游、安全等）和特定区域（如东南亚、中东、东欧等）的"一带一路"信息机构，政府从资金、信息、国际交流等方面给予重点扶持，推动成长为信息资源丰、加工能力强、服务水平高、海外网络广的信息机构。

三是提升"一带一路"信息机构能力。政府主管部门和行业组织应当通过宣传培训、业务交流、案例示范、新技术推广等方式，帮助各类信息机构，特别是重点信息机构提升信息采集、加工、处理、传递以及信息产品开发、营销等能力。

四是建立"一带一路"信息机构评估体系。从信息资源建设成效、信息服务能力、对外传播能力等角度，构建"一带一路"信息机构评估体系，定期开展评估，并根据评估结果对信息机构进行分类指导和分级支持，促进信息机构的优胜劣汰。

(二)"一带一路"重点数据库建设工程

由政府主管部门和行业组织牵头，统一部署、分工合作，加强"一带一路"

信息资源建设工作中的协调，明确不同机构的任务和分工，形成统一的信息资源建设体系。

一是优化分工，减少重复。对"一带一路"沿线国家，按照"大国一国一库、小国多国一库"的思路，由信息机构根据自身基础和优势，按区域或国家进行分工，一个信息机构重点建设若干个国别数据库。

二是设置标准，保证质量。政府主管部门和行业组织要制定"一带一路"重点数据库的标准，承担建设任务的信息机构要按照规定的信息资源质量标准，推动相关信息资源的全面汇聚和系统整合，形成国内关于某国或某地区内容最全、质量最高的数据库。

三是加强共享，促进利用。建立"一带一路"信息共享平台，将各个信息机构建设的重点数据库连接起来，形成覆盖"一带一路"沿线国家和重点领域的信息资源网络，为"一带一路"信息用户提供统一的高质量信息服务入口。

（三）"一带一路"信息开发示范工程

从"一带一路"信息资源建设实践中培育和筛选出一批在新型技术应用、信息服务创新、供需合作机制等方面的典型案例，由政府部门给予适当支持加强宣传推广，通过示范效应提升行业整体的信息开发能力。

一是示范技术。从"一带一路"信息收集、清洗、整合、加工、服务、传播等环节应用大数据、云计算、人工智能、可视化等新型信息技术实践中，根据技术先进性、适用性、应用效果等，选择一批具有推广价值的新型技术示范应用项目。

二是示范产品。从重点信息机构提供的信息产品中，根据其内容质量、语种多样性、发行范围、信息用户评价等，评选出"一带一路"信息资源开发利用中的品牌数据库、品牌栏目、品牌情报、品牌报告、品牌指数。

三是示范服务。从信息机构为政府部门、企业、研究机构提供的定制服务、咨询服务以及其他专业服务中，筛选一批贴合倡议实施重点方向、供需双方协作紧密、信息服务模式先进、经济社会效益好的项目作为示范给予重点支持和全面推广。

(四)"一带一路"信息服务外推工程

推动"一带一路"信息的对外服务和海外传播，消除国内外之间特别是中国与"一带一路"沿线国家因认识差异和信息获取不充分，而在政治、经济、文化等领域产生的"信息鸿沟"。

一是加强多语种信息服务。引导和支持重点信息机构加强信息内容和服务平台的翻译和国际推广工作，为海外用户提供多语种的"一带一路"信息服务。

二是推动国内外信息资源合作，促进重点信息机构与"一带一路"沿线国家的信息机构、科研院所、新闻媒体开展合作，借助国外力量开展对外信息服务。

三是加强海外信息传播。例如，在我国驻外使领馆官网上加入"一带一路"共享信息平台的外语种信息服务链接，向国外数据库服务商赠送"一带一路"信息产品，促进沿线国家政府和社会及时准确地获取有关我国发展以及"一带一路"倡议实施的信息。

(五)"一带一路"信息人才培养工程

通过专业教育和业务培训打造一支结构合理、能力突出的"一带一路"人才队伍，使得每个"一带一路"沿线国家都有对应的若干个信息研究人员有针对性地开展长期信息收集和分析。

1. 加强两类信息人才培养

(1)培养具备外语能力、熟悉国外知识又掌握一定信息工作技能的复合型人才，承担"一带一路"信息资源的收集和分析工作；(2)加快高级情报专家成长。选拔和培养拥有专深行业知识背景、具备敏锐情报意识、精通情报分析技术的高级情报专家，形成一支能有效发挥"耳目、尖兵、参谋"作用的高素质情报力量。

2. 健全信息人才服务体系

（1）开展人才培训，加强对信息人才的外语能力、外国历史文化以及情报理论、情报技术和方法、战略情报分析等方面的培训，帮助提升信息工作能力；（2）推动人才交流，引导重点信息机构的人员赴"一带一路"倡议实施的实际部门挂职交流，促进信息人才了解倡议实践进展和信息需求，促进信息机构和实践部门的对接。

3. 加强信息人才评价推荐

（1）"一带一路"信息人才评价机制，从外语能力、海外知识、情报技能以及信息工作实效等方面，对信息人才开展评估；（2）建立"一带一路"重点信息人才目录，通过人才评价建立针对不同国家、不同语种、不同专题的信息人才数据库；（3）建立"一带一路"信息人才推荐机制，重点信息机构之间开展优秀信息人才的联合推荐，让具有信息服务需求的政府部门、企事业单位能适时招聘到最合适的信息人才。

附件

国外"一带一路"网络信息源

一、国际机构数据库

国际机构数据库包括联合国及其下属机构（如联合国工发组织、国际电信联盟、国际粮农组织等）、国际性组织（如国际货币基金组织、经济合作组织等）、区域性机构（如欧盟委员会等）建立的数据库网站。

附表1列出了目前与"一带一路"沿线国家相关的国际机构数据库，包括名称、涵盖范围、主要内容以及网址等信息。这些国际机构以联合国及其下属机构为主，也包括欧盟、非盟、经合组织等区域性组织。

附表1 主要国际机构数据库

数据库名称	涵盖范围	主要内容	网址
联合国数据中心	所有国家	联合国及下属机构掌握的所有数据、文档、资料、规章等	http://data.un.org
联合国工业发展组织数据库	所有国家	工业统计数据、工业需求平衡数据、矿业和公用事业统计数据、制造增值数据、竞争性工业绩效指数	http://stat.unido.org
联合国贸易发展会议数据库	所有国家	国际货物和服务贸易、经济趋势、国外直接投资、外部财政资源、人口和劳动力、商品、信息经济、创意经济、海运	http://unctadstat.unctad.org
联合国教科文组织统计研究数据库	所有国家	教育、科学技术与创新、通信和信息媒体、人口和社会经济统计数据	http://uis.unesco.org

(续表)

数据库名称	涵盖范围	主要内容	网　　址
联合国开发计划署数据库	所有国家	人类发展指数报告以及人口统计、教育、环境与可持续、性别、健康、人类安全、交通、贫困、贸易与财政、职业等统计	http://www.hdr.undp.org/en/data
联合国粮食及农业组织统计数据库	所有国家	农业、林业和渔业、土地和水资源及利用、气候、环境、人口、性别、营养、贫困、农村发展、教育和卫生等统计	http://www.fao.org/faostat/en/#data
联合国商品贸易统计数据库	所有国家	贸易商品、贸易国家、贸易流量、贸易额、贸易政策数据	https://comtrade.un.org
国际电信联盟	所有国家	电话、互联网、计算机、电信事业等的国别统计，全球ICT动态，网络通信出版物、报告、手册	http://www.itu.int/en/ITU-D/Statistics
联合国人口信息网	所有国家	世界人口统计、全球和区域人口分布、儿童统计、城市人口、人口与住房、人口与生命、教育和扫盲数据	http://www.un.org/popin/data.html
国际劳工组织统计数据库	所有国家	劳工统计数据、国际劳工标准、社会保障和相关人权立法数据、就业保障立法数据、职业安全和卫生立法数据等	http://www.ilo.org/global/statistics-and-databases
联合国欧洲经济委员会统计数据库	欧洲国家	欧洲国家人口与性别、经济、运输、林木业统计以及千年发展目标的各项指标统计	http://w3.unece.org/PXWeb/en/
全球卫生观察网	所有国家	健康相关指标、生育、疾病、物质滥用、性与生殖健康、环境污染、烟草控制、儿童营养不良、公共卫生、全民健康保障、饮用水、家庭暴力等	http://www.who.int/gho/en/
世界旅游组织数据库	所有国家	各国入境旅游、国内旅游、出境旅游、旅游产业等统计数据	http://www2.unwto.org/content/data
国际货币基金组织数据库	所有国家	国际金融、国际收支、政府财政、公共债务统计、世界经济展望、非洲经济展望、亚太经济展望等	http://www.imf.org/en/data
世界银行数据库	所有国家	世界发展指数、国民经济、财政、贸易、人口、教育、气候、国际援助等统计数据以及地区、企业等调查数据	http://data.worldbank.org
经济合作组织数据库	经合组织成员及其他世界重要国家	国家一般统计、国民经济核算、分行业统计、对外贸易统计、投资数据等	https://data.oecd.org/

(续表)

数据库名称	涵盖范围	主要内容	网址
欧盟统计数据库（由欧盟建设）	欧盟成员国	经济、人口、环境、行业、贸易、交通、科技等统计以及欧盟政策、欧盟经济社会发展指标和趋势等	https://ec.europa.eu/info/statistics_en
非洲数据开放门户（由非洲开发银行建设）	非洲国家	能源、基础设施、信息通信、农业、环境、工业、社会、财政等	http://dataportal.opendataforafrica.org

二、国外政府数据库

政府通常都是各国最大的数据生产者和拥有者，也是我们获取"一带一路"沿线国家信息的重要和可靠来源。特别是近年来受全球数据开放运动的影响，各国政府都加快了政府数据上网和开放的步伐，为我们获取相关数据提供了很大便利。

（一）政府统计网站

据笔者通过互联网进行的调查，除叙利亚、阿塞拜疆等极少数国家外，当前绝大多数"一带一路"沿线国家都建立了政府统计信息网站。

附表2　沿线各国政府统计数据网站

板块	国家	政府统计数据网站
东北亚	蒙古	http://en.nso.mn/
东南亚	菲律宾	https://www.psa.gov.ph/
	新加坡	http://www.singstat.gov.sg/
	印度尼西亚	https://www.bps.go.id
	马来西亚	https://www.dosm.gov.my
	泰国	http://web.nso.go.th/en/
	越南	http://www.gso.gov.vn

(续表)

板　块	国　家	政府统计数据网站
东南亚	柬埔寨	http://www.nis.gov.kh
	老　挝	http://www.lsb.gov.la
	缅　甸	http://www.mmsis.gov.mm/
	文　莱	http://depd.gov.bn
南　亚	印　度	http://www.mospi.gov.in/
	巴基斯坦	http://www.pbs.gov.pk/
	斯里兰卡	http://www.statistics.gov.lk
	孟加拉国	http://www.bbs.gov.bd/
	阿富汗	http://cso.gov.af
	尼泊尔	http://cbs.gov.np/
	不　丹	www.nsb.gov.bt
	马尔代夫	http://planning.gov.mv/
西亚及北非	沙　特	https://www.stats.gov.sa
	埃　及	http://www.capmas.gov.eg
	阿　曼	https://www.ncsi.gov.om
	科威特	https://www.csb.gov.kw
	阿联酋	http://fcsa.gov.ae/en-us
	卡塔尔	http://www.mdps.gov.qa
	黎巴嫩	http://www.cas.gov.lb/
	伊拉克	http://www.cosit.gov.iq
	巴　林	http://www.cio.gov.bh
	巴勒斯坦	http://pcbs.gov.ps/
	土耳其	http://www.turkstat.gov.tr
	伊　朗	http://www.amar.org.ir
	以色列	http:cbs.gov.il
中　亚	哈萨克斯坦	http://stat.gov.kz
	乌兹别克斯坦	https://www.stat.uz
	吉尔吉斯斯坦	https://www.stat.kg
	塔吉克斯坦	https://www.stat.tj
	土库曼斯坦	https://www.stat.gov.tm

(续表)

板　块	国　家	政府统计数据网站
中东欧	波　兰	http://stat.gov.pl
	阿尔巴尼亚	http://www.instat.gov.al
	保加利亚	http://nsi.bg/
	捷　克	http://www.insse.ro
	克罗地亚	http://www.dzs.hr
	罗马尼亚	http://www.insse.ro
	拉脱维亚	http://www.csb.gov.lv
	爱沙尼亚	http://www.stat.ee
	斯洛伐克	https://slovak.statistics.sk
	斯洛文尼亚	http://www.stat.si
	塞尔维亚	http://webrzs.stat.gov.rs
	马其顿	http://www.stat.gov.mk
	波　黑	http://fzs.ba
	黑　山	http://www.monstat.org
	立陶宛	http://www.stat.gov.lt
	俄罗斯	http://www.gks.ru/
	乌克兰	https://ukrstat.org
	白俄罗斯	https://www.belstat.gov.by
	摩尔多瓦	https://www.statistica.md
	亚美尼亚	http://www.armstat.am
	格鲁吉亚	http://www.geostat.ge

（二）政府数据开放平台

笔者通过互联网搜索到的"一带一路"沿线国家政府开放数据平台如附表3所示。需说明的是，附表3中只列出了由各国政府建设和管理的开放平台，那些由国际组织或其他第三方机构建设的国家数据集成平台不在此列。

附表3　沿线各国政府数据开放平台

板　块	国　家	政府数据开放平台
东南亚	菲律宾	https://www.gov.ph/data/homepage
	新加坡	https://data.gov.sg/
	印度尼西亚	http://data.go.id/
	马来西亚	http://www.data.gov.my/
	泰国	http://www.data.go.th/
南亚	印度	https://data.gov.in/
	巴基斯坦	http://data.org.pk/
	斯里兰卡	http://www.data.gov.lk/
	孟加拉国	http://data.gov.bd/
西亚及北非	沙特阿拉伯	http://www.data.gov.sa/en
	埃及	http://egypt.opendataforafrica.org
	阿曼	http://www.oman.om/wps/portal/index/opendata
	科威特	https://www.e.gov.kw/sites/kgoEnglish/Pages/OtherTopics/OpenData.aspx
	以色列	https://data.gov.il
中亚	乌兹别克斯坦	https://www.data.gov.uz/
	吉尔吉斯斯坦	https://data.egov.kz
	塔吉克斯坦	http://opendata.tj/
中东欧	俄罗斯	http://data.gov.ru
	阿尔巴尼亚	http://open.data.al/
	保加利亚	http://opendata.government.bg/
	捷克	http://opendata.cz/
	克罗地亚	http://data.gov.hr/
	罗马尼亚	http://data.gov.ro/
	拉脱维亚	http://opendata.lv/
	斯洛伐克	https://data.gov.sk/
	斯洛文尼亚	https://opendata.si/
	塞尔维亚	http://opendatasrbija.rs/

三、政府招商服务平台

区域经济的发展离不开投资，沿线各国及其各级政府很多都建立了招商和投资服务机构以及专门的外资服务机构，这些机构的网站或平台中提供了许多有关本国或本地区的产业基础、商务环境、投资政策、投资项目等信息，是十分重要的"一带一路"信息来源。

附表4列出了沿线各国的中央政府招商管理和投资服务部门网站。从实际情况来看，一些国家往往有多个招商和投资服务平台，而且不少也具有官方背景，这里只收集那些由政府直接建立和管理的官方平台。

附表4 沿线各国政府招商服务平台

板块	国家	责任部门	网站	主要内容
东南亚	菲律宾	投资委员会	boi.gov.ph	经济状况、商务环境、推荐投资领域、创业指南、商务成本、投资创业政策、投资动态、研究报告
	越南	计划和投资部	www.mpi.gov.vn	世界，越南及各地区的经济动态、越南投资报告、产业概况、要素成本、商务环境、投资法规
	马来西亚	投资发展局	www.mida.gov.my	商务环境、投资法规、投资服务、成功案例、投资机会
	泰国	投资服务委员会	www.boi.go.th	商务环境、投资政策、投资新闻、推荐企业、批准项目、投资和产业统计、投资出版物、研究报告等
南亚	印度	国家投资促进与便利局	www.investindia.gov.in	产业概况、投资政策、研究报告、投资机会、统计数据、产业动态
	巴基斯坦	投资委员会	boi.gov.pk	投资政策、行业报告、新闻动态、产业园区、投资指南
	斯里兰卡	投资委员会	www.investsrilanka.com	投资环境、行业概况、新闻动态、园区联系方式、投资导引

附件 国外"一带一路"网络信息源

(续表)

板块	国家	责任部门	网站	主要内容
西亚及北非	沙特阿拉伯	综合投资局	investsaudi.sa	投资机会、行业概况
	埃及	外国投资局	www.gafi.gov.eg	投资政策、行业报告、新闻动态、产业园区、投资指南
	以色列	经济产业部投资局	investinisrael.gov.il	产业概况、商务环境、产业及园区地图、投资手册、税收政策、劳动力状况、创业法规
中亚	哈萨克斯坦	国家投资公司	invest.gov.kz	成功案例、行业概况、生活和物业价格、投资指南、产业园区、推荐项目、推荐企业、政策法规
	乌兹别克斯坦	投资和对外贸易部	invest.gov.uz	投资概况、新闻动态、投资手册、产业地图、闲置厂房、投资项目
	吉尔吉斯斯坦	投资促进与保护局	www.invest.gov.kg	投资环境、政策法规、新闻动态
	塔吉克斯坦	投资环境改进咨询委员会	investmentcouncil.tj	投资法规、研究报告、服务指南
中东欧	俄罗斯	投资局	www.investment-in-russia.com	国家概况、投资服务、研究报告、创新指南
	保加利亚	投资局	http://www.investbg.government.bg	国家概况、投资理由、投资项目、重点区域、行业概况、政策法规、统计分析
	捷克	投资和商务发展局	www.czechinvest.org	投资理由、服务指南、重点行业、投资政策、供应商数据库、新闻动态
	克罗地亚	经济委员会投资促进处	www.investincroatia.hr	国家和经济概况、国外投资情况、投资指南、投资环境、投资政策、产业介绍
	罗马尼亚	投资局	investromania.gov.ro	经济概况、投资环境、产业园区、重点产业、商务成本、生活成本、优惠政策、新闻动态
	乌克兰	投资委员会	ukraineinvest.com	月度报告、投资优势、成功案例、行业机会、投资手册
	爱沙尼亚	投资局	investinestonia.com	经济概况、商务成本、投资环境、投资指南、基础设施、政策法规

四、网络开源数据库

在大数据技术和产业迅速发展的背景下，目前互联网上出现了许多开源数据库。这些数据库本身不创造数据和信息，但它们利用搜索引擎技术和大数据技术对互联网成千上万个网站中的各类数据进行实时采集、清洗、组织和存储，并进行数据的分析挖掘和可视化，形成了综合性数据仓储，这也是我们获取"一带一路"信息资源的重要来源。

附表 5 列出了较为典型的网络开源数据库。

附表 5 典型的网络开源数据库

网 站	内 容	数据量
www.knoema.com	世界各国和地区的经济、贸易、人口、工业、农业、信息技术、环境、犯罪、扶贫等几乎所有领域的统计数据、调查数据、图表、地图等	超过 1 000 个数据来源 约 25 亿个时间序列数据
www.internetworldstats.com	世界各国和地区统计、世界旅行和酒店、国际在线市场研究、最新互联网统计、世界人口统计、电信报告和脸谱网统计数据等	全球 233 个国家和地区的统计数据 数十万个统计数据表
www.statista.com	农业、化工、建筑、消费品、电子商务、能源和环境服务、金融、保险和房地产、互联网、媒体广告、金属&电子、零售&贸易、服务业、运行&休闲、科技&通信、交通、旅游和医疗等行业数据、图表、报告、预测	超过 18 000 个数据源 超过 100 万个统计数据表 超过 1 000 万个行业研究报告
www.ourworldindata.org	世界各国和地区的地理、健康、农业、军事、技术创新、经济发展、消除贫困、教育、民主与人权、可持续发展等数据，并提供可视化分析图表	11 个专题数据库 超过 100 万个数据表

图书在版编目(CIP)数据

"一带一路"信息资源的开发利用策略 / 丁波涛著
. — 上海 : 上海社会科学院出版社,2023
ISBN 978 - 7 - 5520 - 4076 - 0

Ⅰ. ①一… Ⅱ. ①丁… Ⅲ. ①"一带一路"—信息资源—资源开发—研究②"一带一路"—信息资源—资源利用—研究 Ⅳ. ①F416.2

中国国家版本馆CIP数据核字(2023)第172622号

"一带一路"信息资源的开发利用策略

著　　者:丁波涛
责任编辑:熊　艳
封面设计:周清华
出版发行:上海社会科学院出版社
　　　　　上海顺昌路622号　邮编200025
　　　　　电话总机021-63315947　销售热线021-53063735
　　　　　http://www.sassp.cn　E-mail:sassp@sassp.cn
照　　排:南京理工出版信息技术有限公司
印　　刷:上海盛通时代印刷有限公司
开　　本:710毫米×1010毫米　1/16
印　　张:15.75
字　　数:228千
版　　次:2023年9月第1版　2023年9月第1次印刷

ISBN 978 - 7 - 5520 - 4076 - 0/F・743　　　　　　定价:88.00元

版权所有　翻印必究